한 눈 에 펼 쳐 보 는

한국사 대 세계사

기획 **문사철**

집필 **강응천 김덕련 김형규 백성현**

❸ 조선시대

다선
에듀

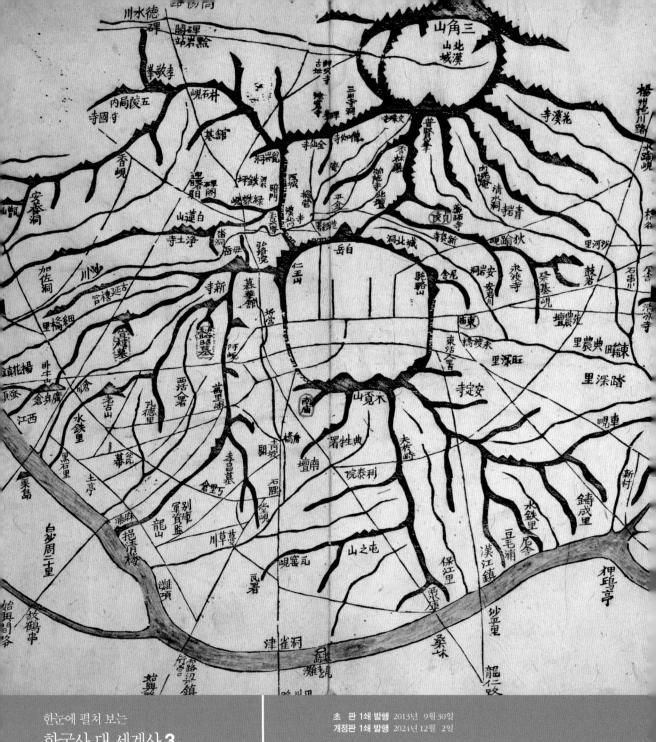

한눈에 펼쳐 보는
한국사 대 세계사 **3**

초 판 **1쇄 발행** 2013년 9월 30일
개정판 1쇄 발행 2024년 12월 2일

기획 문사철
집필 강응천 백성현 김덕련 김형규
펴낸이 김선식

펴낸곳 (주)다산북스 **출판등록** 2005년 12월 23일 제313-2005-00277호
주소 경기도 파주시 회동길 490 다산북스 파주사옥 3층
전화 02-702-1724 **팩스** 02-703-2219 **이메일** dasanbooks@dasanbooks.com
홈페이지 www.dasanbooks.com **블로그** blog.naver.com/dasan_books

부사장 김은영
콘텐츠사업본부장 임보윤
책임편집 장종철 책임마케터 양지환
콘텐츠사업8팀장 진두현 콘텐츠사업8팀 김상영, 김민경, 장종철, 임지원
마케팅본부장 권장규 마케팅2팀 이고은, 배한진, 양지환 채널팀 권오권, 지석배
미디어홍보본부장 정명찬 브랜드관리팀 오수미, 김은지, 이소영, 서가을
뉴미디어팀 김민정, 이지은, 홍수경, 변승주
지식교양팀 이수인, 염아라, 석찬미, 김혜원, 박장미, 박주현
편집관리팀 조세현, 김호주, 백설희 저작권팀 이슬, 윤제희
재무관리팀 하미선, 윤이경, 김재경, 임혜정, 이슬기, 김주영, 오지수
인사총무팀 강미숙, 김혜진, 황종원
제작관리팀 이소현, 김소영, 김진경, 최완규, 이지우, 박예찬
물류관리팀 김형기, 김선민, 주정훈, 김선진, 한유현, 전태연, 양문현, 이민운
아트디렉터 가필드 김원용 이미지 총괄 정연경 지도 일러스트레이션 임근선
표지 디자인 어나더페이퍼 디자인 ns-pole 검토 김진아 강준선 신영희 김경미

교열 교정 북스튜디오 토리
용지 신승아이엔씨 인쇄 민언프린텍
제본 제이오엘엔피 코팅 및 후가공 다온바인텍

ⓒ문사철, 2013

ISBN 979-11-306-6086-8 (04900)
ISBN 979-11-306-6083-7 (세트)

1 왼쪽 면에는 한국사, 오른쪽 면에는 세계사의 사건들을 나란히 배치해 같은 시간대에 한
국과 세계에서 일어난 역사적 사건들을 한눈에 비교하며 볼 수 있게 했다.

2 시대 구분은 한국사의 흐름에 맞추었다.

3 서기 1년 이전의 시대는 교과서에서 쓰이는 '기원전' 대신 '서기의 앞 시기' 라는 뜻에
서 '서기전'으로 표기했다.

연대 | 이 펼침의 한국사와 세계사 시작 연도를 표시한다.

사건 소개 | 제목과 내용으로 구성된다. 중요한 사건은 제목을 굵은 글씨로 표시하고, 덜 중요한 사건은 내용 없이 제목만 적었다.

한국사 | 한국사의 로고

권별 색상 | 1권은 ■, 2권은 ■, 3권은 ■, 4권은 ■, 5권은 ■으로 구분했다.

주(註) | 본문 내용을 보완하거나 내용에 덧붙일 사항을 서술했다.

1531

KOREAN HISTORY

낙향한 사림들이 별서정원을 짓고 후진을 양성하다

독락당
경상북도 경주시 안강읍 옥산리에 있는 조선 중기의 목조 건물. 조선 후기의 일반 가옥과 마을의 모습을 잘 보존하고 있는 양동마을 인근에 자리 잡고 있다.

퇴계 이황의 스승으로 영남학파의 태두인 이언적이 기묘사화 이후의 혼
란스러운 정계에서 물러나 1532년 고향인 경상도 경주에 독락당이라는
정자를 짓고 학문에 몰두했다. 이언적은 경주 손씨와 여주 이씨의 동족
촌인 경주 양동마을 출신으로 손씨는 그의 외가이다. 그는 이곳에서 외
삼촌인 손중돈에게 학문을 익혔고, 훗날 영남학파의 대학자로 성장하
는 이황의 학문적 스승이 됐다.

한편 호남인 전라도 담양에는 기묘사화로 스승인 조광조를 잃고 낙향
한 양산보가 1530년부터 계곡을 바라보는 소쇄원을 짓고 후진을 양성
했다. 소쇄원은 계곡을 사이에 두고 제월당, 광풍각 등 여러 건물을 지어 놓은 인
공 정원이다. 양동마을의 무첨당, 관가정 등이 그렇듯이 소쇄원의 건물들도 주변
의 자연 경관을 활용하는 방식이 빼어나다. 이처럼 아무런 인위적 조작도 가하지
않은 자연을 건물의 부속 경관처럼 활용하는 것을 '차경(借景)'이라 한다.

소쇄원 주변에는 1533년에 송순이 건립한 면앙정, 그 뒤에 잇따라 들어선 환벽
당, 식영정 등의 정자가 들어서 정철, 김인후 등 호남의 사림을 길러 내는 역할을
했다.

이처럼 낙향한 선비들이 자연 경관 속에 짓고 후진을 양성한 정자들을 '별서정
원'이라고 부른다.

1 면앙정 | 사람들은 이를 보고 "내려다보면 땅이, 우러러보면 하늘이, 그 가운데 정자가 있으니 풍월산천 속에서 한 백 년 살고자 한다."라고 했다.

2 환벽당 | 나주목사 김윤제가 낙향해 세웠다. 조부의 묘가 있는 고향 담양에 내려와 살고 있던 당시 14세의 정철이 순천에 사는 형을 만나기 위하여 길을 가던 도중에 환벽당 앞을 지나게 됐다. 때마침 김윤제가 환벽당에서 낮잠을 자고 있었는데, 꿈에 창계천의 용소에서 용 한 마리가 놀고 있는 것을 보았다. 꿈을 깬 후 용소로 내려가 보니 몽모가 비범한 소년이 멱을 감고 있었다. 김윤제는 소년을 데려다가 여러 가지 문답을 하는 사이에 영특함을 알게 되었다. 그래서 순천에 가는 것을 만류하고 슬하에 두어 학문을 닦게 했다.

소쇄원

4 한국사의 연대는 1895년까지는 음력, 태양력을 도입한 1896년 이후는 양력으로 표기했다. 세계사의 연대 표기는 중등 교과서에 따랐다.

5 한글 맞춤법과 외래어 표기는 중등 교과서와 국립국어원에 준하되 편집의 필요에 따라 부분적으로 변화를 줬다.

6 중국의 인명과 지명은 1~3권은 한자의 우리말 발음으로, 4~5권은 현지 발음으로 표기했다.

대륙 구분 | 해당 사건이 일어난 지역을 기준으로 색깔을 나눠 대륙을 표시했다.

세계사 | 세계사의 로고

연대 | 이 펼침의 한국사와 세계사 끝 연도를 표시한다. 1~3권은 일부 예외를 제외하고 한 펼침에 10년씩, 4~5권은 한 펼침에 1년씩 다뤘다.

지도

역사책에는 낯선 지역이 자주 등장한다. 그 정보를 지도로 보완해 역사의 입체적 이해를 도왔다.

노브고로드, 키예프, 노르만족 교역로

세계 지도 속의 해당 지역

일부 지역만 그리면 이곳이 세계의 어디쯤 있는지 알 수 없는 사례가 있다. 이런 맹점을 피하기 위해 해당 지역이 세계 지도에서 차지하는 위치를 별도로 보여줬다.

도표와 그래프

수치와 복잡한 관계망을 가진 정보는 알기 쉽게 시각적으로 재구성했다.

1531년 스위스의 종교개혁가 츠빙글리가 사망하다

스위스의 종교개혁가인 울리히 츠빙글리가 가톨릭 지지파와 전투를 벌이다가 죽었다. 그는 루터보다 기성 교회 비판에 훨씬 적극적이어서 성서 이외의 종교적 권위를 철저하게 부정했다. 츠빙글리의 사상은 칼뱅 등에게로 이어져 보수적인 루터파와 대비되는 신교의 한 흐름을 형성한다.

1532년 잉카제국이 에스파냐에 멸망하다

에스파냐의 군인 프란시스코 피사로가 180명의 부하를 이끌고 잉카제국[1] 황제 아타우알파를 기습해 사로잡았다.

막대한 양의 금을 전리품으로 챙긴 피사로가 개선하자 라틴아메리카에 황금이 많다는 소문이 유럽인들 사이에 널리 퍼졌다. 심지어 밀림 속 어딘가에 '엘도라도'라는 황금의 도시가 있다'는 이야기도 돌았다. 탐욕에 물든 수많은 원정대가 꼬리를 물고 탐험에 나서면서 라틴아메리카는 빠르게 유럽인 차지가 된다.

1533년 은 회취법이[2] 일본에 전파되다

1534년 잉글랜드 왕이 교회의 수장이 되다

잉글랜드 왕 헨리 8세가 교황과 결별을 선언했다. 교황이 왕비 캐서린과의 이혼[3]을 허가하지 않는다는 이유에서였다. 헨리 8세는 왕을 잉글랜드 교회의 수장으로 규정한 '수장령(Act of Supremacy)'을 발표하고 이에 반대하는 수도원의 재산을 몰수했다. 이로써 잉글랜드에서도 본격적인 종교개혁이 시작된다.

수장령으로 교황으로부터 독립한 잉글랜드 교회는 영국국교회라[4] 불리게 되는데, 1559년 엘리자베스 1세가 제정한 통일법으로 체제가 확립된다.

1540년 로욜라가 가톨릭교회 개혁을 목표로 예수회를 조직하다

에스파냐의 신학자 이그나티우스 데 로욜라가 신교의 급속한 세력 확장에 위기감을 느껴 가톨릭교회를 개혁하기 위해 예수회를 조직했다. 예수회는 검소하고 순결한 생활을 강조했는데 이는 교회의 사치와 타락에 대한 신교 측의 비판을 의식한 것이었다. 이들은 교육과 자선 사업을 중심으로 적극적인 선교 활동을 펴 가톨릭 지지층 확보에 노력했다. 예수회 선교사들의 활약은 특히 아메리카와 아시아, 아프리카 등 해외에서 두드러졌다. 중국과 일본에서는 서양 과학 기술을 매개로 현지인의 환심을 사려 했기 때문에 동서양의 학문 교류에 큰 공헌을 한다.

1 잉카제국 | 라틴아메리카의 원주민 문명인 안데스 문명 최후의 국가. 1438년 건설돼 지금의 페루를 중심으로 남북 2000킬로미터에 걸친 대제국으로 발전했다. 정교한 수로와 도로망을 건설하고 백성을 보호하는 각종 복지 정책, 수준 높은 의학과 천문학 등 화려한 문화를 꽃피웠으나 에스파냐의 침입으로 갑자기 멸망했다.

잉카제국

2 회취법 | 이물질 속에 들어 있는 은을 추출하는 기술인 회취법은, 명나라 또는 조선에서 일본에 전래됐다고 여겨진다. 이 기술이 들어오면서 잃었던 세계 굴지의 은 생산국이 됐다. 은은 당시의 국제적인 화폐였기 때문에 무척 중요한 자원이었다. 일본의 이와미 은 광에서는 17세기에 세계 은의 3분의 1가량을 생산했다.

3 캐서린과의 이혼 | 절대왕정을 추구했던 헨리 8세는 왕권 강화를 위해 아들이 필요했으나 왕비 캐서린이 아들을 낳지 못하자 이혼을 결심했다.

4 영국국교회 | 잉글랜드와의 민지들에 널리 퍼졌던 영국국교회는 19세기에 오늘날의 성공회로 정비된다.

사진과 사진 캡션

주요 국가의 여성 참정권 도입 시기	
뉴질랜드	1893년
오스트레일리아	1902년
핀란드	1906년
노르웨이	1913년
러시아	1917년

한국사와 세계사를 함께 알아야 한다는 목소리가 높습니다. 한국사와 세계사를 함께 서술한 역사책도 나오고, 학교에서 배우는 역사 교과서도 한국사와 세계사를 함께 다루고 있습니다. 그동안 역사 교육과 역사 서술이 한국사에 치우치면서 한국인의 눈과 귀를 가로막고 세계화 시대에 걸맞은 한국인을 길러내는 것을 저해했다는 반성 때문이지요.

『한국사 대 세계사』는 한국사와 세계사를 같은 시간의 흐름 속에서 비교하며 살펴볼 수 있도록 만든 책입니다. 한국사와 세계사를 함께 다룬 역사 연표는 이전에도 있었습니다. 그러나 연대와 사건의 제목만 나열되어 있는 연표는 자료로 쓸 수는 있을망정 한국과 세계가 함께 호흡하며 나아간 역사의 흐름을 이해하며 읽기는 어렵습니다. 그래서 이 책은 역사적 사건들을 항목만 표시하는 데서 벗어나 최소한의 역사적 흐름을 살펴볼 수 있도록 사건의 내용과 역사적 맥락을 서술했습니다.

『한국사 대 세계사』는 한국사와 세계사를 1 대 1로 비교하며 서술했기 때문에 같은 시기에 한국과 세계에서 일어난 일들을 쉽게 대비하며 살펴볼 수 있습니다. 책을 펼치면 왼쪽 면에는 일정한 시대에 한국에서 일어난 사건들이 서술되고, 오른쪽 면에는 같은 시대에 세계에서 일어난 사건들이 서술됩니다. 조선 시대까지는 대개 10년 단위로 한국과 세계의 역사가 비교 서술되고, 1876년 개항 이후에는 1년 단위로 한국과 세계의 역사가 함께 펼쳐집니다.

이처럼 똑같은 시간대에 한국과 세계에서 일어난 일들을 비교하며 살피다 보면 놀랍고 흥미로운 사실을 발견할 수 있을 것입니다. 한국사와 세계사에서 따로따로 알고 있던 일들이 같은 시대에 일어난 일이거나 서로 관련되어 있는 일이라는 사실을 새삼스럽게 발견할 것이라는 말입니다.

예를 들어 한국에서 신석기 시대가 시작되었을 때 세계 곳곳에서도 농경과 목축을 특징으로 하는 신석기 시대가 일어났다는 사실을 쉽게 알 수 있습니다. 그리고 지금처럼 교통과 통신이 활발

하지 않던 시대에 멀리 떨어진 곳에서 비슷한 일이 일어나는 것을 보고 흥미를 느끼기도 할 것입니다. 신라가 백제와 고구려를 멸망시킨 뒤 당나라마저 몰아내고 삼국을 통일한 것도 당나라가 마침 토번(지금의 티베트)과 싸우느라 정신이 없었던 덕분이라는 사실을 알게 되면 역사를 더 쉽게 이해할 수 있을 것입니다. 또 서로 관계되어 있는 일들이 엄청나게 긴 시간을 두고 떨어져 있는 것을 발견하는 일도 있을 것입니다. 한국에서는 오랜 옛날부터 사용하던 종이가 유럽에서는 중세 이후에야 쓰이게 된 사실을 알면 묘한 쾌감을 느끼기도 할 겁니다. 물론 그 반대의 사례도 많지만 말입니다. 한국이 세계와 더욱 밀접한 관계를 가지고 움직이던 근현대사에서는 이러한 비교가 더욱 유용하게 다가오겠지요.

세계사는 한국사보다 내용이 엄청나게 많고 복잡한데 한국사와 세계사를 1 대 1로 비교하는 것은 적절하지 않다고 생각할 수도 있습니다. 하지만 지구가 우주의 미세한 일부라고 해서 우리가 지구에 대한 공부보다 바깥의 우주에 대한 공부를 더 많이 할 수는 없습니다. 아무리 작아도 지구는 소중한 우리의 터전이니까요. 마찬가지로 세계사가 한국사의 커다란 배경이라고 해도 한국사와 세계사를 객관적인 비율대로 공부할 수는 없습니다. 우리는 세계라는 무대를 한국인으로서 살아왔고 앞으로도 그러할 테니까요. 『한국사 대 세계사』는 2013년에 나온 『세계사와 함께 보는 타임라인 한국사』를 더 많은 독자와 만날 수 있도록 체재를 가다듬은 개정판입니다.
자, 이제 한국사와 세계사라는 두 마리 토끼를 잡으러 떠날 준비가 되었나요? 이 책과 함께라면 적어도 두 마리를 다 잡는 길은 활짝 열릴 겁니다. 그리고 더욱 드넓은 역사의 바다를 항해하고 픈 유혹을 느껴 보세요.

2024년 가을 『한국사 대 세계사』를 만든 사람들

차례

15세기로 들어가기에 앞서

1391년~1400년

15세기 직전의 10년 동안 한국에서는 고려가 망하고 조선이 건국되는 커다란 변화가 있었다. 따라서 15세기로 들어가기 전에 이미 2권에서 다뤘던 14세기의 마지막 10년을 돌아봄으로써 역사의 연속적 이해를 도모한다.

1391년 과전법을 반포하다

위화도 회군으로 권력을 차지한 이성계와 조준, 정도전 등 신진사대부가 권문세족의 경제적 기반을 파괴하고 고려 전기의 전시과 체제로 돌아가는 토지 개혁을 단행했다. 이를 위해 권문세족이 가지고 있던 토지 소유 문서를 모조리 불살라 버렸다.

새로운 토지 제도는 '과전법'으로 불리며 '경자유전(농사짓는 사람이 토지를 갖는다)'을 원칙으로 삼았다. 전국의 토지는 원칙적으로 농사짓는 농민에게 주고, 국가가 수확물의 10퍼센트를 '조(租, 일종의 세금)'로 받도록 했다. 그리고 국가는 다시 각 관청과 관리들에게 등급에 따라 수조권을 나눠 주었다. 고려 전기의 전시과와 달라진 점은 시지(땔나무를 얻을 수 있는 임야)를 나눠 주지 않고, 조의 비율을 병작반수(50퍼센트)에서 10퍼센트로 낮추었다는 것이다. 과전법이 선포됨에 따라 권문세족과 신진사대부의 오랜 대결은 신진사대부 쪽으로 결정적으로 기울어지게 됐다.

정몽주

1392년 정몽주가 선죽교에서 살해되다

고려를 무너뜨리고 새 나라를 건설하자는 정도전 등의 주장에 반대하던 정몽주가 이성계의 아들 이방원에 의해 살해됐다. 정몽주와 정도전은 신진사대부의 양대 산맥으로 함께 고려 사회를 개혁해 왔으나, 정몽주는 고려 왕조만은 끝까지 지키려 했다. 명나라에서 돌아오는 세자를 마중 나갔던 이성계가 말에서 떨어져 다리를 다치자 정몽주는 이 기회를 틈타 이성계 세력을 몰아내려 했다. 정몽주는 상황을 탐색하러 이성계의 병문안을 갔다가 집으로 돌아가는 길에 이성계의 아들 이방원이 보낸 조영규 등이 휘두른 철퇴를 맞고 쓰러져 죽었다.

선죽교
개성시 선죽동에 있는 다리. 본래 이름은 '선지교'였으나 정몽주가 죽던 날 밤에 다리 옆에서 참대가 솟아났다고 해 이름을 바꿨다고 한다.

1392년 고려가 멸망하다

고려 왕조를 지켜 주던 정몽주가 죽자 이성계는 덕이 없고 어리석다는 이유로 공양왕을 폐위했다. 이성계는 공양왕의 세자를 왕위에 올리지 않고 스스로 '권지고려국사'라는 최고 권력자의 자리에 올랐다. 나라 이름은 1394년까지 '고려'를 유지하고, 1394년 한양으로 천도할 때까지 개경을 수도로 유지한다.

1392년 **무로마치 시대가 시작되다**

무로마치바쿠후(북조의 실권자)의 3대 쇼군 아시카가 요시미쓰가 남조 천황에게 양위를 권하자 남조 천황이 이에 응해 물러났다. 이로써 남북조 시대가 끝나고 무로마치 시대(1392~1467)가 시작된다.

요시미쓰는 강력한 통치력을 발휘해 혼란스러웠던 일본의 정치를 일시적으로 안정시켰다. 원나라 때부터 한동안 끊어졌던 중국과의 교류를 회복하고 중국에서 새로운 농업 기술을 받아들이면서 경제가 활기를 띠기도 했다.

그러나 이러한 안정은 오래가지 못했다. 남북조 시대의 전란기를 거치면서 지방 무사인 슈고다이묘의 세력이 너무 강해졌기 때문이다. 요시미쓰가 죽자 슈고다이묘들의 반란이 빈번해지면서 바쿠후의 힘은 급속도로 위축된다.

긴카쿠지[金閣寺]
남북조를 통일한 아시카가 요시미쓰가 1397년 세운 절

1393년 **명나라에서 성리학에 기초한 도덕 규범인 육유가 반포되다**

명나라 홍무제(주원장)가 유교적 통치 질서를 강화하기 위해 교육 지침인 「육유(六諭)」를 반포했다. 부모에 효도하고, 윗사람을 존경하며, 마을 사람들과 화목하고, 자손을 교육하고, 분수를 알고, 그릇된 일을 행하지 말라는 6개 조항으로 이뤄져 있으며, 가족 윤리와 위계질서를 강조하는 성리학적 도덕관에 기초했다. 황제들은 노인들이 마을 안에서 육유를 큰 소리로 외치고 다니게 하는 등 전파에 힘썼다. 유교적 도덕이 일반 백성들의 생활 속에 깊숙이 들어간 데에는 육유의 영향이 컸다.

육유는 조선과 일본에도 전해져 유교 문화의 확립에 기여한다. 그 영향은 군국주의 일본의 「교육칙어」나, 한국의 「국민교육헌장」 등 근대에도 미쳤다.

열녀문
'정절'이라는 글씨가 크게 적힌 청나라 때의 열녀문. 육유의 영향으로 민간에 충효사상이 널리 퍼지면서 여성에게도 정절이 강조됐다.

1396년 **오스만튀르크제국이 크리스트교 연합군을 격파하다**

아나톨리아반도를 석권하고 유럽 대륙에 진출한 오스만튀르크제국의 바예지드 1세가 불가리아의 니코폴리스에서 크리스트교 연합군을 대파했다. 이 전투로 오스만튀르크제국의 위상은 크게 높아지고 바예지드 1세는 술탄 칭호를 받게 된다.

1400년 **『삼국지연의』의 저자 나관중이 사망하다**

『삼국지연의』의 저자 나관중이 사망했다. 『삼국지연의』는 명나라 때 크게 발달한 서민 문학의 대표작 중 하나다. 명나라 때 대중적으로 확산된 충효 이념에 충실해 널리 사랑을 받았다. 조선에는 1569년 전파됐는데, 사대부에서 부녀자에 이르기까지 폭넓게 애독됐다고 한다.

『삼국지연의』의 영웅들
왼쪽부터 조운, 마초, 황충, 장포, 제갈량, 관흥. 1919년 상하이에서 인쇄된 『삼국지연의』의 삽화

15 세 기

1401~1500

조선에 유교 문화가 꽃피고,
유럽에서 대항해 시대의 막이 오르다

15세기의 한국과 세계

조선에 유교 문화가 꽃피고 유럽에서 대항해 시대의 막이 오르다

명나라의 야심가 영락제는 정화가 이끄는 대함대를 인도양에 파견해 중화 제국의 위엄을 만방에 떨치려 했다. 유교 국가인 명나라가 세력을 떨치자 조선의 유교 지배층도 힘을 얻었다. 조선은 적극적으로 명나라와 교류하고 사회 구석구석에 유교 문화를 퍼뜨리는 데 힘썼다. 유교적 농본주의에 입각해 농업을 장려한 결과 조선은 풍요로워졌고 한글 창제로 일반 대중도 유교적 교양을 쌓을 수 있게 됐다.

아시아 대륙의 서쪽에서도 이슬람 세력인 오스만튀르크제국을 중심으로 새로운 질서가 싹트고 있었다. 오스만튀르크제국은 크리스트교의 동쪽 보루인 동로마제국을 멸망시키고 지중해 동부의 패권을 쥐었다. 지중해가 이슬람 세력의 손에 들어가자 유럽 상인들은 대서양에서 새로운 무역의 활로를 찾았다. 크리스토퍼 콜럼버스가 대서양 끝에서 신대륙을 발견하면서 유럽인이 전·세계에 진출하는 대항해 시대의 막이 올랐다.

	1405년	정화, 해외 원정 시작
혼천의 제작	1433년	
	1434년	메디치 가문, 피렌체 장악
	1434년	질 에아네스, 보자도르곶 돌파
	1444년	오스만튀르크제국, 바르나전투 승리
	1445년	프랑스, 서유럽 최초의 상비군 창설
훈민정음 반포	1446년	
압록강·두만강 국경에 4군 6진 설치	1449년	
	1450년	구텐베르크, 활판 인쇄술 발명
『고려사』 완성	1451년	
계유정난	1453년	동로마제국 멸망, 백년전쟁 종결
	1455년	잉글랜드, 장미전쟁 시작
직전법 실시	1466년	
이시애의 난	1467년	일본, 센고쿠 시대 돌입
남이 처형	1468년	
『국조오례의』 편찬	1474년	최초의 근대적 특허법 제도 탄생
『동문선』 편찬	1478년	
	1479년	에스파냐왕국의 전신인 카스티야-아라곤 연합왕국 탄생
	1480년	모스크바대공국, 몽골족으로부터 독립
『동국통감』 편찬	1484년	마녀사냥 시작
조선의 헌법인 『경국대전』 완성	1485년	잉글랜드, 튜더왕조 개창
『동국여지승람』 편찬	1487년	
	1488년	바르톨로뮤 디아스, 희망봉 발견
	1492년	콜럼버스, 아메리카 도착
『악학궤범』 편찬	1493년	
연산군 즉위	1494년	토르데시야스조약 체결
무오사화	1498년	바스쿠 다 가마, 인도 항로 발견

1401년 **명나라와 사대 관계를 맺다**

명나라가 태종을 조선의 왕으로[1] 책봉하는 문서인 고명과 이를 증명하는 금인(金印)을 보내 왔다. 이로써 조선은 명나라와 정식으로 조공과 책봉을 주고받는 사대 관계를 맺게 됐다.

1392년 태조 이성계가 고려를 무너뜨리고 권좌에 오른 뒤, 명나라는 태조와 2대 정종에 걸쳐 조선과 요동 문제 등을 놓고 실랑이를 벌이며 고명과 금인을 내리지 않았다. 1400년 정종이 태종에게 양위한 뒤 태종이 다시 명나라에 승인을 요청하자 명나라가 이를 받아들여 조선은 15세기를 명의 공식 제후국으로 시작하게 됐다.

1 왕 | 중국에서 왕(王)은 본래 최고 통치자를 이르는 말이었으나, 진시황이 처음으로 황제를 칭한 이래 황제로부터 책봉 받은 제후국의 통치자나 황실의 남성을 가리키게 되었다. 조선은 명나라와 사대 관계를 맺었는데, 이는 조선이 명나라의 제후국이 되었음을 의미한다.

1401년 **신문고를 설치하다**

대궐 밖 문루 위에 달아 놓은 등문고를 신문고로 고쳐 부르고, 억울한 일을 겪은 백성은 이 북을 두드려 왕에게 직접 고발하도록 했다. 억울함을 호소하려는 자는 한성에서는 주장관(主掌官), 지방에서는 관찰사에게 신고해 사헌부에서 해결하도록 했는데, 사헌부의 처리에 불만이 있는 자는 신문고를 직접 울리게 했다. 그러면 왕이 직접 듣고 사연을 접수 처리하도록 조치했다.

신문고는 원칙적으로 나라의 중대사나 목숨이 달린 범죄, 누명 등에만 쓰도록 했고, 노비가 주인을 고발하거나 백성이 수령을 고발하면 고발한 자에게 벌을 주었다. 이러한 제한에도 사건을 신속히 해결하기 위해 사소한 일로도 신문고를 울리는 일이 늘어나 점차 사용을 엄격하게 제한해 나갔다.

신문고를 울리는 데는 신분적 제약이 없었으나, 주로 한성의 관리들만 사용하고 상민이나 노비, 지방민은 거의 울리는 일이 없었다. 연산군 때 폐지되었다가 영조 때 부활한다.

숭례문 편액
자유분방하고 시서화에 능했던 양녕대군은 대한민국 국보 1호인 숭례문의 편액도 직접 쓴 것으로 알려졌다.

1404년 **양녕대군을 세자에 책봉하다**

태종의 장남 양녕대군이 세자에 책봉됐다. 조선은 중국 주나라의 종법(宗法, 종족을 조직하는 규정)에 따라 장자 계승 원칙을 갖고 있었으나, 정종과 태종은 모두 태조 이성계의 장자가 아니었다. 태종은 양녕대군에게 왕위를 승계하여 종법 질서를 세우려는 의지를 보였으나, 성품이 분방한 양녕대군은 세자로서 지켜야 할 예의 법도에 적응하지 못해 유학자 관료들의 비판을 받았다. 이에 따라 1418년(태종 18)에 태종은 양녕대군을 세자에서 끌어내리고 3남인 충녕대군을 세자로 삼게 된다.

아시아

1402년 명나라의 전성기를 연 영락제가 즉위하다

명나라 2대 황제인 건문제가 황제권을 안정시키기 위해 지방의 번왕[1]들을 제거하기 시작했다. 이에 건문제의 삼촌이자 연왕(燕王)이었던 주체가 반란(정난의 변)을 일으켜 건문제를 몰아내고 영락제로 즉위했다.

영락제는 오랫동안 명나라 북쪽의 연경(지금의 베이징)에 머물며 몽골족을 상대로 전쟁을 이끈 무인이었다. 그는 과거의 몽골제국에 지지 않는 세계 제국 건설을 꿈꿨다. 이에 다섯 차례에 걸친 몽골 원정을 비롯해 베트남을 침공하고 일본, 티베트 등으로부터 조공을 받는 등 적극적인 대외 정책을 폈다. 명나라의 위세는 영락제 때 크게 높아지지만, 잦은 대외 원정으로 재정난이 심해진다.

1 번왕(藩王) | 황제국에서 지방을 다스리던 왕

아시아

1402년경 말레이반도에 말라카왕국이 들어서다

인도네시아의 스리위자야왕국[2]이 무너지자 마지막 왕자 파라메스와라가 말레이반도로 달아나 말라카왕국을 세웠다.

말라카왕국은 중국과 서아시아를 잇는 해상 교통의 요지인 말라카해협에 위치해 있었다. 덕분에 이슬람 및 중국 상인들이 활발하게 드나들면서 커다란 부를 쌓았다. 1409년에는 이슬람 상인들과 더욱 활발히 교류하기 위해 국교를 힌두교에서 이슬람교로 바꾸기도 한다[3]. 1511년 유럽 세력의 침략을 받아 멸망한다.

2 스리위자야왕국 | 2세기경 성립해 14세기까지 존속한 인도네시아의 왕국

3 이슬람교의 동남아시아 전파 | 13세기 초 인도에 노예왕조 등 이슬람 정권들이 들어서자 이슬람교를 믿는 인도 상인들도 늘어났다. 이슬람교는 13세기 후반부터 이들에 의해 인도네시아와 말레이시아에 본격적으로 퍼지게 된다.

말라카왕국의 영역

아시아

1405년 정화의 해외 원정이 시작되다

환관인 정화가 영락제의 명으로 동남아시아와 인도양 원정에 나섰다. 그가 이끈 함대는 보급선을 제외한 대형선만 62척, 총 2만 7800명으로 이루어진 엄청난 규모였다. 기록에 의하면 대형선들은 길이가 150미터, 폭 60미터가량으로 축구장보다도 훨씬 컸는데, 이는 역사상 나무로 만든 가장 큰 배였다. 정화는 1433년까지 총 일곱 차례의 해상 원정을 통해 남중국해와 인도양 전역에 명나라의 힘을 과시하고 30여 나라로부터 조공을 받는다.

정화의 원정으로 동남아시아에 진출하는 화교[4]의 수가 크게 늘었는데, 화교들은 이후 꾸준히 증가해 오늘날까지도 동남아시아 각국의 정치와 경제에 커다란 영향력을 행사하고 있다.

4 화교 | 해외에 거주하는 중국인. 동남아시아에 특히 많다. 화교의 동남아시아 진출은 9세기경 시작됐는데 정화의 원정과 19세기 말 중국의 사회 혼란을 계기로 그 수가 크게 늘었다.

정화의 원정

정화의 배 모형

1 운종가 | 사람이 구름처럼 모이는 거리라는 뜻. 지금의 종로.

1412년 종로 시전에 좌우 행랑을 설치하다

혜정교에서 창덕궁 앞까지 이어지는 운종가[1]의 국영 시장인 시전에 좌우 800여 간의 행랑을 설치했다. 도로 양쪽에 행랑을 길게 지은 다음 상인들에게 섬포로 분양했다. 시전에 입점하는 상인들은 대궐과 관공서에서 필요로 하는 물건을 납품하는 일을 주로 하면서 나라에 세금을 냈다. 이러한 시전 가운데 특히 확고한 지위를 누렸던 여섯 점포를 가리켜 육의전이라고 한다.

이처럼 국가가 직접 시장을 통제하는 것은 유교의 가르침에 따라 농업을 중시하고 상업을 천하게 여긴 조선 왕조의 사고방식을 그대로 보여 준다.

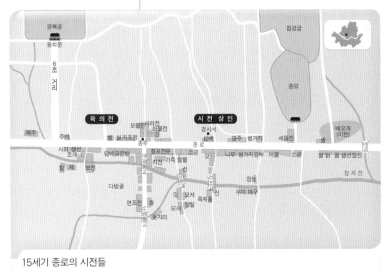

15세기 종로의 시전들

1418년 4대 세종이 즉위하다

태종이 6월 3남 충녕대군을 세자로 삼은 데 이어, 8월 스스로 상왕으로 물러나고 충녕대군에게 왕위를 넘겼다. 충녕대군은 곧 조선의 4대 세종(재위 1418~1450)이다.

1419년 이종무가 쓰시마를 정벌하다

쓰시마 왜구가 비인현(지금의 충청남도 서천)과 황해도 해주를 노략질하자 군사권을 쥐고 있던 세종은 이종무에게 227척 1만 7000여 명의 군사를 주어 쓰시마를 정벌하게 했다. 이종무는 쓰시마를 완전히 굴복시키지는 못했으나 129척을 불태우거나 빼앗고 약 2000호의 집을 불태우는 타격을 입히고 귀국했다. 이듬해 세종은 쓰시마를 경상도의 속주로 편입시키지만 일본의 요청으로 되돌려 주고, 대신 쓰시마 사람들에게 조선 벼슬을 주어 평화로운 교역에 종사하도록 한다(1423년 참조).

오자키 포구
이종무의 조선 정벌군이 쳐들어간 쓰시마의 포구. 쓰시마 사람들은 정벌군을 귀환하는 왜구로 착각하고 환영하다 기습 공격을 당했다.

1415년 **보헤미아의 종교개혁가인 후스가 처형되다**
유럽

보헤미아(지금의 체코)의 종교개혁가 후스가 교황으로부터 이단으로 판정돼 화형에 처해졌다. 후스는 잉글랜드의 신학자 위클리프(2권 1381년 참조)로부터 영향을 받아 가톨릭교회의 사치를 비난하고 예정설을 주장한 인물이었다. 그의 주장은 교회의 착취에 시달리던 보헤미아 민중으로부터 많은 지지를 받았다.

후스가 처형되자 1419년 후스 지지자들에 의해 대규모 반란이 일어났다. 후스 지지자들은 이후에도 보헤미아에서 꾸준히 세력을 유지해 16세기의 종교개혁가 마틴 루터(1517년 참조)에게 큰 영향을 준다.

후스의 처형

1 **예정설** | 개인의 행위와 상관없이 구원받을 사람은 신에 의해 미리 정해진다는 학설. 성직자에게 바치는 헌금이나 충성이 구원과 무관하다는 뜻이기 때문에 가톨릭교회의 세속적 권력을 비판하는 사람들로부터 지지를 받았다. 대표적인 옹호자로는 16세기의 신학자 칼뱅이 있다.

1418년 **포르투갈의 엔히크 왕자가 탐험대 후원에 나서다**
유럽

포르투갈의 엔히크 왕자가 아프리카를 향한 탐험대 후원을 시작했다. 엔히크는 1415년 포르투갈의 세우타(지브롤터해협의 아프리카 해안에 있는 항구 도시) 공략을 지휘했는데, 이때 아프리카 무역이 번영하는 모습을 보고 아프리카 무역로를 개척하는 데 관심을 갖게 됐다고 한다. 그의 후원으로 선박의 개량과 원양 항해에 필요한 측량 및 지도 제작술이 크게 발전했다. 이러한 공적 때문에 엔히크는 '항해왕'이란 별명을 얻게 된다.

포르투갈식 범선과 엔히크 왕자의 동상
포르투갈식 범선은 엔히크 왕자 시대에 원양 항해를 목적으로 개발되었다. 카라벨선(船)이라고도 한다. 아랍 선박의 삼각형 돛을 채택해 바람의 방향이 불리한 곳에서도 항해할 수 있도록 했다.

1420년 **영락제가 환관 중심의 비밀 경찰인 동집사창을 설치하다**
아시아

영락제가 환관 중심의 비밀 경찰인 동집사창(약칭 동창)을 설치했다. 동창에는 황제를 지킨다는 명목으로 첩보 수집부터 용의자의 체포, 재판, 처형에 이르기까지 막강한 권한이 주어졌다. 동창을 통해 환관들은 명나라 조정의 실세로 부상한다. 영락제가 이처럼 환관들에게 막강한 권력을 준 것은 황제의 전제적 권력을 강화하기 위해서였다. 반란으로 정권을 장악한 그는 다른 반란이 일어나 쫓겨나지 않을까 언제나 노심초사했다. 더군다나 영락제는 유교적 덕치보다는 군사적인 정복 활동에 관심이 많아 사대부 출신 관료들과 사이가 좋지 않았다. 이에 가까이에서 시중 드는 환관들을 주로 신임했는데, 이후 명나라 정치는 권력이 비대해진 환관들의 횡포로 점차 타락해 간다.

1423년 화척·재인을 백정이라고 고쳐 부르다

고려 때 전국을 떠돌며 온갖 재주를 부리고 풍악을 울리며 춤을 추던 화척·재인을 '백정'으로 부르게 했다. '백정'은 고려 때까지 일반 농민을 가리키는 말이었다.

튀르크계 유목민인 타타르[韃靼]인의 유민으로 여겨지기도 하는 이들을 화척·재인이라 불렀는데, 백성들은 그들을 천하게 여기고 혼인도 기피했다. 농업을 중요하게 여긴 조선 왕조는 화척·재인을 농민으로 전환시키기 위해 이렇게 바꿔 부르도록 한 것이다. 그러나 다른 백성들은 이들을 '신백정'이라 부르면서 여전히 업신여겼다. 그러자 신백정은 다시 노래와 춤을 파는 재인으로 돌아갔으며 가축을 잡는 도살업을 하면서 생계를 이어 나갔다.

형평사
1923년 경상남도 진주에서 백정을 중심으로 한 천민들의 인권 운동을 위해 결성된 단체

1 수직왜인 | 조선의 관직을 받은 일본인을 수직왜인(受職倭人)이라 한다.

1423년 일본에 삼포를 개항하다

동래 부산포, 웅천 내이포(지금의 경상남도 진해), 울산 염포 등 세 곳의 포구를 지정해 일본인이 들어와 장사를 할 수 있도록 했다. 이는 이종무의 쓰시마 정벌(1419년 참조) 이후 살길이 막힌 쓰시마 사람들의 간청에 의해 이루어진 것이다. 이후 쓰시마 사람들에게 조선의 관직을 주어 조선과 일본의 무역을 중개하고 삼포를 관장하도록 했다.[1]

삼포에는 각각 왜관을 두어 무역을 관장하고 일본인을 접대하는 장소로 썼으나, 일본인이 눌러앉아 살 수는 없도록 했다. 따라서 일본인은 무역과 고기잡이 등이 끝나면 바로 귀국해야 했다. 그러나 이 규정을 어기는 일본인이 갈수록 늘어나 세종 말기에는 부산포에 약 350명, 내이포에 약 1500명, 염포에 약 120명이 살기에 이른다.

〈왜관도〉

『농사직설』

1429년 농업 안내서 『농사직설』을 편찬하다

"풍토가 다르면 농법(농사짓는 법)도 같을 수 없다"라는 세종의 생각에 따라 중국의 농업 서적에 기대지 않고 조선의 풍토에 맞는 농사법을 연구해 제시한 『농사직설』이 편찬됐다. 정초 등이 편찬한 이 책에는 씨앗을 고르는 법, 밭 가는 법, 삼과 벼와 콩 등 각종 농작물을 재배하는 법이 조선의 현실에 맞게 상세히 기술돼 있다.

특히 벼를 키우는 법은 볍씨를 논에 직접 뿌려 키우는 직파법과 못자리에서 키운 벼를 논으로 옮겨 심는 모내기법에 이르기까지 다양하게 제시돼 있다.

『농사직설』은 이후 조선의 대표적인 농업 서적이자 농업을 권장하는 업무의 지침서로 활용된다.

아시아

1421년 명나라가 수도를 북경으로 옮기다

'만리장성 이후 최대의 공사'라는 자금성 건설이 1420년 연경에서 완료됐다. 그러자 영락제가 이듬해에 연경을 북경¹이라 이름을 바꾸고 새 수도로 선포했다. 북경은 이전의 수도 남경에 비해 척박한 곳이었다. 중국의 경제적·문화적 중심지인 강남 지방으로부터 너무 멀리 떨어져 있어 천도에 반대하는 목소리도 높았다. 그런데도 영락제가 천도를 강행한 것은 주로 군사적인 목적 때문이었다. 영락제의 최대 관심사는 북방의 몽골족을 누르는 것이었는데, 수도가 너무 남쪽에 있으면 황제가 몽골족의 움직임에 신속하게 대응할 수 없다고 판단한 것이다. 척박한 북경을 수도로 삼기 위해서는 강남 지방의 물자를 북경으로 효율적으로 운반할 수단이 필요했다. 이에 영락제는 금나라 때부터 방치되다시피 했던 대운하²를 대대적으로 정비했다. 이후 북경과 강남 지방 사이의 물자 유통이 활발해지면서 명나라의 상업은 활기를 띤다.

1 북경 | 북경은 영락제 즉위 초부터 사실상의 수도 역할을 해 오고 있었는데 이는 북경이 영락제의 정치적 근거지였기 때문이다.

자금성

2 대운하 | 양쯔강과 황허를 연결하는 운하. 7세기인 수나라 때 건설돼 중국의 남북을 연결하는 주요 수송로가 됐다.

3 레왕조 | 레 러이의 레왕조를 980~1009년 존속한 레왕조와 구분해 후(後)레왕조라 부르기도 한다.

아시아

1424년 영락제가 죽고 대외 팽창 정책이 중단되다

대외적으로 화려했지만 국내 정치에선 폭군에 가까웠던 명나라의 영락제가 죽자 홍희제(재위 1424~1425)와 선덕제(재위 1425~1435)가 잇따라 즉위했다. 홍희제와 선덕제는 영락제의 폭정을 바로잡기 위해 유교적인 덕치에 힘썼는데, 이들의 정치를 어질다는 의미에서 '인선(仁宣)의 치(治)'라 한다.
특히 부족한 재정 때문에 함대 규모를 대폭 줄이는데, 이에 따라 왜구 등 해적들의 활동이 심해지고 중국의 해상 무역은 쇠퇴한다.

아시아

1428년 베트남에 레왕조³가 들어서다

1407년 명나라에 정복당했던 베트남이 레 러이의 활약으로 주권을 되찾았다. 명 세력을 몰아낸 레 러이는 황제를 칭하고 레왕조[黎王朝, 1428~1789]를 열었다. 레왕조는 유교를 통치 이념으로 삼고 중국 문물을 적극적으로 받아들였다. 4대 황제 타인통(재위 1460~1497) 때는 오늘날 베트남 영역의 대부분을 차지한다.

하노이

레왕조

레왕조의 영역

유럽

1429년 잔 다르크가 백년전쟁에서 대활약하다

신의 계시를 받았다고 주장한 17세 프랑스 소녀 잔 다르크가 곳곳에서 잉글랜드군을 물리치기 시작했다. '성녀가 돕는다'는 소문이 퍼지면서 프랑스 왕에 대한 지지가 급상승하자, 그동안 취약한 왕권 때문에 힘을 제대로 쓰지 못했던 프랑스가 백년전쟁의 주도권을 잡는다.

잔 다르크
1431년 잉글랜드군에 사로잡혀 마녀로 몰리고 화형당하지만, 이후 프랑스가 국민 국가로 발전하는 과정에서 국민 통합의 상징이 된다.

광화문

1431년 **경복궁의 정문인 광화문을 완공하다**

1433년 혼천의를 만들고 천문 연구에 박차를 가하다

조선의 땅에서 조선의 하늘을 관측하기 위한 천문 관측 기구인 혼천의가[1] 정초, 정인지 등의 고증과 장영실, 이천 등의 감독에 따라 만들어졌다. 세종이 이러한 혼천의를 직접 제작하도록 한 것은 중국으로부터 가져온 역법이 때때로 맞지 않는 현상 때문이었다. 명나라의 수도였던 남경과 한성의 위도가 달라 남경에서 하늘을 관측한 결과가 한성의 실제와 어긋났던 것이다.

이듬해인 1434년 세종은 경복궁 경회루 북쪽에 천문 관측대인 간의대를 세우고 혼천의, 간의(간략하게 만든 혼천의), 규표(태양의 고도를 재는 기기) 등 천문 기구를 두어 조선만의 독자적인 천문 관측을 하도록 했다. 이를 통해 1444년 중국 역법인 수시력과 아라비아 역법인 회회력법을 조선의 시각에서 해설한 『칠정산(七政算)내편』과 『칠정산외편』도 간행된다.

1434년에는 자동으로 시간을 알려 주는 물시계인 자격루를 만들고, 1442년에는 세계 최초의 측우기를 발명하는 등 조선의 과학 기술은 세종 때 전성기를 이루게 된다.

1 혼천 | '혼천'은 고대 동양의 우주관이다. 계란 같은 우주 한가운데 평평한 대지가 둥둥 떠 있는 모습을 하고 있다. 평평한 대지를 반구 모양의 우주가 덮고 있는 '개천'보다 한발 앞서 나간 우주관이다. '혼천의'는 이같은 혼천을 관측하는 기기를 말한다.

자격루

규표

간의

유럽

1434년 **메디치 가문이 피렌체를 장악하다**

이탈리아의 부유한 은행가 집안인 메디치 가문의 코시모가 피렌체공화국의 수반으로 선출됐다. 코시모는 유럽 10여 개 도시에 은행을 두고 교황의 재정을 관리하며 당대 으뜸가는 부호가 된 인물이다. 메디치 가문은 이후 16세기 후반까지 피렌체를 지배하며 유럽의 정치와 문화에 커다란 영향을 끼친다.

미켈란젤로의 〈성가족〉

이탈리아의 르네상스 미술

'인간 해방' 운동이었던 르네상스의 정신은 예술의 해방도 가져왔다. 그간 교회에 종속돼 성당 장식 등 보조적 역할만 하던 예술가들이 종교의 그늘에서 벗어나 개인의 세속적 관심사를 자유롭게 표현하기 시작한 것이다. 이러한 변화가 가능했던 이유는 경제적 권력의 이동에 있었다. 유럽의 부가 교회에서 도시의 부유한 시민에게로 점차 옮겨 가면서 시민 계급이 예술의 중요한 후원자로 떠오른 것이다. 르네상스 미술이 가장 활발하게 전개된 곳이 이탈리아 북부의 상업 도시였던 것도 이런 배경에서다.

메디치 가문은 전통적인 봉건 귀족이 아니라 상업과 금융업으로 부를 쌓은 시민 가문이었다. 이 때문에 시민 계급을 중심으로 전개된 르네상스 운동에 깊이 공감했다. 메디치 가문의 후원으로 레오나르도 다빈치, 보티첼리, 미켈란젤로 등 당대의 기라성 같은 예술가들이 피렌체에 모이자 피렌체는 르네상스 미술의 중심지로 번영한다.

유럽

1434년 **포르투갈의 탐험가 질 에아네스가 '마(魔)의 벽' 보자도르곶을 돌파하다**

포르투갈의 탐험가인 질 에아네스가 모로코의 보자도르곶을 돌파했다. 보자도르곶은 유럽인들이 오랫동안 세상의 끝이라 믿었던 곳으로, 감히 그 너머로 나아갈 생각을 못 했던 장소다.

에아네스가 자신만만하게 보자도르곶을 돌파할 수 있었던 것은 위도항법이라는 새로운 항해 기술 덕분이었다. 위도항법이란 북극성의 고도를 관측해 자신의 현재 위도를 파악해 가며 항해하는 기술이다. 에아네스의 성공에 자극받은 다른 항해자들은 줄줄이 보자도르곶 남쪽으로 떠나 몇 년 뒤 아프리카 중부의 기니만[1]에서 무역의 신천지를 발견한다. 아프리카 남쪽에 새로운 부의 원천이 있다는 소문은 삽시간에 퍼져 기니만 남쪽 탐험을 자극했다.

리스본 ○

○보자도르곶

보자도르곶의 위치

1 기니만 | 사하라 이남 아프리카의 문화적 중심지 중 하나로 예부터 많은 흑인 왕국들이 들어서 있었다. 유럽인들은 이들과 상아, 금, 노예 등을 거래하며 많은 이득을 얻었다.

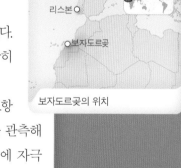

15세기에 주조된 포르투갈 최초의 금화
아프리카의 기니만에 도착한 포르투갈 선원들이 상당한 양의 금을 가지고 돌아오면서 포르투갈 최초로 금화가 발행된다.

1446년 **훈민정음을 만들다**

세종이 우리말을 소리 나는 대로 표기할 수 있는 우리 문자 '훈민정음'을 만들었다. '백성을 가르치는 바른 소리'를 뜻하는 훈민정음은 이 문자를 만든 취지가 들어 있는 『훈민정음예의본』과 글자의 원리, 사용법 등을 밝힌 『훈민정음해례본』에 담겨 만천하에 공개됐다. 『훈민정음예의본』에는 "나라 말씀이 중국과 달라 서로 통하지 않으니" 한문을 읽지 못하는 백성을 불쌍하게 여겨 우리 문자를 창제한다는 뜻을 명확히 하고 있다.

『훈민정음해례본』은 인간이 소리를 내는 입술, 이, 혀, 목 등의 모양과 구조를 살펴 자음과 모음을 만들었다고 밝혀, 훈민정음이 오랜 과학적 연구를 거쳐 만들어진 정교한 문자라는 것을 알려 준다.

훈민정음을 만들게 된 것은 세종의 강력한 의지가 작용했기 때문이다. 세종은 중국의 음운 관련 서적을 연구해 1443년에 훈민정음을 창제했다. 최만리 등 유학자들은 한자가 있으니 새로운 문자를 쓸 필요가 없다고 반대했으나, 세종은 이를 물리치고 정인지, 신숙주 등 젊은 학자들에게 『훈문정음 해례본』을 편찬하도록 했다. 그와 더불어 훈민정음을 사용해 만든 『용비어천가』와 『월인천강지곡』을 각각 1447년과 1449년에 간행해, 이 새로운 문자의 우수성을 과시했다. 조선에 독자적인 문자의 시대가 열린 것이다.[1]

1 『용비어천가』와 『월인천강지곡』 | 『용비어천가』는 태조 이성계와 그 선조의 업적을 노래한 서사시로 조선 창업의 정당성을 밝혔고, 『월인천강지곡』은 수양대군이 어머니인 소현왕후의 명복을 비는 『석보상절』을 지어 바치자 세종이 석가의 공덕을 찬미한 노래이다. 둘 다 훈민정음으로 지어졌다.

4군 6진

1449년 **압록강─두만강 국경에 4군 6진을 설치하다**

세종이 북쪽 국경을 넘나들며 백성을 괴롭히는 야인(여진족)을 물리치고 국경의 안보를 튼튼히 하기 위해 설치하기 시작한 4군과 6진이 완성됐다. 4군은 최윤덕이 7년간 공들여 압록강 유역의 변경 지대에 설치한 것으로 1443년에 우예군을 쌓음으로써 마무리됐다. 한편 두만강 유역에 설치한 6진은 김종서 등을 시켜 설치한 것으로, 1449년에 부령부를 쌓음으로 완료됐다.

4군 6진이 완성됨에 따라 북쪽 변경 지대는 여진족의 노략질로부터 벗어날 수 있게 됐으며, 고려 때보다 북쪽 국경이 늘어나게 됐다.

1450년 **5대 문종이 즉위하다**

세종이 오랜 병환 끝에 숨을 거두고 세자가 즉위하니 문종(재위 1450~1452)이다. 문종은 조선 역사상 장자로서 보위에 오른 최초의 임금이다.

유럽

1444년 오스만튀르크제국의 무라드 2세가 바르나에서 크리스트교 연합군을 격파하다

오스만튀르크제국의 술탄 무라드 2세가 바르나(오늘날의 불가리아 소재)에서 헝가리와 폴란드 연합군을 대파했다. 이 싸움으로 오스만튀르크제국이 발칸반도로 뻗어가는 것을 막으려는 크리스트교 세력의 저항이 사실상 끝났다. 오스만튀르크제국이 크리스트교 지역으로 급속히 세력을 펼 수 있었던 것은 데브시르메라는 독특한 제도 덕분이었다. 데브시르메란 크리스트교 소년들을 징집해 이슬람교로 개종시킨 후 평생 군 복무를 하게 만드는 제도다. 데브시르메로 징집된 병사는 예니체리라 했는데, 이들은 사기와 규율이 엄격해 오스만튀르크 군대의 엘리트로 대접받았다.

예니체리
유럽에서 총을 대규모로 도입한 최초의 군대다.

유럽

1445년 프랑스에서 서유럽 최초의 상비군이 창설되다

프랑스 왕 샤를 7세가 봉건 기사나 용병 부대에 대한 의존에서 벗어나기 위해 6000명의 상비군을 창설했다. 이들은 왕으로부터 직접 봉급을 받았기에 봉건 기사와 달리 왕에 대한 충성심이 강했고 필요하면 언제라도 동원할 수 있었다. 상비군 제도는 왕권을 크게 강화해 유럽의 정치 체제가 중세 봉건제에서 절대 왕정으로 넘어가는 계기가 된다. 상비군을 유지하려면 돈이 많이 들었으므로 왕들은 이를 마련하기 위해 상공업자들을 지원하는 중상주의 정책을 편다.

아시아

1449년 명나라 황제가 몽골족 일파인 오이라트족의 포로가 되다

명나라 황제 영종[1]이 뭇 신하의 반대에도 불구하고 총애하는 환관 왕진의 말만 믿고 무리한 북방 원정에 나섰다. 그러나 토목보 요새에서 몽골족 일파인 오이라트족에게 반격을 당해 황제 자신이 포로가 되고 말았다(토목보의 변). 당시 심각한 수준에 이른 환관들의 전횡을 보여 주는 사건으로 꼽힌다.

1 영종 명나라 황제 중 예외적으로 두 개의 연호를 썼기 때문에 혼동을 피하기 위해 일반적으로 묘호인 '영종'으로 불린다.

유럽

1450년 포르미니전투에서 프랑스군이 대포로 잉글랜드군을 격파하다

백년전쟁 막바지의 주요 전투였던 포르미니전투에서 프랑스군이 잉글랜드군을 격파했다. 이 전투는 서유럽에서 대포가 중요한 역할을 한 최초의 싸움이었다. 이후 일반 농민들도 기사들을 제압할 수 있는 화약 무기가 전장을 점차 지배하면서 봉건 기사 계급은 결정적인 타격을 입는다.

백년전쟁 당시의 대포 사용 모습

유럽

1450년 구텐베르크가 활판 인쇄술을 발명하다 (1468년 참조)

1451년 『고려사』를 완성하다

몇 차례에 걸쳐 고쳐 쓴 『고려사』가 김종서, 정인지 등에 의해 마침내 완성됐다. 1396년 정도전과 조준이 지은 『고려국사』를 수정 보완한 것으로 세가[1] 46권, 열전 50권 등 총 139권이다. 『고려사』는 고려를 제후국으로 보고 있으나 고려가 황제국을 자처하며 사용한 '제칙'[2], '태자' 등의 용어는 사실을 존중해 그대로 썼다. 조선의 건국을 정당화하기 위해 태조부터 문종에 이르는 고려 전기는 긍정적으로, 무신 정권기와 원 간섭기 등 후기는 부정적으로 서술했다. 특히 조선 태조 이성계에 의해 왕위에서 쫓겨난 우왕과 창왕은 고려 왕실이 아닌 신돈(2권 1374년 참조)의 피를 받은 자들이라며 세가가 아닌 열전[3]에 넣었다.

『고려사』 서술의 바탕에는 사대주의와 조선 건국의 정당성이 깔려 있지만, 고려 시대의 사실을 최대한 존중하려는 노력이 엿보인다.

1452년 문종이 죽고 6대 단종(재위 1452~1455)이 즉위하다

1453년 계유정난이 일어나 수양대군이 권력을 쥐다

선왕 문종의 동생인 수양대군이 반란을 꾀했다는 명목으로 우의정 김종서의 집을 기습해 그를 죽이고, 조카인 단종을 윽박질러 영의정 황보인, 이조판서 조극관 등을 대궐 문에서 죽였다. 수양대군은 야심만만한 왕족으로서 김종서, 황보인 등이 13세에 불과한 단종을 보필하며 지나친 권세를 누린다며 불만을 품어 왔다. 문종이 몸이 약해 일찍 병으로 죽은 데 이어 단종이 신하들에게 휘둘리는 모습을 보고는 왕실의 권위를 회복한다는 명분으로 거사한 것이다.

수양대군은 영의정과 이조·병조판서를 겸하며 권력을 휘두르다 1455년 윤6월에 단종의 양위를 받아 7대 임금으로 등극하니, 곧 세조(재위 1455~1468)다.

1457년 노산군으로 강등된 단종이 끝내 목숨을 잃다

상왕에서 노산군으로 강등된 단종이 6월 강원도 영월로 유배를 떠났고, 그곳에서 자살을 강요당하다가 살해됐다. 1456년 6월 성삼문, 박팽년, 하위지 등 사육신[4]이 세조를 몰아내고 단종을 복위시키려다 발각돼 처형당할 때 이러한 단종의 운명은 예정돼 있었다. 세조의 동생들인 안평대군과 금성대군도 반역을 꾀했다는 죄목으로 사약을 받았다.

---

1 세가 | 제후에 관한 기록을 뜻한다. 『고려사』를 쓴 조선의 유학자들은 사대주의의 명분론에 입각해 고려를 조선과 같은 제후국으로 보았다. 반면 『삼국사기』를 쓴 고려의 김부식 역시 유학자였으나 삼국 왕조를 중국 왕조와 동일하게 '본기'로 분류했다.

2 제칙 | 제칙은 황제의 지시를 말한다. 제후인 왕의 지시는 '교'라 한다. 태자는 황제 계승자를 가리키며 왕위 계승자는 '세자'라 한다.

3 열전 | 군주와 제후가 아닌 역사적 인물의 전기

4 사육신 | 단종 복위 운동을 하다 잡혀 죽은 여섯 명의 신하. 이들과 달리 계유정난에 항의하는 뜻으로 벼슬을 멀리하고 야인 생활을 한 김시습 등 여섯 명을 생육신이라 한다.

영월로 유배된 단종이 올라 신세를 한탄했던 자규루

아시아

1453년 **오스만튀르크제국이 동로마제국을 멸망시키다**

이스탄불의 이슬람 사원(왼쪽)과 메메드 2세(오른쪽)

오스만튀르크제국의 술탄 메메드 2세가 동로마제국의 수도이자 마지막 남은 도시인 콘스탄티노플을 함락시켰다. 승리의 일등공신은 초대형 대포였다. 이로써 800년 동안 이슬람 세력의 줄기찬 공세를 물리친 난공불락의 성에 마침내 이슬람의 깃발이 꽂혔다.

동로마제국의 멸망은 유럽에 커다란 충격을 안겼다. 특히 콘스탄티노플을 통해 후추 등 동양의 특산품을 들여오던 이탈리아 상인들이 큰 타격을 받았다. 유럽인들은 동방으로 통하는 새로운 무역로를 찾기 시작하는데 이는 대항해 시대(36쪽 참조) 개막의 한 요인이 된다.

콘스탄티노플을 점령한 메메드 2세는 '정복왕'이라는 별명을 얻으며 일약 이슬람 세계의 영웅으로 떠오른다. 그는 수도를 콘스탄티노플로 옮기고 이곳을 유럽 진출의 기지로 삼는다. 콘스탄티노플은 튀르크인들로부터 '이스탄불'이라는 이름으로 불리게 되는데 이 명칭은 1930년 터키 정부에 의해 공식적으로 굳어진다.

오스만튀르크제국의 영역

유럽

1453년 **백년전쟁이 프랑스의 승리로 끝나다**

프랑스 서부에서 벌어진 카스티용전투를 마지막으로 백년전쟁이 막을 내렸다. 잉글랜드는 이 전쟁으로 대륙 내의 영토를 거의 다 잃고 브리튼섬으로 쫓겨났다. 반면에 프랑스는 왕권이 크게 강화돼 본격적인 절대왕정 시대로 접어든다.

백년전쟁 발발 당시의 잉글랜드 영토
1492년 이후 프랑스가 잉글랜드으로부터 수복한 영토
전쟁 종료 후 잉글랜드의 영토

프랑스가 백년전쟁에서 획득한 영토

유럽

1455년 **잉글랜드에서 장미전쟁이 시작되다**

잉글랜드의 왕족인 요크 가문과 랭카스터 가문 사이에서 왕위를 둘러싼 내전이 벌어졌다. 두 가문의 문장이 모두 장미로 이뤄졌기 때문에 이를 '장미전쟁(1455~1485)'이라 한다.

장미전쟁은 백년전쟁의 후유증에서 비롯됐다. 백년전쟁 패배로 잉글랜드 영토가 대폭 축소되자 좁은 잉글랜드 땅을 둘러싼 귀족들 간의 대립이 심해졌던 것이다. 50여 년에 이르는 전쟁 기간 동안 대귀족들은 저마다 편을 나눠 싸웠는데, 이 과정에서 수많은 귀족이 몰락했다. 그 결과 잉글랜드도 프랑스의 뒤를 이어 절대왕정 시대에 접어든다.

왼쪽부터 요크 가문의 흰 장미, 랭카스터 가문의 붉은 장미, 그리고 둘을 결합한 튜더 가문(1485년 참조)의 장미 문장

1 수조권 | 토지를 수유하고 농사짓는 농민에게 수확량의 일부를 조(땅에 대한 세금)로 거둘 수 있는 권리

1466년 **과전법을 폐지하고 직전법을 실시하다**

고려 말에 실시해 조선 건국의 기초가 됐던 과전법을 폐지하고 현직 관리에게만 수조권을 주는 직전법을 실시했다. 과전법에서는 퇴직한 관리에게도 수조권을 주고, 수조권이 세습되기도 했다. 그러나 관리의 수가 늘어나면서 수조권의 대상이 되는 논밭이 부족해지자 직전법을 실시한 것이다. 이러한 직전법은 현직 관리인 계유정난(1453년 참조)의 공신들에게 혜택이 돌아가게 하려는 정책이기도 했다. 양반도 벼슬을 할 때만 수조권을 가질 수 있게 되면서 국가는 토지의 소유자인 농민을 좀 더 직접적으로 관리할 수 있게 됐다.

1467년 **이시애의 난이 일어나다**

함길도(지금의 함경도)의 지방 세력가인 이시애가 중앙 정부에 대한 지방민의 불만을 이용해 반란을 일으켰다. 세조가 즉위한 뒤 중앙 집권 정책을 강화하던 조선 왕조는 지방의 수령에 그 지방 출신을 임명하지 않고 중앙 관리를 내려 보냈다. 이러한 중앙 출신 수령은 지방 유지들의 자치 기구인 유향소를 철저히 감독하고 감시하면서 지방민과 갈등을 빚었다. 회령부사를 지내다 상(喪)을 당해 사퇴한 이시애는 5월 길주에서 이러한 불만 세력을 모아 반란을 일으켰다.
이시애는 여진족까지 끌어들여 한때 함길도를 휩쓸었으나 3개월 만에 처조카인 허유례에게 붙잡혀 관군에 넘겨지고, 토벌군의 진지 앞에서 목이 잘렸다. 세조는 함길도를 남북으로 나누고 유향소를 폐지했다.

2 유향소(留鄕所) | 고려 말부터 조선 시대에 걸쳐 수령을 보좌한 지방 유지들의 자문 기관

1468년 **세조가 죽고 8대 예종**(재위 1468~1469)**이 왕위에 오르다**

1468년 **병조판서 남이가 반역죄를 쓰고 죽다**

이시애의 난을 평정하는 데 공을 세워 28세의 나이로 병조판서에 오른 남이가 반역 혐의를 뒤집어쓰고 처형됐다. 신숙주, 한명회 등 계유정난의 공신들이 남이를 경계해 공격한 결과였다.

남이의 호방한 시
유자광은 남이가 여진족을 토벌할 때 읊은 다음과 같은 시에 반역의 뜻이 담겨 있다면서 남이를 반역자로 몰았다.

백두산 돌은 칼을 갈아 다하고[白頭山石磨刀盡]
두만강 물은 말을 먹여 다하네[豆滿江水飮馬無]
남아 스물에 나라를 평정하지 못하면[男兒二十未平國]
훗날 누가 대장부라 불러 주리오[後世誰稱大丈夫]

1469년 **예종이 죽고 9대 성종**(재위 1469~1494)**이 왕위에 오르다**

아시아

1467년 오닌의 난을 계기로 일본이 센고쿠 시대에 접어들다

쇼군 아시카가 요시마사가 동생인 요시미를 후계자로 정한 상황에서 뒤늦게 아들 요시히사를 얻었다. 이에 간레이[1]였던 호소카와 가쓰모토가 요시미 편을, 혼슈 서부의 대영주인 야마나 모치토요가 요시히사 편을 각각 들면서 일본이 내전에 빠졌다(오닌의 난).

내전은 전국적으로 확산됐는데 이는 세력 확장을 꾀한 슈고다이묘(2권 1392년 참조)들이 저마다 한쪽에 가담했기 때문이다. 전쟁은 1477년 일단락됐지만 슈고다이묘들이 계속해서 싸움을 벌이면서 일본은 센고쿠 시대[2]에 접어든다.

유럽

1468년 유럽 인쇄술의 아버지 구텐베르크가 사망하다

활판 인쇄술을 발명해 지식의 새 시대를 열어젖힌 독일의 인쇄 기술자 구텐베르크가 사망했다.

구텐베르크는 1450년경 유럽 최초로 금속 활자를 만들었을 뿐 아니라 인쇄에 적합한 새로운 잉크, 포도즙 짜는 기계를 개량한 효율적인 인쇄기, 그리고 활자를 빠르고 손쉽게 인쇄할 수 있는 활판도 아울러 제작했다. 구텐베르크의 인쇄기는 한 시간에 240장을 인쇄할 수 있었다고 하는데, 이것은 당시의 인쇄술 기준으로는 획기적인 속도였다. 인쇄술이 유럽보다 일찍 발달했던 동아시아에서는 복잡한 한자를 인쇄하는 기술적 어려움 등으로 인쇄술의 발전 속도나 활용도가 유럽에 비해 떨어졌다.

구텐베르크의 인쇄술 발명으로 책을 값싸게 대량으로 만들 수 있게 되자 유럽의 지성계에 일대 혁명이 일어났다. 이전까지 소수 성직자나 부유층의 전유물이던 지식이 대중적으로 유통되기 시작한 것이다. 특히 인쇄된 성서의 대량 보급은 성직자와 일반인 사이의 종교적 지식 차이를 없앰으로써 성직자의 권위를 크게 깎았고 이는 16세기의 종교개혁으로 이어진다. 인쇄술은 르네상스와 과학 지식의 전파에도 큰 역할을 하는데, 16세기 유럽에서 이른바 '과학혁명'이 시작된 것도 인쇄술 덕분이었다.

일본식 성
일본의 전형적인 성 양식은 센고쿠 시대에 완성된다. 넓은 지역의 방어를 목적으로 한 우리나라나 중국의 성과 달리 일본 성은 서양 중세의 성처럼 봉건 영주의 거처를 요새화한 것이 특징이다.

1 간레이[管領] | 일본 무로마치 시대의 관직으로 쇼군을 보좌하는 바쿠후의 2인자

2 센고쿠 시대[戰國時代] | 오닌의 난 이후부터 1590년 도요토미 히데요시의 전국 통일, 또는 1573년 무로마치 바쿠후의 멸망 때까지 일본 각지에서 군웅이 할거하던 시대

구텐베르크 인쇄기와 활판

구텐베르크의 인쇄기 복원 모형
활판을 고정하는 부분, 잉크를 바르는 부분, 찍는 부분 등이 한 기계에 들어 있어 효율적인 인쇄가 가능했다.

『국조오례의』
서울대학교 규장각에 소장돼
있다. 8권 8책

『동문선』

1『동문선』**수록 작품**│조선 중
기의 유학자인 이수광은 "『동
문선』에 실린 시문의 범위는 넓
으나 편찬자의 취향에 따라 취
사선택됐다"라며 공정성이 부
족했다고 비판했다.

1474년 조선의 의례 규정인 『국조오례의』를 편찬하다

국가의 다섯 가지 의례인 오례(五禮)의 의식 절차를 규정하기 위해 세종 때
시작된 『국조오례의』 편찬이 완료됐다. 오례는 길례(국가가 산천과 종묘·사직 등에
지내는 제사), 가례(사대의 예와 왕실의 관·혼례), 빈례(외국 사신 접대), 군례(군사 관련 의
례), 흉례(상례와 장례)를 가리킨다. 고조선부터 고려에 이르기까지 오례 의식은
있었으나 규범으로 정해 놓은 것은 없었는데, 조선에서 처음으로 국가 지도
이념인 성리학의 예론에 따라 작성한 것이다.

1478년 서거정 등이 『동문선』을 편찬하다

신라 때부터 조선 전기에 걸쳐 우리나라의 시와 문장을 모은 『동문선』이 편찬
됐다. 성종의 명을 받아 서거정, 강희맹 등 23명이 참여했다. 최치원, 김부식, 이
인로, 이규보, 이제현, 이색, 정도전, 권근 등 220여 작가의 작품을 싣고 있으며,
시와 산문의 비율은 1:3이다. 문체도 다양해 중국의 『문선』에 실린 39종보다 16
종이 더 많다.[1]

가급적 많은 시문을 싣고자 해서 내용은 크게 문제를 삼지 않았다. 무신 집권
자인 최충헌 부자를 미화하고 찬양한 시문도 있고, 승려의 비명(碑銘), 불교의 교
리를 설파한 원효의 불서 서문이 승려의 시와 함께 실려 있다. 그러나 일연, 보
우 등 선종 승려의 작품이 실려 있지 않은 것이 눈에 띈다. 지배층 중심의 화려
하고 무게감 있는 시문 중심으로 구성된 것도 이 책의 특징이다.

1479년 왕비 윤씨를 폐하다

성종이 세자까지 낳은 왕비 윤씨의 지위를 박탈하고 대궐 밖으로 내쫓았다. 성
종과 윤씨는 금슬이 좋았으나 성종이 후궁들에게 눈길을 주자 질투하는 윤씨
와 자주 다투게 됐다. 대궐 안에는 이를 기화로 윤씨가 후궁을 독살하려 했다
는 음모설이 퍼지기도 했다.

성종의 어머니 인수대비는 아내가 남편을 하늘처럼 떠받들어야 한다고 가르치
는 한글 교훈서 『내훈』을 쓴 사람이었다. 윤씨가 성종과 다투다 성종의 얼굴에
생채기를 내자 인수대비는 세자 교육을 자신이 맡을 테니 윤씨를 내쫓으라고
성종을 다그쳤다(1482년 참조).

유럽

1474년 베네치아공화국에서 최초의 근대적 특허법이 탄생하다

베네치아공화국에서 최초의 근대적인 특허법이 만들어졌다. 새로운 발명품을 만든 사람이 정부에 발명품을 등록하면 다른 사람이 그것을 만들지 못하도록 보호한다는 것이다.

베네치아에서 특허법이 제정된 것은 공업이 발달하면서 장인들 사이의 경쟁이 심해졌기 때문이다. 특히 베네치아의 유리 장인들 사이에서는 경쟁이 치열해 기술 관련 분쟁이 잦았다. 특허법이 제정되자 베네치아인은 다른 나라에도 특허권을 주장하기 시작했는데, 이를 계기로 특허 제도가 유럽 전역으로 확산된다.

중세 베네치아의
유리 공예품
중세 베네치아의 유리 공예 가들은 색상을 입히는 기술 등을 경쟁적으로 개발하면 서 유럽 유리 산업의 선두 를 차지했다.

유럽

1479년 카스티야–아라곤 연합왕국이 탄생하다

이베리아반도의 크리스트교 국가인 카스티야왕국과 아라곤왕국이 통합해 에스파냐왕국의 전신인 카스티야–아라곤 연합왕국이 탄생했다. 이는 카스티야 여왕 이사벨 1세와 아라곤 왕 페르난도 2세가 부부였기 때문에 가능했다. 통합으로 강력해진 연합왕국은 이베리아반도의 마지막 남은 이슬람 세력인 그라나다왕국 을 압박해 1492년 그라나다를 점령하고 이슬람 세력을 이베리아반도에서 완전히 몰아냈다. 이로써 약 800년간 계속된 재정복 운동은 성공으로 막을 내린다.

재정복 운동 성공으로 새로운 자신감을 얻은 연합왕국은 이웃 나라 포르투갈의 뒤를 이어 신항로 개척에 나선다. 덕분에 해외에 광대한 식민지를 거느린 제국으로 성장한다. 연합왕국은 1516년 완전히 합쳐져 에스파냐왕국이 된다.

에스파냐어는 오늘날 중국어에 이어 세계에서 두 번째로 많은 모국어 인구를 갖고 있는데, 이는 과거에 에스파냐의 식민지였던 나라가 워낙 많았기 때문이다.

1 에스파냐 | 로마인들이 이베 리아반도를 지칭하던 '히스파 니아'라는 명칭에서 유래했다.

왕좌에 나란히 앉은 페르 난도와 이사벨

유럽

1480년 모스크바대공국이 몽골족으로부터 독립하다

모스크바대공국의 이반 3세가 13세기 중엽 이래 러시아를 지배하던 킵차크한 국 을 물리치고 독립했다. 그는 이 무렵 이미 노보고로트공국 등을 정복하고 러 시아 북동부 일대를 통일한 상태였다. 이반 3세는 계속해서 카잔한국 등 위협이 될 만한 인근의 유목민 국가들을 격파하고 지역의 패권을 장악했다. 이로써 오 늘날 러시아의 전신인 모스크바대공국은 단단한 기반을 갖게 됐다.

이반 3세는 자신의 영향력을 키우기 위해 멸망한 동로마제국을 대신해 동방정 교의 최고 수호자를 자처하기도 했다. 이를 위해 동로마제국 문화를 적극적으로 받아들이고 모스크바를 동방정교의 새로운 본산으로 발전시켰다. 러시아에서 '차르'를 군주의 칭호로 사용한 최초의 인물도 이반 3세였다.

2 차르 | 로마제국 황제의 칭 호였던 '카이사르'의 러시아 식 발음이다.

1482년 폐비 윤씨에게 사약을 내리다

폐비 윤씨가 대궐 밖에 나가 살면서 반성하지 않고 늘 성종을 원망한다는 이유로 사약을 받고 숨졌다. 인수대비는 윤씨를 내몬 뒤에도 후궁인 정 숙의, 윤 숙의를 시켜 윤씨를 감시해 왔으며, 이번 폐비 윤씨 사사(賜死, 사약을 내려 죽임)를 이끌었다. 세자가 성장함에 따라 어머니인 폐비 윤씨를 다시 대궐로 불러들여야 한다는 여론이 일어나자, 인수대비를 비롯한 반대 세력이 그러한 여론을 잠재우기 위해 주도한 사건이었다.

1484년 서거정 등이 우리나라 통사인 『동국통감』을 편찬하다

삼국부터 고려에 이르는 우리나라 역사를 정리한 『동국통감』이 서거정 등에 의해 완성됐다. 편년체 역사책인 『동국통감』은 삼국의 건국부터 669년(신라 문무왕 9)까지를 삼국기, 935년(고려 태조 18)까지를 신라기, 고려 말까지를 고려기로 나눠 서술했다. 고조선부터 삼국 이전까지는 자료가 없어 머리말에서 간략하게 다뤘다. 신라의 삼국 통일을 강조하기 위해 '신라기'를 독립시켰지만, 신라를 삼국 가운데 정통으로 내세우지 않고 고구려·백제·신라를 대등하게 다뤘다.

신라를 정통으로 내세우지는 않았지만 문화의 흐름에서 기자조선-마한-신라를 중심에 두려는 의도가 읽힌다. 중국에 대한 사대 명분과 유교적인 충효의 윤리를 중요하게 여긴 것으로, 성종과 그를 도운 성리학자들의 세계관이 적극 반영된 결과로 보인다.

1485년 조선의 헌법인 『경국대전』을 공포하다

조선의 국가 운영과 민형사상의 여러 가지 규정을 담은 기본 법전이 『경국대전』이라는 이름으로 반포됐다. 이·호·예·병·형·공전의 6개 법전으로 구성돼 있으며, 고려 말부터 100년가량 다듬고 고쳐 정리한 성문 법전으로, 중국 법과 구별되는 조선의 법 체계를 완성했다는 점에서 의의가 크다.

아들딸이 동등하게 유산을 상속한다거나 사유권을 절대적으로 보호하는 등 중국과 구별되는 조선만의 법 개념이 반영돼 있다. 또한, 국왕을 규제하는 법 규정이 없고, 노비에 대한 규정은 형전(형법)에만 두어 모든 노비를 예비 범죄자 취급하는 등 조선의 시대적 한계를 드러내는 부분도 있다.

『경국대전』

1487년 서거정 등이 우리나라 지리책인 『동국여지승람』을 편찬하다

유럽

1484년 **유럽에서 본격적인 마녀사냥이 시작되다**

교황 인노켄티우스 8세가 '지극히 높은 정열로 갈망하며'라는 제목의 조서를 내려 마녀사냥을 장려했다. 1486년에는 두 신학 교수가 황당무계한 내용으로 가득 찬 『마녀의 망치』라는 마녀사냥 지침서를 발간했는데, 이 책은 곧 베스트셀러가 됐다. 이를 계기로 유럽은 한바탕 마녀사냥의 광기에 휩싸인다.

마녀사냥은 르네상스와 종교개혁으로 성직자들의 권위가 심각한 도전을 받던 시기에 등장했다. 기득권을 빼앗길 것을 우려한 성직자들이 공포 분위기를 조성해 자신들에 대한 비판을 억누르려 한 것이다. 마녀사냥과 더불어 이 무렵 이단 재판이 광범위하게 행해진 것도 같은 맥락에서였다. 마녀사냥은 전쟁이나 기근 등으로 사회가 불안정해졌을 때 민중의 불만을 엉뚱한 데로 돌리는 데도 더할 나위 없이 좋은 수단이었다. 18세기까지 계속된 마녀사냥의 결과 수십만에서 수백만 명의 사람들이 잔혹하게 희생됐다고 여겨진다.

마녀사냥
혐의자를 물에 던져 넣고 가라앉으면 무죄, 떠오르면 마녀라 판결하는 등의 황당무계한 재판이 횡행했다.

유럽

1485년 **잉글랜드에서 장미전쟁이 끝나고 튜더왕조가 열리다**

랭카스터 가문의 친족인 헨리 튜더(헨리 7세)가 무력으로 잉글랜드의 새 왕이 된 후 요크 가문의 엘리자베스와 결혼했다. 이로써 랭카스터와 요크 가문은 화해하고 튜더왕조(1485~1603)의 시대가 열렸다.

헨리 7세는 장미전쟁으로 귀족들이 대거 몰락한 틈을 타 귀족들의 군사 보유를 금지하고 몰락한 귀족의 땅을 몰수했다. 이로써 잉글랜드 절대왕정의 기초가 마련됐다. 튜더왕조는 유럽이 종교전쟁의 소용돌이에 빠져 있는 사이 안정적인 발전을 계속해 훗날 잉글랜드가 유럽의 패권을 차지할 기반을 다진다.

유럽

1488년 **바르톨로뮤 디아스가 희망봉을 발견하다**

포르투갈의 탐험가 바르톨로뮤 디아스가 아프리카의 최남단인 희망봉까지 항해했다. 그때까지 유럽인들은 아프리카가 남쪽으로 끝없이 이어진다고 믿었기에 희망봉 발견은 아프리카를 돌아 인도로 곧장 항해하는 것이 가능함을 보인 획기적인 사건이었다. 이 발견에 고무된 유럽 탐험대들이 희망봉 너머로 대거 파견됐고 이는 10년 뒤 인도 항로 발견이란 결실로 돌아온다.

희망봉
본래 이곳에서 폭풍을 만났기 때문에 '폭풍의 곳'이라 이름 지었으나, 소식을 들은 포르투갈 왕이 다른 탐험가들에게 겁을 줄 수 있는 이름이라며 '희망봉'으로 이름을 바꿨다.

유럽

1489년 **간편한 덧셈과 뺄셈 기호가 만들어지다**

덧셈과 뺄셈 기호
1489년 독일 수학자 비트만이 간단한 기호를 발명해 셈이 훨씬 쉬워졌다.

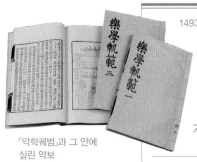

『악학궤범』과 그 안에
실린 악보

1493년
성현이 우리 음악을 정리한『악학궤범』을 편찬하다

궁중 음악, 당악(중국 송나라에서 들어온 음악), 향악(당악과 구별되는 우리 고유의 음악) 등의 악보와 연주법 등을 한글로 정리한『악학궤범』이 완성됐다.「동동」,「정읍사」,「처용가」,「여민락」,「봉황음」,「정동방곡」등의 가사가 한글로 실려 있다.

1494년
성종이 죽고 10대 연산군(재위 1494~1506)**이 왕위에 오르다**

1498년
무오사화가 일어나다

연산군 이후 표면화된 훈구파와 사림파의 갈등이 무오사화로 폭발했다. 훈구파는 조선의 건국, 계유정난(1453년 참조) 등에서 공을 세운 공신들을 중심으로 한 기득권층이고, 사림파는 향촌에서 성리학을 닦아 온 신진 세력이었다.

『성종실록』을 편찬할 때 훈구파인 이극돈은 실록청 당상관이 돼 실록 편찬을 지휘했다. 이때 사림파인 김일손은 스승인 김종직의「조의제문」[1]이라는 글을 사초에 실었다. 그러자 이극돈은 김일손이 연산군의 증조할아버지인 세조를 비난했다면서 이 사실을 연산군에게 알리고 사초[2]를 발췌해 보여 주었다. 실록 편찬에는 임금이 개입할 수 없어서 사초를 임금이 보는 것은 있을 수 없는 일이었지만, 이극돈은 사림파를 제거하기 위해 이 같은 일을 벌였던 것이다.

연산군은 이미 죽은 김종직의 무덤을 파헤쳐 시체의 목을 베고 김일손, 권오복 등 사림파를 죽였다. 그 밖에도 정여창, 김굉필 등 성종의 총애를 받았던 사림파가 대거 귀양을 떠났다. 이 사건은 사림파가 화를 입었다고 해서 '사화(士禍)'라고도 하고, 사초 때문에 일어난 일이라 해서 '사화(史禍)'라고도 불린다. 이후 조선에는 사림파에 대한 훈구파의 공격으로 세 차례의 사화가 더 일어난다.

1 「조의제문」| 중국 초나라의 회왕인 의제를 항우가 죽인 것과 관련해 의제를 조문하는 글. 단종을 죽인 수양대군을 빗댄 글로 공격받았다.

2 사초(史草) | 실록을 편찬하기 위해 사료를 조사해 쓰는 첫 번째 원고

『연산군일기』

유럽

1492년 **콜럼버스가 아메리카에 도착하다**

이탈리아 출신의 탐험가 크리스토포로 콜롬보(영어명 크리스토퍼 콜럼버스)가 카스티야-아라곤 연합왕국의 후원을 받고 대서양 서쪽으로 무작정 항해했다. 지구가 둥글다고 믿었던 그는 서쪽으로 항해해도 동방에 있는 중국이나 인도에 도착할 수 있다고 여겼던 것이다.

물론 지구가 둥글다는 그의 생각은 맞았지만, 이제껏 유럽인에게 알려지지 않은 대륙이 있으리라곤 미처 생각을 못했다. 이 때문에 두 달 반에 걸친 항해 끝에 자신이 도착한 장소를 '인도'라 여겼을 뿐 그것이 신대륙이라고는 생각지 않았다.[1]

콜럼버스가 발견한 대륙은 1502년 에스파냐의 후원을 받은 또 다른 탐험가 아메리고 베스푸치에 의해 아시아가 아닌 새로운 대륙으로 확인받는다. 대륙은 베스푸치의 이름을 따 '아메리카'[2]란 이름이 붙게 된다.

신대륙을 에스파냐 영토로 선언하는 콜럼버스

1 콜럼버스의 오해 | 이 때문에 콜럼버스가 처음 도착한 아메리카의 섬은 '서인도제도', 아메리카의 원주민은 인도 사람을 뜻하는 '인디언'이라 불렸다.

2 아시아가 아닌 신대륙 | 이 때 베스푸치의 이름이 붙여진 대륙은 베스푸치가 발견한 남아메리카에 국한됐다. 북아메리카까지 '아메리카'로 불리게 된 것은 훨씬 나중의 일이다.

유럽

1494년 **포르투갈과 카스티야-아라곤 연합왕국이 식민지 분할협정을 맺다**

해양 탐험 경쟁을 펼치던 포르투갈과 카스티야-아라곤 연합왕국(지금의 에스파냐) 사이에 '발견'한 땅의 소유권을 둘러싸고 분쟁이 생겼다. 이에 교황이 중재에 나서 브라질을 제외한 아메리카 지역은 카스티야-아라곤, 아프리카 지방은 포르투갈이 갖기로 했다. 토르데시야스조약이라 불리는 이 조약으로 오늘날까지도 남아메리카 대부분은 에스파냐어를 쓰고 오직 브라질만 포르투갈어를 쓰는 지역이 됐다.

칸티노 세계 지도
1502년 제작됐으며 신대륙과 인도 항로가 묘사된 현존 최고(最古)의 지도다.

유럽

1498년 **바스쿠 다 가마가 인도 항로를 발견하다**

포르투갈의 항해자 바스쿠 다 가마가 유럽인들이 학수고대하던 인도 항로 발견에 성공했다. 이로써 유럽인들은 이슬람 상인들을 거치지 않고 곧장 향신료를 비롯한 동양의 진귀한 특산품을 거래할 수 있게 됐다.

1492년의 아메리카 항로 발견과 1498년의 인도 항로 발견은 유럽의 주요 교역로를 지중해에서 대서양으로 옮겼다. 막대한 부가 보장되는 대서양 무역에서 소외된 지중해 지역 국가들은 쇠퇴한 반면, 대서양 연안의 에스파냐, 포르투갈, 잉글랜드 등이 유럽의 신흥 부국으로 떠오른다. 또 대서양 항로를 따라 유럽인들의 해외 진출도 급증하면서 세계사의 판도가 급변한다.

향신료
향신료는 당시 유럽인들이 탐내는 최고의 식재료였다. 오늘날에도 세계 향신료의 86퍼센트는 인도에서 생산되는데, 유럽인들이 인도까지 긴 항해를 마다하지 않은 것도 향신료를 구하기 위해서였다.

대 항 해 시 대

15세기~16세기

15세기가 열릴 무렵 해양 무역의 주도권은 중국과 이슬람 세계가 쥐고 있었다. 세계 체국 원나라의 뒤를 이은 명나라는 이슬람 출신 환관 정화를 앞세워 인도양을 지배했다. 그러나 15세기가 저물 무렵 세계의 바다를 누비는 주역은 유럽의 탐험가들이었다. 바다의 주역이 교체된 것은 그대로 역사 주역의 교체를 의미했다.

① 콜럼버스 – 대서양 항로를 개척하고 신대륙을 발견하다

정화는 1405년부터 1431년까지 7차에 걸쳐 대항해에 나섰다. 매회 62척의 대범선과 그를 따르는 백수십 척의 함정을 거느린 대함대였다. 이에 반해 1492년 대서양 횡단에 나선 콜럼버스에게 에스파냐의 이사벨라 여왕이 내준 산타마리아호는 모두 세 척에 불과했다. 정화의 대범선은 각각 길이 150미터, 폭 60미터에 이르는 1500톤급이었으나 산타마리아호는 세 척을 다 합쳐도 400톤을 밑돌았다. 선원의 수는 정화의 함대가 2만 7800명, 산타마리아호는 90명. 정화 함대의 배 한 척에 산타마리아 선단을 다 태우고도 남는 셈이었다.

그러나 근대로 이어지는 세계사에 더 큰 자취를 남긴 것은 콜럼버스였다. 농업을 중요하게 여기고 상업과 무역을 낭비로 여긴 명나라 사대부들은 정화를 탄핵하고 정화의 함선들을 양자강에 처박았다. 반면 콜럼버스는 대서양을 횡단하고 새 역사를 열었다.

15세기에 오스만튀르크제국이 지중해를 통한 동방무역 통로를 장악하자, 유럽인은 대서양을 통해 인도로 가는 우회로를 찾고 있었다. 이탈리아 출신 뱃사람으로 포르투갈에서 바스쿠 다 가마와 쌍벽을 이루며 활동하던 콜럼버스는 대서양을 가로지르는 대담한 구상을 제시했다. 그러나 포르투갈 정부는 심사숙고 끝에 지원을 거절했다. 포르투갈은 대서양 남쪽으로 내려가 아프리카 남단을 돌아 인도로 가는 길을 개척하려 했다. 1492년 8월 2일 이사벨라 여왕의 지원을 받은 콜럼버스가 인도로 가는 제3의 뱃길을 찾아 에스파냐의 팔로스항을 출발할 때, 그가 성공할 것으로 믿는 사람은 거의 없었다. 그러나 그해 10월 12일 새벽 2시, 산타마리아호의 선원 후앙 베르메호가 "티에라(육지다)!" 하고 외쳤을 때 그 육지는 유라시아 사람들이 전혀 모르고 있던 신세계였다.

② 바스쿠 다 가마 – 아프리카를 돌아 인도로 가는 항로를 개척하다

포르투갈의 탐험가인 엔히크 왕자는 아프리카 남단을 돌아 인도로 가는 항로를 모색했지만 성공하지 못했다. 그의 숙원을 풀어준 사람은 콜럼버스와 쌍벽을 이루던 젊은 항해가 바스쿠 다 가마였다.

대항해

1497년 7월 바스쿠 다 가마는 4척의 배에 선원과 군인, 통역, 선교사, 역사가, 지도 전문가 등을 태우고 리스본항을 출발했다. 순풍에 돛을 달고 남하한 함대는 무사히 남아프리카의 희망봉을 돌았다. 그곳으로부터 아프리카 동해안을 따라 올라간 뒤 인도양을 따라 인도로 항해했다. 동아프리카의 모잠비크, 몸바사 등에서 전투를 벌이는 등 시련을 겪은 함대는 그 옛날 정화의 함대가 환대를 받던 말린디에 도착해 몸을 추스른 뒤, 이곳에서 무역풍에 몸을 싣고 정화의 원정로를 거슬러 올라갔다.

1498년 5월 바스쿠 다 가마는 10개월의 대장정 끝에 인도에 도달했다. 대서양을 가로지른 콜럼버스는 신대륙을 인도로 착각했지만, 바스쿠 다 가마가 다다른 것은 진짜 인도였다. 희망봉을 도는 데만 무려 6400킬로미터에 이르는 대장정이었다. 바스쿠 다 가마의 성공은 이후 수백 년 동안 세계를 유럽 중심으로 움직이게 한 '서세동점'의 시작이었다.

③ 마젤란 – 태평양을 발견하고 최초로 세계를 일주하다

16세기에 들어서자 에스파냐의 항해가 마젤란은 아메리카 대륙을 넘어 동남아시아로 항해하는 계획을 세웠다. 에스파냐 국왕 카를로스 1세(훗날 신성로마황제 카를 5세)가 후원을 약속했다. 1519년 8월 10일 마젤란은 선박 5척에 선원 270명을 태우고 세비야를 출발했다. 선원들에게 행선지를 감춘 채 항해한 마젤란은 12월 중순에 오늘날의 브라질 리우데자네이루에 닿고, 이듬해 1월 라플라타강에 도착했다.

남쪽으로 내려가 아메리카 대륙 서쪽에 있는 잔잔한 대양에 들어선 마젤란은 이 대양을 '태평양'이라고 이름지었다. 3개월에 걸쳐 태평양을 횡단한 함대는 1521년 3월 16일 지금의 필리핀 세부섬에 도착했다. 이곳 원주민을 크리스트교로 개종시키고 에스파냐 왕에게 충성할 것을 서약하게 한 뒤 귀국했으나, 귀국선에는 마젤란이 없었다. 원주민과 전투를 벌이다 죽었기 때문이다. 그의 죽음은 서유럽이 주도하는 세계화에 바쳐진 순교였다.

역대 중국에서 모두 우리나라에는 기자가
남긴 풍속이 있다 하고, 문물과 예악을
중화에 견주어 말하기도 하는데, 이제 따로
언문(훈민정음)을 만드는 것은 중국을 버리고
스스로 이적과 같아지려는 것으로서,
이른바 소합향(신비롭고 향기로운 영약)을 버리고
당랑환(쇠똥구리의 똥)을 취함이오니, 어찌 문명의
큰 흠이 아니오리까?[1]

북소리 두둥둥 목숨을 재촉하는데 擊鼓催人命
고개를 돌려 보니 해는 서산에 기우는구나. 回頭日欲斜
저승 가는 길엔 주막도 없다는데 黃泉無一店
오늘 밤엔 어느 집에서 쉬어 갈고. 今夜宿誰家[2]

[1] 1444년 2월 집현전 부제학 최만리가 훈민정음 창제에 반대하며 올린
상소 중에서
최만리, 정창손 등 일부 사대부는 당장 불편하다고 해서 새로운 문자를
만들면 '문명의 기초'인 한문으로부터 멀어지고 그에 따라 중국 문명으로부터
멀어질 수 있다고 걱정했다. 이에 대해 세종은 "네가 운서(韻書)를 아느냐?
사성칠음(四聲七音)에 자모(字母)가 몇이나 있느냐? 만일 내가 그 운서를
바로잡지 아니하면 누가 이를 바로잡을 것이냐?"라고 반박하며 훈민정음
창제를 밀어붙였다.

[2] 1456년 사육신 중 한 명인 성삼문이 한강변에서 목이 잘리는 참형을
당하면서 읊은 노래
사육신은 세조를 몰아내고 단종을 복위시키려다 붙잡힌 성삼문, 유응부,
박팽년, 이개, 하위지, 유성원을 가리킨다.

내가 왕과 여왕 전하께 다른
세계(아메리카)를 바치는 것은 신성한
뜻에 의한 것이니, 이것으로 가난했던
에스파냐는 으뜸가는 부국이 될 것이다.[1]

사방의 오랑캐들이 명령을 받들어
대명제국에 조공을 바치네.
수천수만의 나라들이 옳은 길로 들어서서
황제를 뵙고 어진 성인께 인사하네.[2]

1 크리스토퍼 콜럼버스, 1500년의 편지에서
콜럼버스는 이탈리아의 상공업자 출신이었다. 이탈리아는 에스파냐보다 훨씬
부유했지만 이 무렵 오스만튀르크제국의 성장으로 지중해 상권의 상당 부분을
잃고 쇠퇴하는 중이었다. 이에 많은 이탈리아인들이 대서양에서 재기하기 위해
에스파냐와 포르투갈에 갔는데, 이들 가운데 콜럼버스와 아메리고 베스푸치
등 뛰어난 탐험가들이 많이 나왔다. 이들 덕에 콜럼버스의 예언대로 가난했던
에스파냐는 유럽에서 으뜸가는 부국이 된다.

2 1420년 명나라 황궁에서 열린 각국의 사절 환영 연회에서 불린 노래
이 노래는 정화의 배를 타고 중국에 조공을 바치러 온 각국 사절단 앞에서
불린 노래였다. 사절단들은 명나라 황제에게 조공을 바친 뒤 다시 정화의 배를
타고 본국으로 돌아갔다. 정화 함대의 주된 임무는 이처럼 세계 각국으로부터
조공을 받아 명나라 황제의 위상을 드높이는 것이었는데, 이 점에서 무역이
주된 관심사였던 유럽의 항해와 차이가 있었다.

16 세 기

1501~1600

조선에서 도학 정치가 시작되고,
서세동점의 시대가 열리다

—·—

16세기의 한국과 세계

조선에서 도학 정치가 시작되고, 서세동점의 시대가 열리다

1498년 무오사화부터 1545년 을사사화까지 네 차례의 사화가 일어나 사대부들이 떼죽음을 당했다. 그러나 성리학의 원칙에 따라 바른 정치를 펴 보겠다고 마음먹은 사대부들은 포기하지 않고 정치에 도전했다. 16세기 후반 선조 때 이르러 마침내 사대부들이 도학에 입각해 나라를 책임지고 이끌어 가는 도학의 시대가 시작된다. 사대부들은 학맥과 인맥에 따라 동인과 서인으로 나뉘어 서로 경쟁하고 견제하는 붕당 정치를 펼쳐 나갔다. 한편 일본의 침략으로 시작된 임진왜란은 국가의 운명을 짊어진 사대부들에게 최초이자 최대의 시련이었다.

동아시아가 바다를 통한 대외 교류를 중단한 사이 서유럽 각국은 앞다퉈 바다로 나갔다. 아메리카, 아프리카, 아시아에서는 서유럽의 군인과 장사꾼들이 정복, 노예 무역 등 이익을 위해서라면 어떤 일도 가리지 않는 '서세동점'의 시대가 열리고 있었다. 그 서슬에 아메리카 대륙에서 오랜·세월 문명을 일구어 오던 아즈텍과 잉카는 역사의 저편으로 사라졌다. 유럽 대륙에서는 르네상스에 이어 종교개혁이 일어나면서 교황과 신성로마제국 황제의 오랜 권력 독점이 급격히 무너지고 있었다.

연산군 부부묘

1504년 **갑자사화가 일어나다**

연산군이 어머니인 폐비 윤씨의 죽음(1482년 참조)에 책임 있는 신하들을 대거 죽이거나 귀양 보내는 사화(士禍)를 일으켰다. 사치와 향락에 빠져 국고를 탕진한 연산군은 공신들의 재산 일부를 빼앗아 이를 보충하려 했다. 연산군에게 빌붙어 권세를 누려 보려던 임사홍은 이 기회를 놓치지 않고 폐비 윤씨가 사약을 먹게 된 내력을 연산군에게 알렸다.

어머니의 죽음에 할머니인 인수대비와 정 귀인, 엄 귀인 등 후궁들이 관여했다는 것을 알게 된 연산군은 두 후궁을 대궐에서 죽이고, 병을 앓던 인수대비를 몰아붙여 인수대비도 홧병으로 죽게 만든다. 뒤이어 폐비 윤씨에게 사약을 내리는 데 동조했던 김굉필, 윤필상 등의 신하들을 사형에 처하고, 이미 죽은 한명회, 정여창 등은 부관참시했다. 이 사화로 성종 때 높은 문화를 이루는 데 공을 세운 사대부들이 대거 죽어 조선의 문화가 피폐해지고, 임사홍 등이 권세를 잡았다.

한편 한글로 연산군을 비난하는 방이 나붙자 연산군은 언문(한글을 천하게 이르는 말)의 교육과 사용을 금지한 데 이어 이두[1]마저도 쓰지 못하게 했다.

1 이두 | 신라의 설총이 한자의 음과 뜻을 빌려 우리말을 표현하도록 만든 문자

1506년 **중종반정이 일어나다**

9월 1일 전 이조참판 성희안과 중추부지사 박원종이 연산군을 몰아내고, 이튿날 이복동생인 진성대군을 왕위에 올렸다. 이가 11대 중종(재위 1506~1544)이다.

연산군은 두 차례 사화를 일으켜 사대부를 죽이고 임금과 신하가 국정을 논의하는 경연을 폐지했다. 또한 대간[2]들의 직언을 금지하고 국립대학인 성균관을 놀이 장소로 만들었다. 그런가 하면 도성 밖 30리 안에 있는 민가를 철거하고 사대부의 부녀자를 농락하며 사치와 방탕한 생활을 일삼았다.

그러자 기득권을 잃고 불만을 품게 된 성희안 등 훈구 세력이 임사홍 등 연산군 측근 세력을 죽이고, 경복궁에 들어가 진성대군의 어머니인 대비 윤씨의 허락을 받아 중종을 옹립한 것이다. 이로써 폭군 연산군의 시대는 끝났으나, 반정을 주도한 훈구 세력이 권력을 함부로 휘둘러 제도 개혁은 이루어지지 않았다.

2 대간(臺諫) | 벼슬아치들의 비리를 감시하는 사헌부와 임금의 잘못을 지적하는 사간원을 합쳐 부르는 말. 언관(言官)이라고도 했다.

1510년 **삼포왜란이 일어나다**

부산포, 내이포(지금의 경상남도 웅천), 염포(지금의 울산만) 등 삼포에 살던 일본인 수천 명이 쓰시마의 군사적 지원을 받아 폭동을 일으켰다. 이들은 부산포 첨사 이우증을 죽이고 제포 첨사 김세균을 납치했으며, 민가 796채에 불을 지르고 백성 270여 명을 죽였다. 조정은 진압에 나서 일본인 295명을 죽이고 배 5척을 격침시켰다.

1501년 흑인 노예 무역이 본격화하다

히스파니올라섬의 플랜테이션[2] 농장주들이 아프리카로부터 흑인 노예들을 수입하기 시작했다. 히스파니올라섬은 에스파냐(카스티야·아라곤 연합왕국) 최초의 아메리카 식민지였다.

흑인 노예가 아메리카에 들어온 이유는 일손 부족 때문이었다. 히스파니올라를 정복한 에스파냐인들은 섬의 따뜻한 기후를 이용해 이윤이 많이 남는 사탕수수 재배를 시작했다. 사탕수수 농업에는 일손이 많이 필요했으므로 원주민들을 대거 동원해 가혹하게 쥐어짰다. 그러나 유럽인들이 들여온 전염병과 열악한 노동 조건 때문에 원주민 인구가 격감하자[3] 부족한 일손을 채우기 위해 아프리카에서 흑인 노예를 대규모로 들여오기 시작한 것이다.

유럽의 삼각 노예 무역

이후 19세기까지 1500만~4000만 명가량의 흑인 노예가 아메리카에 팔려 간 것으로 추정된다. 유럽인들은 노예 무역으로 이익을 거두었을 뿐 아니라 노예가 생산한 상품 작물을 통해 막대한 경제적 번영을 누린다. 반면 노예들은 노예선의 운송 과정에서만 수백만 명이 죽을 정도로 가혹한 대우에 시달린다.

1502년 이란에 사파비왕조가 들어서다

중앙아시아와 이란 일대를 지배하던 티무르제국의 힘이 약해지자 사파비야 교단의 지도자 이스마일 1세가 이란에서 사파비왕조(1502~1736)를 세웠다.

사파비야 교단은 시아파 계열의 종교 조직이었다. 당시 이란은 수 세기에 걸쳐 아랍인, 몽골인, 튀르크인 등의 지배를 받으면서 문화적으로나 민족적으로나 뒤죽박죽이 된 상태였다. 그러나 이란의 여러 민족은 모두 티무르제국[4]에 대한 반감을 갖고 있었다. 이스마일 1세는 이러한 반감을 이용해 이들 여러 민족이 시아파인 자신을 지지하도록 만들었다. 티무르제국은 시아파와 대립하는 수니파 왕조였기 때문이다. 그리하여 이란은 651년 사산왕조[5]가 아랍에 정복당한 지 851년 만에 이민족과 구별되는 독자적인 정체성을 갖게 됐다.

사파비왕조는 이란 전역을 통일하고 시아파의 종주국을 자처하며 크게 세력을 떨쳤다. 1587년 즉위한 아바스 1세는 문화와 상공업을 장려하고 유럽 군대를 모방한 군제 개혁을 펴 사파비왕조의 전성기를 이끈다.

1506년 레오나르도 다빈치가 〈모나리자〉를 완성하다

1 히스파니올라섬 | 서인도 제도에서 쿠바 다음으로 큰 섬. 콜럼버스가 아메리카에 도착한 이듬해인 1493년에 에스파냐인의 식민 활동이 시작됐다. 오늘날 아이티와 도미니카 두 공화국이 들어서 있는데, 일찍부터 흑인 노예의 유입이 활발했기 때문에 아메리카에서 흑인 인구 비중이 가장 높은 지역이 됐다.

2 플랜테이션 농업 | 서양인들이 노예를 부리거나 현지의 저임금 노동자를 고용해 상품 작물을 대규모로 재배하는 농업 방식

3 원주민 인구의 격감 | 콜럼버스 도착 당시 25만 명 정도로 추정되던 히스파니올라섬의 원주민은 1517년 조사 당시 불과 1만 4000명으로 줄어들었다.

4 티무르제국 | 내부 분열로 쇠퇴하다가 1508년 우즈베크족에게 멸망한다.

5 사산왕조 | 226~651년 이란을 지배하던 나라

〈모나리자〉

통신사가 지나던 쓰시마 이즈하라 포구

1512년 **일본과 임신약조를 맺다**

삼포왜란(1510년 참조)으로 조선과 교류의 길이 끊긴 일본이 쓰시마 도주를 통해 외교 재개를 요청해 왔다. 조선은 이를 받아들여 일본과 임신약조를 체결하고 교류를 다시 텄다. 쓰시마 도주는 바쿠후의 명령에 따라 두 차례에 걸쳐 삼포왜란의 주모자를 처형해 바치고, 포로로 끌고 갔던 조선인을 돌려 보냈다. 삼포 가운데 내이포만 개항하고, 조선과 거래하는 일본 배와 인원을 철저히 제한했다.

1517년 **비변사를 설치하다**

압록강 유역에 사는 여진족이 종종 변경을 어지럽히는 일이 일어나자 변방에서 벌어지는 국가적 비상 사태에 신속히 대응할 수 있는 문무(文武) 합의 기구인 비변사(備邊司)를 설치했다. 이전에는 병조(지금의 국방부)가 의정부, 육조의 대신 등과 회의를 해서 처리했으나, 적의 침입이 일어난 후에야 회의가 소집되고 처리가 늦어지곤 했다.

1519년 **기묘사화가 일어나다**

1 『여씨향약』 | 11세기 초 중국 북송 때 도학(道學)으로 이름 높던 대충·대방·대균·대림 등 여씨 4형제가 향촌을 교화, 선도하기 위해 만든 자치적인 규약. 좋은 일은 서로 권장하고 잘못은 서로 고쳐 준다는 등의 내용을 담고 있다.

서울의 문묘

2 기묘한 일 | 훈구파는 중종의 후궁인 홍경주의 딸을 이용해 후원 동산의 나뭇잎에 꿀로 '주초위왕(走肖爲王)'이라는 네 글자를 썼다. 이것을 벌레가 갉아 먹어 글자 모양이 나타나자 그 잎을 중종에게 보여 주었다. 走와 肖 두 글자를 합치면 '조(趙)'가 되기 때문에 조광조가 왕이 된다는 것으로 해석할 수 있는 말이었다.

조광조 등 사림이 훈구 세력의 반격을 받아 죽거나 귀양 가는 참변을 당했다. 조광조는 성균관 유생들과 이조판서 안당의 천거를 받아 조정에 들어갔으며, 1518년 대사헌에 임명돼 개혁에 박차를 가했다.

사림은 향촌 사회에 기반을 두고 성리학을 공부해 온 선비들로, 사회 전체를 성리학의 가르침에 따라 바꾸려 했다. 왕자의 난, 계유정난(1453년 참조) 등에서 공을 세워 중앙 정계를 장악한 훈구 세력이 그들의 맞수였다. 조광조 등은 정몽주를 정신적 스승으로 받들어 문묘에 모셨다. 나아가 갑자사화(1504년 참조) 때 처형된 김굉필, 정여창 등 사림의 스승도 복권시켰다. 또한 『여씨향약』[1]을 전국에 배포해 성리학 질서를 정착시키려 했다. 1519년에는 전국의 숨은 인재를 천거해서 시험을 보게 하는 현량과를 실시해 28명을 등용했는데, 그 대부분은 사림이었다. 1519년 위훈 삭제는 결정적으로 훈구 세력을 위협했다. 중종반정의 공신 117명 중 76명의 공훈을 삭제해 그들의 토지와 노비를 몰수하자는 것이었다. 그러자 남곤, 심정, 홍경주 등 훈구 세력은 조광조를 모함했다. 위훈 삭제는 중종반정의 정당성에 상처를 내는 일이었으므로 중종도 조광조에게 등을 돌렸다. 조광조는 유배된 뒤 한 달 만에 사약을 마셨고, 김안국 등은 벼슬에서 쫓겨났다. 이 사건을 '기묘사화'라 하는데, 사람들은 '기묘한 일[2] 때문에 벌어진 사화'라고 풀기도 했다.

유럽
르네상스의 물결이 알프스 북쪽으로 퍼지다

이탈리아에서 시작된 르네상스의 물결이 알프스 산맥 북쪽까지 퍼졌다. 1511년 네덜란드의 에라스뮈스가 『우신예찬』을 쓴 데 이어 1516년에는 잉글랜드의 토머스 모어가 『유토피아』를 발표한 것이다. 『우신예찬』과 『유토피아』는 중세의 종교적이고 봉건적인 속박에서 벗어나고자 하는 르네상스 정신을 담은 작품들이었다. 특히 당시의 사회와 교회에 대한 비판적인 시선이 두드러졌다.

자유분방하고 부유했던 이탈리아에 비해 알프스 이북 사회에는 봉건적 폐습이 많이 남아 있었고 성직자들의 횡포도 심했다. 여기에 갑갑함을 느낀 지식인들은 사회 비판적인 저술 활동으로 자신들의 불만을 드러내곤 했다. 이러한 비판적 저술 활동은 알프스 이북 르네상스의 특징이 된다.

『유토피아』 삽화

유럽
1511년 포르투갈이 말라카를 점령하다

인도양에 진출한 포르투갈이 동서 무역의 요충지 말라카를 정복했다. 이로써 말라카왕국은 멸망하고 포르투갈은 중국과 직접 교류할 통로를 확보했다. 명나라와 포르투갈의 접촉은 2년 뒤인 1513년부터 시작되는데, 포르투갈인들이 무역질서를 어지럽히고 왜구와 결탁해 행패를 부리자 명나라는 해금정책을 대폭 강화하게 된다.

1 면죄부 | 가톨릭교회가 발행한 문서로, 신자들이 이것을 사면 신으로부터 받을 벌을 면할 수 있다고 선전됐다. 교회의 자금 마련 수단으로 쓰였다.

유럽
1512년 미켈란젤로가 시스티나 성당의 천장화를 완성하다

시스티나 천장화

유럽
1517년 마르틴 루터가 교황을 비판하는 「95개조 반박문」을 발표하다

교황 레오 10세가 산피에트로대성당의 건설 자금을 마련하기 위해 대량의 면죄부를 발행했다. 이에 독일의 신학자 마르틴 루터가 면죄부 판매의 부당성을 지적하는 「95개조 반박문」을 발표했다. 교회의 권위에 정면으로 도전한 이 반박문은 많은 이들의 공감을 사 대량으로 인쇄됐고 삽시간에 유럽 전체로 퍼져 나갔다. 이로써 유럽 전체에 종교개혁 운동의 불씨가 지펴졌다.

종교개혁 운동은 중세의 지배 질서에 결정타를 가했다. 신교 지지 세력은 주로 중세 봉건 질서와, 그것을 옹호하는 가톨릭교회에 불만을 품은 계층이었다. 이후 100년가량 계속되는 신교와 구교(가톨릭)의 싸움을 거치면서 유럽의 정치와 문화는 큰 변화를 맞는다.

산피에트로대성당
바티칸에 있는 성당으로 성베드로대성당이라고도 한다. 로마가톨릭의 총본산으로 1506년 건설을 시작해 1590년 완성됐다.

2 신교 | 종교개혁 운동으로 탄생한 새로운 크리스트교. '저항하는 자'란 뜻에서 프로테스탄트라고도 한다.

1530년 『신증동국여지승람』을 편찬하다

조선 전역의 지리 정보를 종합하는 국가적 사업이 『신증동국여지승람』의 편찬으로 완성됐다. 세종 때 나온 『신찬팔도지리지』, 성종 때 편찬된 『동국여지승람』에 이은 역작이다. 이행, 홍언필이 『동국여지승람』을 늘리고 보완한 이 책은 모두 55권으로 이루어져 있으며, 1~2권의 경도(京都, 서울)부터 51~55권의 평안도까지 팔도의 지도와 연혁, 풍속, 효자, 열녀, 사적(史蹟) 등 인문 지리를 망라하고 있다. 『동국여지승람』에 실린 서거정의 서문과 김종직(1498년 참조)의 발문이 그대로 실려 있어 기묘사화(1519년 참조)에도 불구하고 사림의 세력이 완전히 죽지는 않았음을 보여 준다.

〈팔도총도〉
『신증동국여지승람』 첫 권에 첨부된 지도. 울릉도 옆에 지금의 독도인 우산도가 표기돼 있으나 위치는 반대이다. 같은 책에 실린 도별 지도와 합쳐 〈동람도〉라고 불린다.

조선 전기의 지리지(地理誌)

지리지는 자연 지리뿐 아니라 정치·경제·사회·문화 등 인문 지리까지 망라한다. 삼국 시대부터 다양한 지리지가 편찬됐으나 조선 시대 이전 것으로 남아 있는 것은 고려 때 편찬된 『삼국사기』 지리지뿐이다.

조선 시대 최초의 지리지인 『신찬팔도지리지』는 남아 있지 않고, 이를 편찬하기 위해 만든 도별 지리지 가운데 『경상도지리지』(1425)만 남아 구성과 내용을 짐작케 해 준다. 1451년(문종 원년)에는 『삼국사기』 지리지를 본떠 『고려사』 지리지를 편찬했고, 1454년(단종 2)에는 조선의 인구와 면적을 기록한 『세종실록』 지리지를 만들었다.

지리책은 흔히 역사책의 부도(附圖)로 인식되지만 조선 시대의 지리지는 독자적인 책으로 만들어졌다. 이러한 독자적 지리책들은 역사 정치 경제 사회 문화 등에 관한 폭넓은 지식을 담고 있는 인문 지리서로 한국 지리학의 역사에서 매우 중요한 위치를 차지한다.

이러한 인문 지리책은 역사책이 기록할 수 없는 각 지역의 종합 정보가 상세히 수록되어 오늘날까지도 조선 시대 각 지역의 사정을 풍부하게 참고할 수 있게 해 준다.

1521년 코르테스가 아즈텍제국을 정복하다

에스파냐의 군인 에르난 코르테스가 600명의 부하를 이끌고 지금의 멕시코 일대에서 번영하던 아즈텍제국을 정복했다. 수백만의 인구를 자랑하던 아즈텍이 소규모의 유럽 군대에 맥없이 무너진 것은 유럽인들이 들여온 천연두가 인구의 대부분을 죽이면서 사회가 큰 혼란에 빠졌기 때문이다. 정복 후 아즈텍 수도 테노치티틀란은 이교도의 야만적인 도시로 간주돼 무참하게 파괴된다.

아즈텍의 천문도

1522년 마젤란 함대가 3년 만에 세계를 일주하다

탐험가 마젤란의 부하들이 사상 최초로 세계 일주 항해에 성공했다. 이로써 지구가 둥글다는 사실이 증명됐고 항해에 대한 유럽인들의 자신감도 커졌다. 탐험의 하이라이트는 99일 동안 망망대해를 가로지른 태평양 횡단 항해였다.

마젤란의 세계 일주

1526년 인도에 무굴제국이 들어서다

티무르제국의 후예인 바부르가 인도 북부에 침입해 델리를 점령하고 무굴제국의 기초를 놓았다. 델리 일대의 소국이었던 무굴제국은 3대 황제 악바르(1556년 참조) 시대에 인도 전역을 호령하는 대제국으로 발전한다.

1529년 오스만튀르크제국이 합스부르크왕가의 수도 빈을 포위하다

오스만튀르크제국 최고의 군주로 꼽히는 쉴레이만 1세(재위 1520~1566)가 합스부르크왕가의 수도인 오스트리아의 빈까지 진격했다. 비록 빈 점령에는 실패했지만 이 원정으로 동유럽의 강대국 헝가리가 속국이 되는 등 오스만튀르크의 위세는 절정에 이른다.

1529년 '양명학'의 시조 왕수인이 사망하다

명나라의 지배 이념인 주자학에 염증을 느끼고 주자학의 대안으로 양명학을 창시한 사상가 왕수인이 사망했다. 양명은 왕수인의 호다.

왕수인은 주자학의 지나친 명분주의가 사람들의 자유로운 행동을 가로막는다고 보고 개인들 각자가 자기 마음을 따를 것을 주장했다. 특히 선(善)을 실천하려면 선이 무엇인지 우선 깨달아야 한다고 가르친 주자학에 맞서, 사람은 실천을 통해서만 비로소 옳고 그름을 판단할 수 있다고 했다. 그러나 논리보다는 직관을 지나치게 강조해 철학으로서는 한계가 있었고, 명나라 멸망 후 영향력을 많이 잃는다.

1 아즈텍제국 | 멕시코 일대에서 번영한 아메리카 원주민의 국가. 마야 문명, 안데스 문명과 더불어 아메리카 대륙에서 가장 수준 높은 문명을 이룩했다. 팔렝케 유적 등 장대한 석조 건축을 많이 남겼다.

2 마젤란 | 포르투갈 출신이지만 에스파냐의 후원으로 세계 일주 항해를 했다. 항해 도중인 1521년 필리핀에서 원주민들에게 살해됐다.

3 태평양 | 마젤란이 도착했을 때 바다가 너무 잔잔해서 '태평양'이란 이름을 붙였다. 마젤란은 태평양을 작은 바다로 여겨 무조건 건너기 시작했다가 거의 죽을 뻔했다고 한다.

4 합스부르크왕가 | 당시 오스트리아, 에스파냐, 이탈리아 남부, 네덜란드, 그리고 보헤미아 지방을 지배하는 유럽 최대의 정치 세력이었다(신성로마제국의 황제들도 합스부르크왕가에서 나왔지만 신성로마제국 전체를 실질적으로 지배하지는 못했다).

5 실천을 통한 깨달음 | 여기서 양명학의 주요 명제인 지행합일설이 나왔다. 지식은 실천 속에서 나오므로 지식과 실천이 같은 것이라는 주장이다.

낙향한 사림들이 별서정원을 짓고 후진을 양성하다

퇴계 이황의 스승으로 영남학파의 태두인 이언적이 기묘사화 이후의 혼란스러운 정계에서 물러나 1532년 고향인 경상도 경주에 독락당이라는 정자를 짓고 학문에 몰두했다. 이언적은 경주 손씨와 여주 이씨의 동족촌인 경주 양동마을 출신으로 손씨는 그의 외가이다. 그는 이곳에서 외삼촌인 손중돈에게 학문을 익혔고, 훗날 영남학파의 대학자로 성장하는 이황의 학문적 스승이 됐다.

한편 호남인 전라도 담양에는 기묘사화로 스승인 조광조를 잃고 낙향한 양산보가 1530년부터 계곡을 바라보는 소쇄원을 짓고 후진을 양성했다. 소쇄원은 계곡을 사이에 두고 제월당, 광풍각 등 여러 건물을 지어 놓은 인공 정원이다. 양동마을의 무첨당, 관가정 등이 그렇듯이 소쇄원의 건물들도 주변의 자연 경관을 활용하는 방식이 빼어나다. 이처럼 아무런 인위적 조작도 가하지 않은 자연을 건물의 부속 경관처럼 활용하는 것을 '차경(借景)'이라 한다.

소쇄원 주변에는 1533년에 송순이 건립한 면앙정[1], 그 뒤에 잇따라 들어선 환벽당[2], 식영정 등의 정자가 들어서 정철, 김인후 등 호남의 사림을 길러 내는 역할을 했다.

이처럼 낙향한 선비들이 자연 경관 속에 짓고 후진을 양성한 정자들을 '별서정원'이라고 부른다.

독락당
경상북도 경주시 안강읍 옥산리에 있는 조선 중기의 목조 건물. 조선 중기의 양반 가옥과 마을의 모습을 잘 보존하고 있는 양동마을 인근에 자리 잡고 있다.

1 면앙정 | 사람들은 이를 보고 "내려다보면 땅이, 우러러보면 하늘이, 그 가운데 정자가 있으니 풍월산천 속에서 한 백년 살고자 한다."라고 했다.

2 환벽당 | 나주목사 김윤제가 낙향해 세웠다. 조부의 묘가 있는 고향 담양에 내려와 살고 있던 당시 14세의 정철이 순천에 사는 형을 만나기 위하여 길을 가던 도중에 환벽당 앞을 지나게 됐다. 때마침 김윤제가 환벽당에서 낮잠을 자고 있었는데, 꿈에 창계천의 용소에서 용 한 마리가 놀고 있는 것을 보았다. 꿈을 깬 후 용소로 내려가 보니 용모가 비범한 소년이 멱을 감고 있었다. 김윤제는 소년을 데려다가 여러 가지 문답을 하는 사이에 영특함을 알게 되었다. 그래서 순천에 가는 것을 만류하고 슬하에 두어 학문을 닦게 했다.

소쇄원

유럽

1531년 스위스의 종교개혁가 츠빙글리가 사망하다

스위스의 종교개혁가인 울리히 츠빙글리가 가톨릭 지지파와 전투를 벌이다가 죽었다. 그는 루터보다 기성 교회 비판에 훨씬 적극적이어서 성서 이외의 종교적 권위를 철저하게 부정했다. 츠빙글리의 사상은 칼뱅 등에게로 이어져 보수적인 루터파와 대비되는 신교의 한 흐름을 형성한다.

아메리카

1532년 잉카제국이 에스파냐에 멸망하다

에스파냐의 군인 프란시스코 피사로가 180명의 부하를 이끌고 잉카제국[1] 황제 아타우알파를 기습해 사로잡았다.

막대한 양의 금을 전리품으로 챙긴 피사로가 개선하자 라틴아메리카에 황금이 많다는 소문이 유럽인들 사이에 널리 퍼졌다. 심지어 밀림 속 어딘가에 '엘도라도'라는 황금의 도시가 있다는 이야기도 돌았다. 탐욕에 물든 수많은 원정대가 꼬리를 물고 탐험에 나서면서 라틴아메리카는 빠르게 유럽인 차지가 된다.

아시아

1533년 은 회취법[2]이 일본에 전파되다

유럽

1534년 잉글랜드 왕이 교회의 수장이 되다

잉글랜드 왕 헨리 8세가 교황과 결별을 선언했다. 교황이 왕비 캐서린과의 이혼[3]을 허가하지 않는다는 이유에서였다. 헨리 8세는 왕을 잉글랜드 교회의 수장으로 규정한 '수장령(Act of Supremacy)'을 발표하고 이에 반대하는 수도원의 재산을 몰수했다. 이로써 잉글랜드에서도 본격적인 종교개혁이 시작된다.

수장령으로 교황으로부터 독립한 잉글랜드 교회는 영국국교회라 불리게 되는데, 1559년 엘리자베스 1세가 제정한 통일법으로 체제가 확립된다.[4]

유럽

1540년 로욜라가 가톨릭교회 개혁을 목표로 예수회를 조직하다

에스파냐의 신학자 이그나티우스 데 로욜라가 신교의 급속한 세력 확장에 위기감을 느껴 가톨릭교회를 개혁하기 위해 예수회를 조직했다. 예수회는 검소하고 순결한 생활을 강조했는데 이는 교회의 사치와 타락에 대한 신교 측의 비판을 의식한 것이었다. 이들은 교육과 자선 사업을 중심으로 적극적인 선교 활동을 펴 가톨릭 지지층 확보에 노력했다. 예수회 선교사들의 활약은 특히 아메리카와 아시아, 아프리카 등 해외에서 두드러졌다. 중국과 일본에서는 서양 과학 기술을 매개로 현지인의 환심을 사려 했기 때문에 동서양의 학문 교류에 큰 공헌을 한다.

1 잉카제국 | 라틴아메리카의 원주민 문명인 안데스 문명 최후의 국가. 1438년 건설돼 지금의 페루를 중심으로 남북 2000킬로미터에 걸친 대제국으로 발전했다. 정교한 수로와 도로망을 건설하고 백성을 보호하는 각종 복지 정책, 수준 높은 의학과 천문학 등 화려한 문화를 꽃피웠으나 에스파냐의 침입으로 갑자기 멸망했다.

잉카제국

2 회취법 | 이물질 속에 들어 있는 은을 추출하는 기술의 하나로, 명나라 또는 조선에서 일본에 전해졌다고 여겨진다. 이 기술이 보급되면서 일본은 세계 굴지의 은 생산국이 된다. 은은 당시의 국제적인 화폐였기 때문에 무척 중요한 자원이었다. 일본의 이와미 은광에서는 17세기에 세계 은의 3분의 1가량을 생산했다.

3 캐서린과의 이혼 | 절대왕정을 추구했던 헨리 8세는 왕권 강화를 위해 아들이 필요했으나 왕비 캐서린이 아들을 낳지 못하자 이혼을 결심했다.

4 영국국교회 | 잉글랜드의 식민지들에 널리 퍼졌던 영국국교회는 19세기에 오늘날의 성공회로 정비된다.

1543년 **최초의 서원인 백운동서원이 세워지다**

경상도 풍기 군수 주세붕이 자기 고을에 안향의 옛집이 있는 것을 알고 안향의 위패를 모시는 사(祠)와 학문을 닦는 재(齋)를 갖춘 백운동서원을 세웠다. 이는 성리학의 창시자인 주희가 세운 백록동서원을 모방한 것으로, 사와 재를 겸비한 서원은 백운동서원이 한국 최초이다.

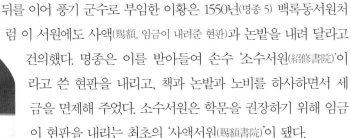

뒤를 이어 풍기 군수로 부임한 이황은 1550년(명종 5) 백록동서원처럼 이 서원에도 사액(賜額, 임금이 내려준 현판)과 논밭을 내려 달라고 건의했다. 명종은 이를 받아들여 손수 '소수서원(紹修書院)'이라고 쓴 현판을 내리고, 책과 논밭과 노비를 하사하면서 세금을 면제해 주었다. 소수서원은 학문을 권장하기 위해 임금이 현판을 내리는 최초의 '사액서원(賜額書院)'이 됐다.

소수서원과 주세붕의 초상

1544년 **중종이 죽고 12대 인종**(재위 1544~1545)**이 즉위하다**

1545년 **인종이 죽고 13대 명종**(재위 1545~1567)**이 즉위하다**

중종의 능인 정릉

1545년 **을사사화가 일어나다**

1 계비 | 임금이 다시 장가를 가서 맞은 아내

인종의 외삼촌인 윤임과 명종의 외삼촌인 윤원형 사이에 벌어지던 권력 다툼이 마침내 사화(士禍)로 번졌다. 인종은 중종의 제1계비[1]인 장경왕후의 아들이고, 명종은 제2계비 문정왕후의 아들이었다. 윤임은 '대윤', 윤원형은 '소윤'으로 불리며 중종 때부터 후계 자리를 놓고 대립했다.

세자였던 인종이 왕위에 올라 양측의 다툼은 대윤의 승리로 막을 내리는 듯했다. 그러나 인종이 즉위 8개월 만에 승하하고 명종이 즉위하자 문정왕후가 섭정을 하면서 판세가 바뀌었다. 문정왕후의 오빠인 윤원형은 윤임을 모함하여 그 세력을 일망타진했다. 이 사건은 무오사화(1498년 참조), 갑자사화(1504년 참조), 기묘사화(1519년 참조)와 함께 4대 사화로 불리며, 대윤 세력과 함께 수많은 사림이 죽거나 귀양을 떠났다.

1547년(명종 2)에는 경기도 과천 양재역 벽에 '여왕이 집정하고 간신들이 권세를 농락해 나라가 망하려 하니 보고만 있을 수 있는가'라는 괴문서가 나붙자, 문정왕후는 명종을 시켜 윤임의 잔당으로 지목된 사대부들을 제거한다. 이황의 스승 이언적도 이때 귀양길에 오른다. 이로부터 한동안 사림은 별서정원 등 향촌에 묻혀 후진을 양성하며 재기를 노리게 된다.

유럽

1542년 **칼뱅이 제네바에서 종교개혁을 시작하다**

프랑스 출신 종교개혁가 장 칼뱅이 스위스의 도시 제네바에서 종교 지도자로 선출됐다. 제네바는 본래 가톨릭 주교의 지배를 받다가 종교개혁 운동에 고무된 시민들에 의해 공화정이 수립된 곳이었다. 칼뱅은 제네바 정부의 전폭적인 지지를 바탕으로 강력하고 엄격한 종교개혁을 실시했다. 극단적인 경건주의자였던 그는 시민들이 악기를 연주하거나 예배 시간에 졸기만 해도 감옥에 보냈다.

칼뱅의 엄격함은 그의 종교 사상에도 잘 나타난다. 그는 신이 구원하기로 예정한 사람은 소수에 불과하다는 예정설(1415년 참조)을 적극적으로 설파했다. 칼뱅의 제자들은 여기서 한발 나아가 자신의 직업에 충실하고 근면 성실한 것이 구원을 예정 받은 자의 특징이라 주장했다. 이러한 칼뱅파의 교리는 결과적으로 상공업자들의 성실한 생산 활동과 검소한 저축 행위를 장려해 근대 자본주의 발전에 영향을 준다.[1]

아시아

1543년 **포르투갈 상인들이 일본에 조총을 전하다**

조총

유럽

1543년 **코페르니쿠스가 지동설을 주장하다**

폴란드의 천문학자 니콜라우스 코페르니쿠스가 천체를 관측한 내용을 바탕으로 지동설을 주장한 『천체의 회전에 관하여』를 펴냈다. 지동설은 지구가 태양 주위를 돈다는 학설이다. 당시 교회는 신이 창조한 우주의 중심이 지구라고 가르쳤기 때문에 지동설은 종교적 탄압을 불러올 수 있는 대담하고도 혁신적인 주장이었다. 훗날 코페르니쿠스는 이른바 '과학혁명'[2]의 선구자로 일컬어지게 된다.

아메리카

1545년 **남아메리카에서 포토시 은광이 발견되고 '가격혁명'이 시작되다**

에스파냐의 식민지인 남아메리카 북부의 포토시(지금의 볼리비아 소재)에서 대규모 은광이 발견됐다. 이곳의 연간 은 생산량은 16톤이 넘었는데, 이는 16세기 초 에스파냐 전체의 은 생산량보다 7배가량 많은 것이었다. 포토시 은광 외에도 멕시코 등에서 대형 은광이 잇따라 발견되면서 유럽에 갑자기 은이 넘쳐났다. 은은 당시의 주요 화폐였는데 이처럼 많아지면서 화폐가치가 떨어졌고, 따라서 물가가 폭등했다. 이것을 '가격혁명'이라 부른다.

아시아

1550년 **타타르족이 북경을 포위하는 '경술의 변'[3]이 일어나다**

1 자본주의 발전 | 근대 자본주의가 이전의 경제 체제와 구분되는 중요한 특징은 쓰고 남은 재산이 흥청망청 소비되는 것이 아니라 공장 건설 등의 생산적 투자에 쓰인다는 점이다. 검약과 근면을 강조한 칼뱅주의는 당시 새로 형성되던 자본가 계급의 사고방식과 잘 맞는 것이었다.

코페르니쿠스의 모습을 그린 19세기 회화
코페르니쿠스 뒤에 『천체의 회전에 관하여』에 실린 우주 그림이 놓여 있다.

『천체의 회전에 관하여』에 수록된 우주의 그림
중심에 태양이 있고 지구를 비롯한 행성들이 그 주위를 돌고 있으며 달은 지구 주변을 돌고 있다.

2 과학혁명 | 16세기에 시작된 유럽 과학의 급속한 발전을 가리킨다.

3 경술의 변 | 16세기 내내 명나라는 이른바 '북로남왜'의 위협에 시달렸다. '북로'란 북쪽의 오이라트족과 타타르족, 남왜란 남쪽 바다를 위협하는 왜구를 가리킨다. 경술의 변은 북로남왜와 관련된 대표적인 재앙이었다.

감악산의 임꺽정 굴

1559년 **임꺽정의 난이 일어나다**

조선 중기 들어 나라가 어지러워지자 산속에 들어가 도적이 되는 백성이 늘어나는 가운데, 황해도에서 청석골패로 불리는 도적이 세력을 떨쳤다. 도적이 되는 까닭은 공물과 군역의 부담이 너무 컸기 때문인데, 특히 황해도의 폐해는 심각했다. 황해도에 할당된 공물은 노루와 사슴이었는데, 큰 노루가 아니면 퇴짜를 맞기 때문에 몇 마리 바치기 위해 백 마리를 사냥해야 했다. 또 황해도의 사슴은 씨가 말라 서울로 가서 사슴을 사서 바치는 일도 있었다.

청석골패는 경기도 양주 출신 임꺽정이 이끄는 집단으로, 가난한 백성은 건드리지 않고 황해도와 평안도 등에서 서울로 올라가는 공물이나 부잣집 재물을 털었다. 관가를 공격해서 빼앗은 재물을 백성들에게 나누어 주기도 했고, 백성이 관가에 끌려가 곤욕을 치르거나 부자한테 시달릴 때 구해 주기도 했다. 1559년에는 개성, 1560년에는 한성에도 나타나 관아를 습격했다. 백성들 사이에 임꺽정의 인기가 치솟고 관아의 피해가 늘어나자 조정은 대대적인 소탕 작전을 펼쳤다. 이 작전을 위해 모든 관청이 일을 중단하고 모든 시장이 문을 닫을 정도였다.

임꺽정은 1562년 정월 토포사 남치근에게 잡혀 한성으로 압송된 뒤 15일 만에 사형을 당한다. 『명종실록』은 "그들이 도둑이 된 것은 왕정(王政)의 잘못이지 그들의 죄가 아니다"라고 기록해 청석골패가 의적이었음을 인정했다.

1559년 **이황과 기대승이 사단칠정 논쟁을 벌이다**

이황을 모신 도산서원

50대 스승 이황과 30대 제자 기대승이 '이(理)'와 '기(氣)'라는 성리학의 근본 개념을 놓고 8년간 편지를 주고받으며 논쟁을 벌였다. 이황에 따르면 우주 만물의 근본 원리인 '이'는 인간의 본성과 통하는 것으로, 이러한 인간의 본성이 그대로 나타난 순수한 상태가 '사단[1]'이다. 그런데 실제 인간의 마음은 만물의 현실적인 상태인 '기'에 좌우되기 때문에 생각도 많고 계산도 많다. 따라서 인간의 마음속에는 선한 것과 나쁜 것이 뒤섞여 나오는데, 그것이 '칠정[2]'이다. 이처럼 이와 기를 분리하는 이황의 학설을 '이기이원론'이라고 한다.

반면 기대승은 머릿속으로는 이와 기를 구분할 수 있을지 모르나, 현실에서 순수한 이가 나올 수 없으며 모든 것에는 이와 기가 함께 나타난다는 '이기공발설'을 내세웠다. 기대승의 반론은 훗날 이이가 계승해 '이기일원론'을 이루게 된다. 이황은 이상적인 상태를 향해 끊임없이 수양할 것을 강조하고, 기대승과 이이는 옳고 그른 것이 뒤섞여 있는 현실에 뛰어들어 이를 바로잡는 실천을 강조한다. 이는 이황을 받드는 '영남학파'와 이이를 받드는 '기호학파'의 대립으로 발전한다.

1 사단 | 측은하게 여기는 마음[惻隱之心], 부끄러워하고 나쁜 것을 미워하는 마음[羞惡之心], 사양하는 마음[辭讓之心], 시비를 가리는 마음[是非之心]. 『맹자』에 나온다.

2 칠정 | 기뻐하고[喜], 성내고[怒], 슬퍼하고[哀], 두려워하고[懼], 사랑하고[愛], 미워하고[惡], 욕심내는[欲] 일곱 가지 감정. 『예기』에 실려 있다.

1553년 명나라가 왜구의 침입으로 큰 피해를 보다

양자강 일대에 왜구가 나타나 80일에 걸쳐 양자강 주변을 제집 드나들 듯하며 4000명가량의 양민을 학살했다. 이 무렵 왜구에 의한 피해 사례는 이것 말고도 숱하게 등장한다. 왜구 중에는 일본인을 가장한 중국 밀수업자도 많았다.

이처럼 왜구가 늘어나고 밀무역이 성행한 것은 명나라의 무역 통제 정책 때문이었다. 왜구는 15세기 초 명나라가 일본에 조공 무역[1]을 허가했을 때 일시적으로 줄었지만 이후 다시 늘어났다. 허용되는 무역의 양이 터무니없이 적었던 데다 일본이 센고쿠 시대의 혼란기에 빠져 내부 통제가 약해졌기 때문이다. 왜구는 북쪽의 타타르족과 더불어 16세기 명나라의 주된 골칫거리였다.

1 조공 무역 | 중국으로부터 책봉을 받은 나라들이 중국과 조공의 형태로 행하던 무역. 책봉국들이 '수출품'에 해당하는 조공 물자를 바치면 황제가 '수입품'에 해당하는 하사품을 주는 형태로 이뤄졌다. 중국은 주변국 통제를 목적으로 조공 무역만 인정하곤 했기 때문에 중국과 교역하려는 나라들은 책봉을 받아야 했다.

2 국교 국가에서 지정한 공식 종교

1555년 아우크스부르크화의로 루터파 신교가 공인을 받다

교황을 옹호하던 신성로마제국 황제 카를 5세가 루터파 신교를 지지하는 제후들의 거센 저항에 마침내 손을 들었다. 황제와 제후들 간의 평화 협정인 아우크스부르크화의가 맺어지면서 신성로마제국에서 루터파를 인정한 것이다. 협정에 의하면 제후들은 자신의 영지에서 루터파와 가톨릭 중 원하는 것을 국교[2]로 선택할 수 있었다. 이는 유럽에서 군주에게 종교 선택권이 주어진 최초의 사례로, 이후 군주권의 강화에 크게 이바지한다.

아우크스부르크화의로 루터파 제후들이 일으킨 신성로마제국의 내전은 일단 끝이 났다. 그러나 이 무렵 급속히 세력을 키우고 있던 칼뱅파는 여전히 인정받지 못했기 때문에 종교 전쟁의 불씨는 여전히 남았다.

잉글랜드
런던
네덜란드 신성로마제국
비텐베르크
프랑스 쾰른항 아우크스부르크
제노바 스위스

칼뱅파 ▦ 루터파 ▦ 영국국교회 ▦

16세기 신교

1556년 무굴제국에서 악바르가 즉위하다

무굴제국의 실질적인 기반을 다진 것으로 평가받는 3대 황제 악바르가 즉위했다. 그는 약 30년에 걸친 정복 전쟁을 통해 인도 북부의 소국이었던 무굴제국을 북인도 전체를 포괄하는 대제국으로 발전시켰다. 악바르가 성공적으로 세력을 키울 수 있었던 비결 중 하나는 관대한 종교 정책이었다. 그는 이슬람교도였음에도 인구의 대다수를 차지하는 힌두교도들에게 개종을 강요하지 않았고, 비이슬람교 신자에게 부과하던 세금도 없앴다.

무굴제국은 17세기 중엽 아우랑제브 황제 시대에 인도 대부분을 통일한다.

코끼리에 올라탄 악바르 대제

1556년, 1558년 에스파냐의 펠리페 2세(재위 1556~1598), 잉글랜드의 엘리자베스 1세(재위 1558~1603)가 각각 즉위하다

에스파냐의 펠리페 2세(왼쪽)와 잉글랜드의 엘리자베스 1세(오른쪽)

봉은사
서울 강남구 삼성동 수도산에 있는 절.
794년(신라 원성왕 10)에 창건돼 견성
사라 이름 지었으며 1498년(연산군 4)
정현왕후가 성종의 무덤인 선릉을 위
해 다시 짓고 봉은사로 바꿨다.

1 도첩제(度牒制) | 승려가 되
기 위해 출가했을 때 국가가
허가증을 발급하여 신분을 공
인하는 제도

2 정경부인(貞敬夫人) | 조선시
대 정1품, 종1품 관리의 처에
게 그 남편의 품계에 따라 주
던 최고의 작위

1565년 문정왕후가 죽고 '여인천하'가 막을 내리다

명종의 어머니이자 윤원형의 누이동생으로 을사사화(1545년 참조)를 일으키
는 등 막강한 권력을 휘두르던 문정왕후가 승하했다. 문정왕후는 승려 보우
를 등용해 불교 중흥의 계기를 마련하는 데 도움을 주었다.

보우는 1548년 문정왕후의 도움으로 봉은사 주지가 돼 다 죽어 가던 조선
의 불교를 되살리는 데 결정적 역할을 했다. 1551년에는 선종판사의 직함을
얻어 300곳의 절을 국가 공인 사찰로 승격시키고, 도첩제를 시행해 2년 동
안 승려 4000명의 자격을 인정했다. 또한 승려를 뽑는 과거 시험인 승과를
실시해 불교의 지위를 크게 높였다. 그러나 문정왕후가 죽자 사대부들이 너
나없이 일어나 불교를 배척하는 상소를 올리고 보우를 탄핵해, 보우는 승직
을 빼앗기고 제주로 귀양 갔다가 참형당한다.

한편 애첩 정난정과 외진 곳으로 도망가 살던 윤원형은 의금부도사가 잡으러 온
다는 소식을 듣고 정난정이 음독자살하자 그 시신을 끌어안고 오열하다 자신도
독약을 먹고 죽었다. 정난정은 윤원형의 조강지처를 독살하고 정경부인의 자리에
오른 여인으로, 문정왕후와 함께 조선 중기의 '여인천하'를 이끌어간 여걸이었다.

1567년 명종이 죽고 14대 선조(재위 1567~1608)가 즉위하다

선조의 시대는 사림 정치가 활짝 꽃핀 시대였다. 문정왕후가 죽은 뒤 더 이상
훈구의 방해를 받지 않게 된 사림은 본격적으로 중앙 정치에 진출해 자신들의
뜻대로 나라를 운영하게 된다.

1568년 이황이 선조에게 「성학십도」를 바치다

이황이 이상적인 인간이 되기 위해 알아야 할 성리학의 원리를 그림으로 설명한
「성학십도」를 만들어 선조에게 바쳤다. '성학(聖學)'이란 이상적인 군주가 되기 위
한 학문을 뜻하는 말로, 이황은 이를 위해 여러 성리학자들이 그림으로 설명한 원
리 열 가지를 골라 책으로 엮고 그 아래 자신의 의견을 적어 선조에게 강의했다.

「성학십도」 병풍
경상북도 영주의 이산서원
에서 만들어져 그곳에 보관
돼 있다. 이광호 연세대 교
수 소장.

유럽

1562년 **프랑스에서 위그노전쟁[1]이 일어나다**

프랑스의 칼뱅파 신교도인 위그노들이 지배층의 가혹한 신교 탄압에 반발해 반란을 일으켰다. 반란은 종교 전쟁으로 확산되는데 이를 위그노전쟁이라 한다. 프랑스는 전통적으로 유럽에서 봉건 귀족 세력이 가장 강한 곳이었다. 백년전쟁 이후 귀족들의 세력이 한풀 꺾이자 귀족에 대한 시민들의 도전이 거세졌는데, 위그노전쟁은 이러한 귀족과 시민 사이의 갈등에서 비롯된 측면이 크다. 귀족들은 봉건 질서를 옹호하는 가톨릭을 지지한 데 비해 시민들은 상공업자들의 세속적 활동을 옹호한 칼뱅주의를 지지했다. 프랑스는 위그노들이 장악한 남서부와 가톨릭이 장악한 북동부로 분열됐고 전쟁은 1598년 앙리 4세가 낭트칙령을 발표할 때까지 지속된다.

유럽

1563년 **잉글랜드에서 구빈법이 제정되다**

잉글랜드에서 도시 빈민 문제[2]가 심각해지자 빈민 구제 법안인 구빈법이 제정됐다. 당시 도시 빈민 문제는 서유럽 전체의 골칫거리였는데, 인클로저 운동[3]이 활발하던 잉글랜드에서는 특히 문제가 심각했다. 지방 영주들이 토지를 농업 대신 이윤이 많이 남는 목축업에 쓰기 위해 농민들을 내쫓으면서, 쫓겨난 농민들이 도시에 몰려들었기 때문이다. 빈민을 통제하기 위한 수단으로는 구빈법 같은 온건한 방법 외에 무시무시한 처벌 등의 잔인한 방식도 많이 동원됐다.

영화 〈왕자와 거지〉(1937년)의 한 장면
19세기 미국 작가 마크 트웨인의 소설 『왕자와 거지』는 도시가 거지로 넘쳐났던 16세기의 런던을 배경으로 한 작품이다.

유럽

1568년 **네덜란드독립전쟁이 일어나다**

에스파냐의 지배를 받던 네덜란드의 7개 주가 에스파냐 왕 펠리페 2세의 종교 탄압과 세금 인상에 반발해 반란을 일으켰다. 반란은 1581년의 독립 선언으로 이어지는데, 이로써 네덜란드공화국이 수립된다. 네덜란드는 16세기 초부터 에스파냐 식민지에서 들어온 상품들을 유럽 전역에 내다 파는 무역 거점으로 크게 발전한다. 상인들에게는 유럽의 젖줄인 라인강 입구에 위치한 네덜란드가 변방에 위치한 에스파냐보다 신대륙의 상품을 팔기에 훨씬 유리했기 때문이다.
네덜란드의 독립으로 에스파냐는 중요한 무역 거점을 잃어 타격을 받는다. 반면 네덜란드는 에스파냐와 프랑스 등지에서 박해받는 신교도 상인들의 주요 망명지로 떠오르면서 17세기 후반까지 절정의 경제적 번영을 구가한다.

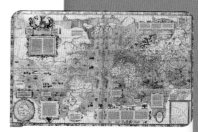

메르카토르의 세계 지도(1569년)

유럽

1569년 **네덜란드의 지리학자 메르카토르가 메르카토르도법[4]을 고안하다**

1 **위그노** 어원은 분명치 않으나 '서약동료'를 뜻하는 독일어 '아이제노세(Eid-genosse)'의 스위스식 방언에서 유래했다고 보기도 한다.

2 **잉글랜드에서의 도시 빈민 문제** 가격혁명으로 인한 물가 상승, 노동자의 저임금, 그리고 인클로저 운동이 당시 도시 빈민 증가의 주범이었다. 한 자료에 의하면 1630년대 파리 인구의 4분의 1이 거지였다고 한다.

3 **인클로저 운동** 농노들이 공동 경작하던 땅이나 방치됐던 땅을 영주들이 차지해 주로 목축업 등 이윤이 많이 남는 사업에 쓰던 일. 15~16세기와 18~19세기의 영국에서 특히 활발하게 전개됐다.

4 **메르카토르법** 둥근 지구를 평면 지도에 나타내기 위해 고안된 지도 제작법. 실제의 방위가 지도에서 직선으로 표현되기 때문에 나침반을 이용한 항해에 적합했다. 메르카토르는 지도에 위도와 경도를 표시하고 각종 지도 기호를 개발해 '근대 지도의 아버지'라 불린다.

1572년 이이가 성혼과 사단칠정 논쟁을 벌이다

이이와 성혼이 이황과 기대승의 논쟁(1559년 참조)을 이어받아 편지를 주고받으며 사단칠정에 대한 논쟁을 벌였다. 이이는 기대승을 계승해 사단은 따로 있는 것이 아니라 칠정 가운데 선한 것을 가리킨다고 주장했다. 이러한 주장에 따르면 '이'는 머릿속에만 있는 이상일 뿐 현실에 나타나는 사단칠정은 모두 기가 작용한 것이 된다.

1575년 사림이 동인과 서인으로 갈라지다

정권을 장악한 사림 사이에 분열이 일어났다. 김효원과 심의겸이 이조전랑 자리를 놓고 다투면서 비롯된 일이다. 이조전랑은 정5품 벼슬로 높지 않은 자리지만 관리를 추천하고 임명하는 데 큰 역할을 하기 때문에 누구나 탐을 내는 노른자 직책이었다. 1567년 김효원이 이조전랑에 추천되자 심의겸은 김효원이 윤원형의 문객[1] 노릇을 하던 자라면서 반대했다. 심의겸은 명종의 왕비였던 인순왕후의 동생으로 힘이 있었기 때문에 김효원은 바로 이조전랑 자리에 오르지 못했으며 7년 만에야 겨우 그 자리에 오를 수 있었다.

김효원이 이조전랑 일을 마치고 물러날 때가 되자 심의겸의 동생인 심충겸이 새 이조전랑으로 추천을 받았다. 그러자 심의겸에게 앙심을 품고 있던 김효원은 심충겸이 왕실의 외척이라는 이유를 들어 거절했다. 이로 말미암아 김효원과 심의겸뿐 아니라 신료들도 편을 갈라 대립하기 시작했다. 경상도 출신인 김효원 편에는 유성룡, 이산해 등 젊은 영남 출신 사림이 많았고, 심의겸 주변에는 정철, 윤두수 등 나이가 지긋한 사대부들이 많았다.

김효원은 서울 동쪽인 낙산 밑의 건천동에 살았기 때문에 그 무리를 '동인'이라 하고, 심의겸은 서쪽인 정동에 살았기 때문에 그 세력은 '서인'으로 불렸다. 을해년에 일어나 '을해당론'이라 불리는 이 분열이 150여 년간 조선의 정치를 좌우할 붕당 정치의 시작이었다. 영남 사림이 많은 동인은 이황의 학문을 사상의 중심으로 삼아 대개 영남학파로 분류되고, 서인은 이이의 학풍을 따라 대개 기호학파로 분류됐다.[2]

1 문객 | 세력 있는 집에 머물면서 밥을 얻어먹는 사람. 덕을 볼까 하고 수시로 그 집에 드나드는 사람도 함께 뜻한다.

이황이 나오는 천 원 지폐와 이이가 나오는 오천 원 지폐

2 붕당의 시작 | 그러나 정작 이황과 이이는 붕당 정치와 직접 관련이 없다. 이황은 을해당론 전에 죽었고, 이이는 끝까지 붕당에 반대했다.

아시아

1571년 **오스만튀르크제국이 레판토해전에서 크리스트교 연합 함대에 패배하다**

15세기 이래 무적으로 여겨졌던 오스만튀르크제국 함대가 에스파냐와 베네치아공화국을 주축으로 한 크리스트교 연합 함대에 패배했다. 이로 써 지중해 서부의 패권은 유럽인들의 수중에 남게 됐다.

이 무렵 오스만튀르크제국은 쉴레이만 1세 시절의 전성기가 끝나고 쇠퇴 의 길을 걷고 있었다. 쇠퇴의 주된 원인은 지중해 무역의 후퇴, 보수적인 통치 체 제, 지배층의 내분 그리고 술탄들의 무능 때문이었다. 특히 종교개혁의 여파로 학문과 과학에 대한 제약이 풀리고 상공업자들이 상당한 경제적 자유를 쟁취 한 유럽에 비해, 오스만튀르크제국의 지배층은 경직된 지배 질서를 계속 유지하 려 했다. 이로 인해 유럽과의 경쟁에서 점차 뒤처지게 된다.

유럽인의 시각에서 본 레판토해전
유럽에서 레판토 해전은 크리스트교의 이슬람교에 대한 승리로 간주됐다.

아시아

1572년 **장거정이 개혁 정치를 시작하다**

명나라 13대 황제인 만력제가 9세의 나이로 즉위하자 그의 스승이었던 장거정 이 정치 실권을 장악했다. 그는 지배층의 부정부패로 취약해진 명나라의 재정을 회복하기 위해 세상을 뜰 때까지 10년 동안 정력적인 개혁을 펼쳤다.

장거정의 여러 개혁 중에서도 두드러진 것은 일조편법의 시행(1581년)이었다. 일조 편법은 기존에 쌀이나 특산품 등의 현물로 세금을 걷던 것을 은으로 통일해 걷 도록 한 것이다. 명나라에서는 장기간의 정치적 안정을 바탕으로 상업이 발달했 는데, 덕분에 농민들은 다양한 상품 작물을 재배하길 원했다. 그러나 세금으로 특정 작물이 지정돼 있으면 그 작물을 억지로 재배해야 했다. 세금을 은으로 내 도록 한 일조편법은 농민을 이러한 부담으로부터 해방시켜 원하는 작물을 마음 껏 생산할 수 있게 했고, 이는 상업 발전으로 이어졌다. 일조편법은 청나라 때 지정은제[1](1729년 참조)로 계승돼 중국 경제에 많은 영향을 끼친다.

1 지정은제 | 명나라 때 유럽 과 일본에서 은이 다량 유입 되면서 은을 중심으로 한 화폐 경제가 활발해졌다.

2 뎃포(鐵砲) | 조총을 가리키 는 일본어. 무모함을 뜻하는 '무뎃포'란 말은 1575년 조총 으로 무장한 노부나가 군대에 센고쿠다이묘였던 다케다 가 쓰요리가 총 없이 맞섰다가 참 패한 사건에서 비롯됐다.

3 센고쿠다이묘(戰國大名) | 센 고쿠 시대에 등장한 대영주들 을 가리킨다. 바쿠후로부터 임 명됐던 이전의 다이묘들과 달 리 이들은 스스로의 실력으로 다이묘가 된 경우가 많았고, 사실상의 독립 군주였다.

아시아

1573년 **오다 노부나가가 무로마치바쿠후를 멸망시키다**

무로마치바쿠후의 무장이었던 오다 노부나가가 쇼군 아시카가 요시아키를 몰아 내고 스스로 천황을 옹립했다. 이로써 무로마치바쿠후는 멸망하고 노부나가가 일 본의 최고 실력자가 됐다. 비옥한 오와리 지방을 장악한 노부나가는 유럽에서 들 어온 신무기인 '뎃포[2]'를 앞세워 주변의 센고쿠다이묘들을 잇따라 격파했다. 1582 년 전투 중에 위기에 몰려 자결하는데, 이때 그의 부하였던 도요토미 히데요시는 재빠르게 움직여 노부나가의 세력을 차지하고 일본의 새로운 실력자가 된다.

서양인이 그린 오다 노부나가의 초상
당시 일본에 와 있던 예수 회 선교사 지오반니 니콜라 오가 그렸다.

1 홍루 | 홍등가. 여인들이 몸을 파는 곳.

1588년 명나라에 잘못 기록된 이성계의 가계를 바로잡다

명나라의 종합 법전인 『대명회전』에 "이인임의 아들 단(이성계)이 사왕(四王, 공민왕·우왕·창왕·공양왕)을 시해했다"라고 잘못 기록된 것이 역관 홍순언의 노력으로 수정됐다. 홍순언은 명나라 홍루[1]에서 만난 중국 여인에게서 부모를 여의고 몸을 팔게 된 사연을 듣고는 가진 돈을 털어 여인을 꺼내 주고 부모의 장례 비용까지 대 주었다. 여인은 훗날 명나라 예부상서(국가의 외교와 의례를 맡아보던 장관) 석성의 부인이 돼 『대명회전』의 기록을 "이성계는 전주의 혈통을 물려받았다"라고 바로잡을 수 있도록 힘을 써 주었다. 이를 왕의 가계를 바로잡았다고 해 '종계변무'라고 부른다.

쓰시마의 김성일 시비

1589년 정여립의 난으로 서인이 권력을 잡다

'천하에는 일정한 주인이 없으며, 누구라도 임금이 될 수 있다'고 주장하던 혁신 사상가 정여립이 반역자의 누명을 쓰고 처형됐다. 이 사건의 처리를 맡은 정철은 서인에 속한 사람으로, 정여립과 가깝다는 이유만으로 이발, 이호 등 동인을 대거 처형했다. 이를 '기해옥사'라고 하며 이를 통해 정철과 서인이 붕당 정치의 첫 번째 승자로 떠올랐다.

2 통신사와 당쟁 | 황윤길과 김성일이 일본에서 보고 들은 것을 보고하던 1591년, 서인은 '건저문제'로 위기를 겪고 있었다. 서인 정철이 선조가 싫어하는 광해군을 세자로 책봉하자고 건의했다가 선조의 미움을 받고 쫓겨나고 서인이 권력에서 밀려났던 것이다. 이런 상황에서 동인은 서인이 전쟁 분위기를 고조시켜 위기를 넘기려 한다고 비난했다.

1590년 황윤길, 김성일이 일본 정세를 살피러 가다

쓰시마 도주가 1588년 10월과 1589년 6월 두 차례 사신을 보내 일본에 통신사를 파견해 줄 것을 요청하자, 1590년 3월 황윤길을 정사, 김성일을 부사로 한 통신사 일행을 에도에 보냈다. 이들의 목표는 도요토미 히데요시에게 조선을 침략할 뜻이 있는지 알아보고 오는 것이었다.

이듬해 3월 조정에 나온 두 사람은 상반된 보고를 한다. 서인인 황윤길은 일본이 반드시 침략할 것이라 하고, 동인인 김성일은 침략할 만한 움직임이 없다고 평가한 것이다[2]. 그러나 이들이 가져온 일본의 답서는 매우 무례한 말투로 쓰여 있을 뿐 아니라 '정명가도(征明假道, 명나라를 정벌하러 갈 테니 조선은 길을 비켜 달라)'를 뜻하는 글이 있어 침략의 뜻이 분명히 들어 있었다.

한 달 뒤에 들어온 일본 사신이 '정명가도'의 뜻을 분명히 밝히자 뒤늦게 사태의 심각성을 깨달은 조정은 명나라에 통고하고 전쟁에 대비했으나 이미 때는 늦었다.

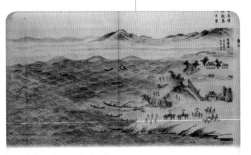

명나라로 가는 조선 사절단

유럽

1582년 **그레고리력[1]이 만들어지다**

아시아

1583년 **마테오리치가 명나라에 도착하다**

이탈리아 출신의 예수회 선교사 마테오리치가 명나라에 도착했다. 유럽에서 오랫동안 과학을 공부했던 그는 일식을 정확하게 예측한 것을 계기로 1601년 황제의 부름을 받아 유럽의 과학을 중국에 전파한다. 서양 지리학을 중국에 알린 세계 지도 〈곤여만국전도〉, 유클리드기하학[2]을 중국어로 번역한 『기하학원본』, 가톨릭 교리를 동양 사상과 비교해 설명한 『천주실의』 등을 썼는데, 중국의 과학과 사상에 상당한 영향을 준다.

중국식 복장을 한 마테오리치
그가 중국에 전한 서양의 악기와 성모자상, 천문 기구가 주변에 놓여 있다. 마테오리치의 저서들은 명나라에서 그를 만난 실학자 이수광 등에 의해 조선에도 소개된다.

아시아

1587년 **도요토미 히데요시가 일본을 통일하다**

도요토미 히데요시가 일본을 통일해 센고쿠 시대를 종결지었다. 그는 정권에 대한 위협 요소를 없애기 위해 백성들로부터 무기를 몰수하고 각지의 불필요한 성을 철거했다. 또 일반 백성과 무사의 신분을 엄격히 구분하는 한편, 다이묘들의 토지를 전국적으로 조사해 조세를 부과했다. 이로써 도요토미를 정점으로 한 엄격한 위계 질서가 확립된다.

그러나 이런 조치들에도 불구하고 전쟁 과정에서 몰락한 수많은 무사들의 불만은 여전히 불안 요소로 남아 있었다. 이에 도요토미는 조선과 중국을 침공해 무사들에게 땅을 나눠 주기로 마음먹는다.

유럽

1588년 ## 에스파냐의 무적함대가 패배하다

네덜란드와 잉글랜드를 응징하기 위해 출발한 에스파냐의 '무적함대[3]'가 잉글랜드 해군의 지속적인 공격에 시달리다가 퇴각했다. 퇴각 도중 폭풍을 만나 함대는 산산이 깨지고 말았다. 이로써 유럽 최강이라 일컬어졌던 에스파냐 해군은 큰 타격을 받았고 잉글랜드와 네덜란드가 바다의 새로운 강자로 떠올랐다.

에스파냐는 본래 산업이 특별히 발달한 나라는 아니었다. 게다가 해외 식민지에서 쏟아져 들어온 막대한 양의 은으로 무엇이든 수입할 수 있게 되면서 산업을 육성할 동기가 약해졌고, 넘치는 자금을 무모한 전쟁에 낭비하곤 했다. 신교를 적극적으로 탄압한 것도 신교를 믿는 상공업자들의 대량 망명을 불러왔다. 이렇게 경제 기반이 취약해지자 에스파냐는 유럽 강대국의 지위를 점차 상실한다.

무적함대를 격퇴하는 잉글랜드 함대

유럽

1589년 **프랑스에서 부르봉왕조[4]가 시작되다**

1 **그레고리력** | 오늘날 우리가 쓰는 달력으로, 기원전 45년부터 유럽의 달력으로 쓰인 율리우스력을 개정한 것이다. 1년의 길이를 365.2425일로 정했다. 참고로 중국에서 1281년 제작된 수시력 역시 1년의 길이를 365.2425일로 정했다.

2 **유클리드기하학** | 고대 그리스 기하학을 집대성했던 수학자 에우클레이데스의 기하학. '유클리드'는 에우클레이데스의 영어식 이름이다.

3 **무적함대** | '무적함대'라는 명칭은 잉글랜드 측에서 붙인 이름이고, 에스파냐에서는 이를 '위대하고 축복받은 함대(Grande y Felicísima Armada)'라 불렀다.

4 **부르봉왕조**(1589~1792) | 프랑스 절대왕정의 황금기를 이끈 왕조. 위그노전쟁에서 신교파를 이끌었던 부르봉 가문의 앙리 4세가 후사가 없던 앙리 3세의 뒤를 이으면서 시작됐다.

1592~1598년 임진왜란이 일어나다

1592년 4월 13일 고니시 유키나가가 이끄는 일본군 선발대가 700척의 배를 나눠 타고 쓰시마를 줄발해 부산을 공격했다. 14일 정발이 지키던 부산성이 무너지고 15일에는 송상현이 버틴 동래성이 함락됐다. 이후 후속 부대가 합류한 뒤 세 갈래로 나뉘어 한양을 향해 진격한 일본군은 탄금대에 배수진을 친 도순변사 신립의 정예 병력을 궤멸시켰다.[1]

4월 30일 선조는 경복궁을 버리고 피란길에 올랐으며, 5월 초 한성이 함락되자 평양으로 달아났다. 민심이 흉흉해지자 임금은 파천(수도를 떠남)을 건의했다며 영의정 이산해를 파직시키고, 임해군·순화군 두 왕자를 황해도와 강원도로 보내 근왕병을 모집했다. 그러나 분노한 백성은 도리어 두 왕자를 사로잡아 일본군에게 넘겼다. 민란도 일어나 노비 문서가 보관된 장예원과 형조 건물이 불타고 궁궐이 약탈당했다. 두 달 만에 전 국토가 짓밟히고 선조는 압록강변인 의주까지 도망치는 신세가 됐다.

하지만 전라좌수사 이순신이 압도적인 화력[2]을 앞세워 바다를 장악하고, 각지에서 의병이 일어나 관군과 함께 반격에 나서면서 전세는 서서히 역전됐다. 1593년 1월 명나라의 5만 1000여 지원군(사령관 이여송)이 조선군과 합동 작전을 펼쳐 평양을 되찾고 한성으로 진격했다. 한성 주변에서 일진일퇴의 공방전이 벌어지는 동안 고니시의 제안으로 명나라와 일본 사이에 강화 회담이 진행됐다. 5년간 계속된 강화 회담에서 명나라는 일본이 철수하면 도요토미 히데요시를 일본 국왕으로 책봉하겠다고 제안했다. 그러나 일본 측은 조선 8도 중 4도(강원도, 충청도, 전라도, 경상도)를 요구하고, 명나라 황녀를 도요토미의 후궁으로 삼자는 등 무리한 주장을 계속했다. 그런데도 명나라 협상 대표 심유경은 일본이 명나라 제안을 받아들였다고 보고해서 1596년 도요토미를 책봉하는 칙서와 금인을 일본에 파견하도록 했으나, 도요토미의 거부로 협상은 결렬되고 심유경은 참수당했다.

1597년 일본은 전쟁을 재개했으나, 조선이 만반의 대비를 하고 있었기 때문에 싸움은 남쪽에서만 벌어졌다. 1598년 도요토미가 사망하고 일본군이 철수해 전쟁[3]은 막을 내렸다.

1 배수진 | 바다나 강을 뒤에 두고 진을 치는 것으로, 스스로 물러날 곳을 차단하고 죽음을 각오로 싸우는 전법이다.

2 압도적인 화력 | 임진왜란 당시 조선에는 조총이 없었으나 화약을 사용하는 대포의 위력은 일본군을 압도했다. 조선은 대포를 개량하고 조총을 만들면서 전력의 열세를 빠르게 만회했다.

3 임진왜란 | 세계 최초로 화약 무기가 핵심 무기로 사용된 전면전이자 국제전으로, 전쟁의 패러다임을 바꿔 놓은 것으로 평가받고 있다.

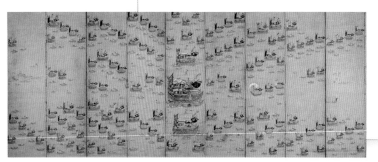

임진왜란에서 조선을 구한 수군의 훈련 모습을 그린 그림

유럽

1591년 갈릴레이가 피사의 사탑에서 낙하 실험을 하다

전설에 의하면 이탈리아의 과학자 갈릴레오 갈릴레이가 피사의 사탑[1]에서 당시 사람들의 잘못된 통념 하나를 바로잡기 위해 공개 실험을 벌였다. 무게가 다른 두 개의 공이 땅에 떨어지는 속도가 같다는 것을 보인 것이다.

당시 유럽인들은 무거운 물체일수록 빨리 떨어진다고 믿었는데, 갈릴레이는 실험과 수학적 증명을 통해 이 관념이 잘못됐음을 입증했다. 그는 물시계와 기울어진 판자를 이용해 물체가 떨어지는 속도를 정밀 측정한 후, 수학적 계산을 통해 떨어지는 물체가 등가속도 운동[2]을 한다는 것을 밝혀냈다.

갈릴레이는 오늘날 근대 과학의 아버지라 불리는데, 이는 수학과 관찰을 결합하는 갈릴레이의 연구 방식이 근대 과학 발전의 핵심이 됐기 때문이다.

베네치아의 총독에게
망원경 사용법을 가르치는
갈릴레이
갈릴레이는 최초로 망원경을 사용해 천체 관측을 한 과학자로도 유명하다.

유럽

1598년 프랑스에서 낭트칙령이 발표돼 위그노전쟁이 막을 내리다

프랑스 왕 앙리 4세가 신교도들에게 종교의 자유를 허용한 낭트칙령을 발표했다. 이로써 프랑스를 36년 동안 피로 물들인 위그노전쟁은 마침내 막을 내렸다.

앙리 4세는 본래 신교도였다가 귀족들의 지지를 얻기 위해 가톨릭으로 개종한 인물로, 구교 못지않게 신교에 대해서도 호의적이었다. 그는 가톨릭을 프랑스의 공식 종교로 유지하면서도 신교도들의 권리를 인정해 위그노에 대한 정치적 탄압을 중단시켰다. 그러나 구교파가 낭트칙령에 불만을 품었기 때문에 1629년 낭트칙령의 조항 상당수가 무효화됐고, 프랑스는 또다시 종교전쟁에 휘말린다.

1 피사의 사탑 | 이탈리아의 도시 피사에 있는 기울어진 탑. 단단하지 못한 땅에 탑을 건설하는 바람에 탑이 기울어졌다고 한다. 200년간의 공사 과정을 거쳐 1372년 완성됐다.

2 등가속도 운동 | 속도가 시간에 따라 일정한 양으로 증가하는 운동

유럽

1600년 잉글랜드에 동인도회사가 설립되다

에스파냐 무적함대의 몰락으로 잉글랜드에 인도 항로가 열리자 한 무리의 상인들이 인도 무역을 위해 동인도회사를 설립했다. 동인도회사는 엘리자베스 1세 여왕으로부터 인도 무역의 독점권을 인정받아 이후 19세기 초까지 잉글랜드의 인도 진출을 주도한다.

인도 무역은 커다란 위험이 따르는 일이었다. 상선의 구입 비용도 만만치 않았을 뿐 아니라 토착 세력 및 라이벌 유럽 국가들과 무력 충돌도 각오해야 했다. 동인도회사는 이에 필요한 막대한 자금을 모집하기 위해 주식회사 제도(1602년 참조)를 도입하고, 스스로 무장을 갖추고 직접 식민지를 개척하기까지 했다.

1680년대에는 잉글랜드 왕으로부터 독자적으로 군대를 양성하고 전쟁을 할 권리까지 부여받아 사실상의 식민지 정부로 발전한다.

성조지요새
동인도회사가 1639년 인도의 마드라스에 건설한 인도 최초의 영국 요새

이(利)가 하나이고 사람이 둘이면
곧 두 개의 당(黨)을 이루고,
이가 하나이고 사람이 넷이면
네 개의 당을 이룬다.[1]

신에게는 아직도
열두 척의 배가 남아 있습니다.[2]

1 성호 이익, 『곽우록』에서
조선 후기 학자 성호 이익은 사림의 붕당 정치가 어디에서 비롯된 것인지
정확히 파악하고 있었다. 그것은 바로 이(利), 곧 밥그릇이었다.
"열 사람이 굶주리다가 한 사발의 밥을 함께 먹을 때" 필연적으로 당파가 갈릴
수밖에 없다고 본 것이다. 사림들에게는 관직이 곧 밥그릇의 원천이었다.
동인과 서인으로 나뉜 을해당론 역시 이조 전랑직을 놓고 벌어졌다는 데서도
이익의 통찰력을 평가할 수 있다.

2 이순신이 한 말
임진왜란의 영웅 이순신은 일본군의 간계에 빠져 어명을 어긴 죄인이 됐다.
일본이 고니시 유키나가에 관한 거짓 정보를 흘려 조정에서는 이순신에게
고니시를 잡으러 출동하라는 명령을 내렸다. 그러나 이순신은 일본군의 속셈을
꿰뚫어 보고 이 어명에 응하지 않았다. 그러자 선조는 이순신을 파직하고
겨우 죽음만 면해 준 뒤 백의종군시켰다. 일본군은 이순신이 사라진 조선
수군에 총공세를 퍼부어 대부분의 전함을 파괴하고 대승을 거둔다. 선조는
서둘러 이순신을 삼도수군통제사에 재임명해 사태를 수습케 하지만 남아 있는
조선의 함선은 겨우 열두 척이었다. 그런데도 이순신은 선조에게 위와 같은
장계를 올린 뒤 대책 마련에 나섰다. 이순신의 천재적인 전략으로 조선 수군은
울돌목(명량)에서 10배나 많은 적군을 무찌르는 기적적인 승리를 거두게 된다.

어떤 이들은 지구를 움직이고 태양을
정지시킨 그 사마르티안(중앙아시아의 유목
민족 이름으로 여기서는 동유럽 사람을 비하하는 호칭)
천문학자처럼 황당무계한 주장을 하는 사람을
바로잡아 주는 것이 올바르고도 훌륭한
일이라고 믿는다. 과연, 현명한 지배자라면
그처럼 경박한 학설에 대해 재갈을 물리는
것이 마땅하다.[1]

서양의 맑은 유리가 마카오를 통해 들어왔네.
동전만 한 크기로 다듬어진 두 개의 틀이
우리 눈을 덮네.
그것을 쓰면 홀연 세상이 분명해지고
사물의 뾰족한 부분까지 보이네.
그리고 침침한 창문 아래서 글을 읽을 수 있네,
젊었을 때와 마찬가지로.[2]

[1] 독일의 루터파 신학자였던 필립 멜랑크톤이 코페르니쿠스를 비난하며 한 말
코페르니쿠스는 지동설을 확신하고도 교회의 비판이 두려워 죽기 직전에야 자신의 학설을 세상에 발표했다. 과연 신교와 구교 측을 막론하고 코페르니쿠스에 대한 교회의 비판이 잇따랐다. 그러나 종교개혁으로 교회의 권력이 약해진 덕분에 그의 학설은 학자와 귀족, 시민들의 지지 속에 살아남는다.

[2] 시력 감퇴로 어려움을 겪던 명나라 시인이 유럽에서 수입된 안경을 예찬한 시
16세기 유럽의 아시아 진출과 함께 동양 각국에 서양의 진귀한 물건들이 전해졌다. 중국에서는 사대부들을 중심으로 안경과 시계류가 큰 인기를 끌었다. 일본에서는 서양식 무기가 센고쿠 시대의 세력 판도를 뒤흔드는 역할을 하기도 했다.

17세기

1601~1700

조선의 당쟁이 치열해지고,
서유럽에서 절대왕정이 전개되다

17세기의 한국과 세계

조선의 당쟁이 치열해지고, 서유럽에서 절대왕정이 전개되다

동아시아의 17세기는 임진왜란이라는 파괴적인 국제전의 후유증과 함께 시작됐다. 중국에서는 명나라가 쇠약해진 틈을 타고 여진족의 청나라가 새로운 주인으로 떠올랐으며, 일본에서는 전쟁을 일으킨 도요토미 세력이 몰락하고 도쿠가와 이에야스가 에도(지금의 도쿄)에 새로운 바쿠후를 세웠다. 그러나 최대의 피해자인 조선 왕조는 살아남아 변화된 정세에 적응해 나갔다. 여진족에 대한 대응 방안을 놓고 다투던 조정은 강경책으로 기울어 두 차례의 침략을 당한 끝에 청나라에 굴복했다. 이후 조선에서는 명분과 실리를 둘러싼 사대부들 간의 치열한 당쟁이 전개된다.

17세기 후반 들어 동아시아가 안정 국면으로 접어든 반면 서유럽은 전쟁과 혁명이 끊이지 않는 격동의 세월이 계속된다. 독일에서 일어난 30년전쟁은 서유럽 각국이 모두 뛰어든 가운데 이 지역을 오늘날과 비슷한 근대적 국가 체제로 바꿔 놓았다. 영국과 프랑스는 중상주의를 경제적 기반으로 하는 절대왕정을 펼치며 북아메리카와 인도양 일대에서 식민지 쟁탈전을 벌여 나갔다. 정치적으로 앞선 영국에서는 청교도혁명과 명예혁명이 잇따라 일어나 절대왕정이 일단락되고, 의회 제도를 뼈대로 하는 근대적 정치 체제를 세계에서 가장 먼저 실험해 나간다.

〈곤여만국전도〉
1708년(숙종 34) 마테오리치의 〈곤여만국전도〉를 바탕으로 조선의 관상감에서 만든 세계 지도

사명대사

1 조선통신사 | 조선은 이 결정 이후 1607년부터 1811년까지 12차례의 통신사를 일본에 파견했다. 이 가운데 일본에 잡혀간 포로를 데려오는 것을 주된 목적으로 하는 초기 3회의 사절단은 '회답 겸 쇄환사'라 한다.

2 『동의보감』 | 2009년 7월 31일 세계기록유산으로 등재됐다.1596년 동아시아 의학을 집대성하는 국가적 사업으로 시작된 『동의보감』 저술은 1597년 정유재란이 일어나는 바람에 중단되는 우여곡절을 겪었다. 그러나 허준이 작업에 매진해 「내경편」(내과) 4권, 「외형편」(외과) 4권 등 모두 25권을 마무리했다.

1603년 마테오리치의 〈곤여만국전도〉가 들어오다

이탈리아의 예수회 선교사 마테오리치가 명나라 학자 이지조와 함께 만든 세세 지도 〈곤여만국선노〉가 명나라에 갔던 이광정과 권희에 의해 조선에 들어왔다.

1605년 사명대사가 일본과 국교 재개를 논의하다

일본과 국교를 다시 맺는 문제를 논의하려 일본에 갔던 사명대사 유정이 귀국했다. 1604년 일본의 도쿠가와바쿠후는 조선에 국교 재개를 요청했다. 조정은 일단 사절단을 보내기로 했다. 사명대사는 전쟁 책임자를 조선에 보내고, 전쟁 피해를 보상하며, 전쟁 재발 방지를 약속하라고 일본에 요구했다. 도쿠가와는 자신은 전쟁을 반대한 인물이라며 이 요구를 받아들였다. 사명대사가 전쟁 중에 잡혀간 3000여 명의 조선 백성을 이끌고 귀국해 협상 내용을 보고하자 조정은 일본과 국교를 재개하기로 결정했다.[1]

1607년 허균이 『홍길동전』을 쓰다

1608년 선조가 죽고 15대 광해군(재위 1608~1623)이 즉위하다

1608년 대동법을 실시하다

각 지방의 특산물을 바치던 공납을 모두 쌀로 내도록 하는 대동법이 실시됐다. 대동법(大同法)은 말 그대로 똑같은 쌀로 공납을 낸다는 뜻이다. 그동안 특산물을 바치게 한 것은 궁궐에서 쓸 물건을 조달하기 위해서였다. 하지만 이제는 지방에서 쌀을 내면 조정에서 고용한 상인이 대가를 받고 그 쌀을 필요한 물건으로 바꿔 주게 됐다. 대동법을 실시하게 된 까닭은 지방마다 다른 특산물을 바치는 과정에서 없는 물건을 배당하거나 양이 들쑥날쑥해서 백성들이 골탕을 먹는 일이 많았기 때문이다. 백성들 대신 특산물을 내주고 나중에 몇 배씩 이자를 받아먹는 '방납'이 성행한 것도 문제였다. 그래서 광해군은 선혜법(대동법의 전신)을 만들고 선혜청을 세워 우선 경기도부터 실시하기로 결정했다. 이것이 나중에 '대동법'으로 바뀌고 점차 전국으로 확대된다. 대동법은 농업 사회이던 조선에서 상업이 발달하게 되는 계기가 됐다.

1610년 허준이 『동의보감』[2]을 쓰다

유럽

1601년경 윌리엄 셰익스피어가 『햄릿』을 쓰다

아시아

1602년경 중국 '4대 고전 문학'의 하나인 『금병매』가 완성되다

유럽

1602년 네덜란드에 세계 최초의 근대적 증권 거래소가 설립되다

네덜란드 동인도회사가 암스테르담에 세계 최초의 근대적 증권 거래소를
설립했다. 회사에서 발행하는 주식이 원활히 거래되도록 하기 위해서였
다.[2] 네덜란드 동인도회사는 증권 거래소를 통해 주식을 팔아 동양과 무
역하기 위한 막대한 자금을 마련했다.

증권 거래소 설립은 당시 네덜란드의 금융 발전을 대표하는 사건이었다.
17세기 네덜란드는 금융가들의 천국이었다. 종교개혁으로 옛 교회 세력을
몰아낸 덕분에 성직자들의 간섭을 받지 않았고, 공화국이라서 국왕에게 시달리
지도 않았기 때문이다. 자유를 한껏 만끽한 금융가들은 돈이 되는 사업이라면
무엇에든 뛰어들면서 네덜란드 경제를 크게 일으켰다. 그러나 도박에 가까운 무
모한 투기가 아무런 제약 없이 횡행하고, 사람들이 공업이나 농업 등 생산적인
산업 대신 금융업에 지나치게 몰리는 부작용도 나타난다.

암스테르담 증권 거래소

1 네덜란드 동인도회사 | 네덜
란드 상인들이 1602년 동양
과 무역하기 위해 정부의 허가
를 얻어 설립한 회사. 영국 동
인도회사와 경쟁하며 주로 동
남아시아와 일본 일대에 진출
했다.

2 주식회사 | 주식을 발행해
여러 사람으로부터 자본을 조
달받는 회사. 17세기 동양 무
역에 필요한 막대한 비용을 한
사람의 상인이 부담할 수 없게
되면서 만들어졌다.

아시아

1603년 일본에서 에도 시대가 시작되다

도쿠가와 이에야스가 에도(지금의 도쿄)에 바쿠후 정권을 열고 에도 시대(1603~
1867)를 열었다. 도쿠가와는 도요토미의 정책을 계승해 다이묘들이 에도에 와서
군 복무를 하도록 했다. 이에 다이묘들은 자신의 영지와 에도 사이를 오가며 생
활해야 했고, 바쿠후는 기존의 봉건 체제를 유지하면서도 전국에 대한 지배권
을 안정적으로 행사했다. 이러한 정치적 안정은 상업 발달로 이어졌고 도시의
부유한 조닌(상인과 수공업자)들이 에도 시대의 문화를 이끌게 된다.

유럽

1605년 독일의 스트라스부르크에서 최초의 신문이 발간되다

스트라스부르크의 출판업자 요한 카롤루스가 최초의 신문 『렐라티
온』을 발행했다. 이로써 유럽에 신문의 시대가 열리고 언론 활동이
활발해진다.

포카혼타스
제임스타운 식민지 주
민과 결혼한 아메리
카 원주민 소녀. 제임
스타운의 성공은 아메
리카 원주민의 도움에
힘입은 바가 컸다. 그
림은 1616년 잉글랜
드 방문 당시의 초상

아메리카

1607년 북아메리카에 잉글랜드 최초의 영구 식민지인 제임스타운이
건설되다

인목대비가 갇혀 지내던 서궁(지금의 덕수궁) 석어당

1 북인과 남인 | 1591년 서인의 지도자 정철이 쫓겨나자 그에 대한 처벌의 강도를 놓고 동인은 북인과 남인으로 갈라졌다. 정인홍이 이끄는 북인은 철저한 응징을 주장한 반면 유성룡이 이끄는 남인은 온건한 입장을 보였던 것. 임진왜란 때 북인은 적극적인 항전의 태도를 취했으며 의병장도 북인 출신이 많았다.

2 서인(庶人) | 아무 벼슬이나 신분적 특권을 갖지 못한 일반 사람. '서민'이라고도 한다.

헤투알라
강홍립이 누르하치에 의해 억류됐던 후금의 수도. 헤투알라

1613년 **영창대군이 유배를 가다**

임진왜란 이후 정국을 주도적으로 이끌어 온 북인[1]이 대북과 소북으로 나뉘어 당파 싸움을 벌이다가 크게 충돌했다. 정인홍, 이이첨 등 광해군을 지지하는 대북이 반대파인 소북을 반역자들로 몰아 제거한 것이다. 소북은 광해군의 이복동생인 영창대군을 지지했는데, 대북은 이들이 광해군을 제거하고 영창대군을 왕위에 올리려 모의했다고 몰아붙였다.

영창대군은 서인[2]으로 강등돼 강화도로 유배 갔다가 1614년 죽임을 당한다. 영창대군의 어머니인 인목대비도 1618년 서궁에 갇힌 뒤 대비 자리에서 쫓겨나는 신세가 된다. 이 사건은 인조반정의 빌미가 됐다(1623년 참조).

1619년 **광해군이 명나라와 후금 사이에서 곡예를 펼치다**

후금이 명나라를 거칠게 밀어붙이자 명나라가 조선에 지원군을 요청했다. 임진왜란 때 명의 지원을 받은 조선으로서는 거부하기 어려운 요구였다. 그러나 후금의 세력이 워낙 커져서 명나라 편만 들다가는 후환이 두려웠다. 이러한 현실을 간파한 광해군은 명나라에 지원군을 파견하기로 결정하면서도 파견군 대장 강홍립을 따로 불렀다. 그리고 '명나라를 돕되 형세를 잘 살펴서 행동하라'는 비밀명령을 내렸다.

광해군의 명령을 새겨들은 강홍립은 일단 명나라 진영에 가서 후금과 두 차례 전투를 벌인 뒤 후금의 지도자 누르하치에게 '명나라의 요구에 어쩔 수 없이 군대를 이끌고 온 것일 뿐 후금과 싸울 뜻이 없다'는 편지를 보냈다. 누르하치가 이를 받아들여 강홍립은 군대를 이끌고 후금에 항복했다. 후금은 강홍립을 볼모로 남겨 두고 조선 군대를 귀국시켰다. 이로써 조선은 명나라와 후금 사이에서 일단 균형을 잡는 데 성공했다.

유럽

1613년 **러시아에서 로마노프왕조[1]가 일어나다**

유럽

1615년 **미겔 데 세르반테스가 『돈키호테』를 완성하다**

아시아

1616년 **만주족의 누르하치가 후금을 건국하다**

만주족을 통일한 누르하치가 칸[2]을 칭하고 청나라의 전신인 후금을 건국했다. 그는 만주 문자를 제정하고, 분열돼 있던 만주족[3]을 하나로 묶기 위해 '팔기(八旗)'라는 군사·행정 조직을 만들었다. 1619년 명나라·조선 연합군을 사르후에서 격파하고 요동 지역을 장악해 명나라를 위협하는 세력으로 성장한다.

유럽

1618년 **독일 지방에서 30년전쟁이 시작되다**

보헤미아(지금의 체코) 왕 페르디난트 2세(1619년부터 신성로마제국 황제를 겸함)가 신교 탄압에 나서자 신교도들이 장악한 의회가 그를 몰아냈다. 두 세력이 무력 대결을 벌이고 여기에 에스파냐, 프랑스, 스웨덴, 네덜란드 등 유럽 강대국들이 대거 개입하자 전쟁은 독일 지방 전체로 확산돼 30년간 계속됐다. 이를 30년전쟁이라 한다. 30년전쟁은 16세기부터 유럽을 피로 물들인 여러 종교전쟁들 중 가장 규모가 크고 처참했다. 또 종교전쟁으로 시작했지만 본질적으로 유럽 주요국들 간의 패권 다툼이기도 했다. 유럽 중앙에 위치한 독일 지방은 북해, 발트해, 그리고 라인강을 끼고 있어 산업과 무역의 요지인 데 비해, 강력한 중앙 권력이 없어 주변 강대국들이 노리기에 좋은 곳이었다. 30년전쟁의 결과 독일 지방은 인구가 900만 명 가량 줄고 산업이 황폐해져 19세기까지 낙후성을 면치 못한다.

유럽

1619년 **네덜란드가 인도네시아의 자와섬에 자카르타를 건설하다**

유럽

1619년 **독일 지방의 천문학자 요하네스 케플러가 행성운동법칙을 발견하다**

독일 지방의 천문학자 요하네스 케플러가 행성운동법칙을 발견했다. 행성운동법칙이란 코페르니쿠스의 지동설을 발전시킨 것으로, 행성의 공전 운동을 수학적으로 설명한 것이다. 특히 행성이 타원 궤도를 돈다고 주장해 천체가 원형 운동만을 한다고 여겼던 기존의 고정 관념을 깼다.

유럽

1619년 **잉글랜드의 청교도들이 메이플라워호를 타고 아메리카로 이주하다**

풍차를 향해 돌진하는 돈키호테
돈키호테는 본래 세르반테스가 봉건 기사들을 조롱하기 위해 만든 '바보' 캐릭터였지만, 그 천진난만한 선량함 때문에 역설적으로 문학 사상 가장 사랑받는 주인공의 하나가 됐다. 돈키호테 캐릭터의 이러한 입체성은 근대 문학 형성에 큰 영향을 준다.

1 **로마노프왕조**　1613년부터 1917년까지 러시아를 지배한 왕조. 1682년 즉위한 표트르 1세와 1762년 즉위한 예카테리나 2세 시대에 크게 발전해 러시아를 유럽 열강의 반열에 올려 놓았다.

2 **칸**　몽골인들이 쓰기 시작한 유목민 군주의 칭호

3 **만주족**　금나라(1115~1234)를 건국했던 여진족의 다른 이름. '만주'란 명칭은 여진족이 1613년 무렵 처음 쓰기 시작했다. 청나라 2대 황제인 태종이 1636년 당시 여진족을 일컫던 여직족(女直族), 숙신족(肅愼族) 등 여러 명칭을 '만주족'이라 통일해 부르게 했다.

미국에서 발행한 메이플라워호 300주년 기념 우표

반정군이 지나간 창의문
1396년(태조 5) 서울 성곽을 쌓을 때
세운 사소문의 하나. 북문, 자하문으로
도 불린다.

1 반정(反正) | 왕도를 지키
지 못한 왕을 몰아내고 새 왕
을 세워 종묘사직을 바로잡는
일. 연산군을 몰아낸 중종반
정(1506년 참조)에 대해서는
시비의 여지가 없으나, 광해
군이 반정의 대상이었는지에
대해서는 학자들 사이에 많은
논란이 있다.

2 서인의 집권 | 많은 학자들
이 대북 세력이 밀려나고 성리
학의 원리 원칙에 충실한 서인
이 집권하는 인조반정부터 조
선후기가 시작된다고 본다.

1623년 **인조반정이 일어나다**

서인인 김류, 이서, 김자겸 등이 군사를 일으켜 광해군을 몰아내고 광해군의 조카인 능양군을 왕위에 올렸다(16대 인조, 재위 1623~1649). 서인은 의리와 명분을 강조하는 정파로서, 광해군이 명나라에 대한 의리를 지키지 않는다고 보고 이를 못마땅하게 여겼다. 그러던 차에 광해군과 대북 정권이 영창대군을 죽이고 인목대비를 가두자 이 같은 패륜 행위를 문제 삼아 반정을[1] 일으킨 것이다.

반정군은 3월 12일 한성 홍제원에 집결한 뒤 창의문을 지나 창덕궁으로 진격했다. 이들은 내통하고 있던 훈련대장 이흥립이 대문을 열어 주었기 때문에 쉽게 대궐 안으로 들어갈 수 있었다. 광해군은 급히 옷을 갈아입고 의관 안국신의 집으로 피신했다가 잡혀서 인목대비 앞에 무릎 꿇는 신세가 됐다.

집권한 서인은 광해군을 강화도로 유배 보내고 이이첨, 정인홍 등 대북 세력을 참수했다.[2] 이로써 조선은 명나라에 대한 의리를 더욱 강조하고 후금을 배격하는 정책을 밀어붙이게 됐다.

1627년 **정묘호란이 일어나다**

후금 황제 태종(홍타이지)이 강홍립(1619년 참조)을 앞세워 조선을 침략했다. 조선에서 인조반정이 일어나 후금을 배격하는 정권이 들어섰다는 소식을 듣고, 명나라와 싸우는 데 조선이 방해가 될까 봐 선수를 친 것이다. 도원수 장만이 후금 군대를 맞아 싸우다 패하자 인조는 강화도로 피란을 떠났다. 후금의 목적은 조선을 정복하는 것이 아니라 조선과 명나라 사이를 떼어 놓는 것이었다. 그래서 후금은 화의를 제안했고 인조가 이를 받아들여 다음과 같은 강화 조약이 맺어졌다.

강화 조약의 주요 내용
▶강화 조약을 맺은 뒤 후금 군대는 즉시 철수한다.
▶후금 군대는 철수한 뒤 다시는 압록강을 넘지 않는다.
▶후금과 조선은 형과 아우 나라의 관계를 맺는다.
▶조선은 후금과 화해하되 명나라와 적대하지는 않는다.

후금을 형의 나라로 받든다는 것은 인조와 서인이 받아들이기 힘든 조건이었으나, 군사력이 열세인 상황에서 명나라와 등을 돌리지 않아도 된다는 조건 때문에 일단 화의하기로 결정한 것이다.

아시아

1625년 환관 위충현이 동림당을 탄압하다

황제의 총애를 바탕으로 명나라의 실권을 장악한 환관 위충현이 자신에게 반대하는 재야 유생들의 집단인 동림당[1]을 대대적으로 탄압했다. 이 사건으로 감히덤비는 사람이 없어지자 위충현은 황제를 능가하는 권세를 휘둘렀다. 그러나 자신을 비호하는 황제가 죽자 1627년 반대파에게 쫓기다 자결한다. 위충현과 동림당이 싸우면서 명나라에 정치 혼란이 일어나자 후금은 세력을 넓힐 기회를 맞이한다.

유럽

1625년 휘호 더 흐로트가 『전쟁과 평화의 법』을 쓰다

네덜란드의 법학자 휘호 더 흐로트(영어명 그로티우스)가 근대 국제법 사상의 바탕이 된 『전쟁과 평화의 법』을 썼다. 그는 자신의 자연법 사상에 의거해 모든 국가가 서로 대등한 권리를 갖는다고 주장했다. 자연법이란 보편적으로 인정받을 수 있는 도덕 원칙에 의거한 법률을 말하는데, 흐로트는 자연법의 기초가 인간의 합리적인 이성에 있다고 봤다.

〈마리 드 메디시스의 생애〉 루벤스가 프랑스 왕실의 요청으로 그린 21점의 연작 회화다. 사진은 그 중 〈루이와 마리의 속죄〉

유럽

1625년 페테르 루벤스가 바로크 미술[2]의 걸작 〈마리 드 메디시스의 생애〉를 그리다

유럽

1626년 귀납법을 주창한 철학자 프랜시스 베이컨이 사망하다

과학적 탐구 방법으로 귀납법을 주창한 '영국 경험론의 창시자' 프랜시스 베이컨이 사망했다. 귀납법이란 '계속 해가 떴으므로 내일도 해가 뜨고 언제나 해가뜰 것이다' 하는 식의, 경험적인 관찰[3]을 통해 보편적인 법칙을 발견하는 논리적추론 방법이다. 직접적인 실험과 관찰을 통한 과학 연구를 장려했기 때문에 후대의 과학 발전에 큰 영향을 준다.

프랜시스 베이컨

유럽

1628년 잉글랜드의 찰스 1세가 「권리청원」을 승인하다

30년전쟁 등에 개입하면서 국고를 탕진한 찰스 1세가 의회의 반대를 무릅쓰고세금을 강제로 걷었다. 이에 의회는 의회의 권한을 정리한 「권리청원」을 작성해왕에게 승인을 요구했다. 의회의 동의 없이는 세금을 거둘 수 없고, 법에 의하지않고는 누구도 체포하거나 감옥에 가둘 수 없다는 것 등이 주된 내용이었다. 찰스 1세는 일단 이를 승인했지만 이듬해 의회를 해산하고 11년 동안 의회를 열지않는다. 이를 계기로 청교도혁명이 일어나게 된다(1642년 참조).

1 동림당 | 조정에서 황제와정책 문제 등으로 대립하다가쫓겨난 명나라 후기 재야 유학자 집단. 동림서원(지금의 장쑤성 소재)을 중심으로 활동하며명나라 말기의 사대부들에게큰 영향력을 행사했다.

2 바로크 미술 | 17~18세기에 유행했던 유럽의 미술 양식. 절대왕정기의 궁정 미술로발전한 바로크 미술은 장엄하고 화려하며, 활발한 대외 팽창과 대규모 전쟁이 빈번하던당시의 격동적인 분위기를 반영해 극단적일 정도로 역동적인 것이 특징이다.

3 경험론 | 지식은 이성이 아니라 오직 경험을 통해서만 얻을 수 있다는 철학적 입장. 관습법 전통이 강하고 격렬한 종교개혁이나 급격한 정치 변화가 상대적으로 적었던 영국에서는 이성을 무기로 사물을 근본부터 재검토하는 합리론이그다지 발달하지 않았고, 대신 경험론이 득세했다.

홍이포
명나라 때 네덜란드의 대포를 모방하여 만든 중국식 대포. 강화도 초지진(사적 제225호)에 있는 것으로, 국내 유일의 진품이다. 길이 2.15미터, 무게 1800킬로그램, 사정거리 700미터.

1 『직방외기』 | 예수회의 이탈리아 선교사 알레니가 한문으로 쓴 세계 지리 지도책

2 김자점 | 인조반정의 공신 중 한 명. 병자호란 후 청나라에 빌붙어 권세를 누렸다.

3 척화파 | 청나라와 화의하지 말고 끝까지 항전할 것을 주장한 세력. 반대로 화의하는 것이 현실적이라고 주장한 최명길 등은 '주화파'라 한다.

1631년 정두원이 명나라에서 서양 문물을 가지고 들어오다

명나라에 사신으로 갔던 정두원이 1년 만에 귀국하면서 홍이포·천리경(망원경)·자명종 등 서양의 기계와 마테오리치의 『친문시』, 알레니의 『직방외기[1]』 등의 책을 가져왔다. 이 문물들은 마테오리치의 〈곤여만국전도〉에 이어(1603년 참조) 발달한 서양 과학 기술의 실체를 알려 조선 사회에 파장을 불러일으켰다.

1633년 상평통보를 주조하다

김육, 김신국의 건의에 따라 상평청을 설치하고, 구리와 주석의 합금 화폐인 상평통보를 만들어 유통시켰다. 뒷면에 문자가 없는 '무배자전'으로, 조선의 대표적인 금속 화폐인 상평통보가 발행된 것은 이번이 처음이다. 그러나 이때는 널리 쓰이지 않아 곧 유통을 중단했다.

상평통보의 변천

명칭	최초 발행 연도	내용
무배자전	1633년(인조 11)	뒷면에 문자가 없는 최초의 상평통보
단자전	1679년(숙종 5)	뒷면 상부에 약자로 주전소 표시
대형전	1680년(숙종 6)	주전 원료의 부족으로 인한 원료의 절감을 위해 상평통보의 크기가 시대에 따라 점차 작아짐
중형전	1752년(영조 28)	
소형전	1807년(순조 7)	
당백전	1865년(고종 2)	경복궁 중건 및 재정 보충을 위한 목적으로 흥선대원군이 발행
당오전	1883년(고종 20)	조선 말 화폐 경제의 혼란을 가져온 저질의 화폐

1636년 병자호란이 일어나다

후금에서 이름을 바꾼 청나라가 다시 군사를 일으켜 조선을 침공했다(1627년 참조). 후금이 정묘호란의 강화 조약 내용을 넘어서는 무리한 요구를 하자 조선이 이를 거부했고, 청 태종은 이를 빌미로 조선을 확실히 무릎 꿇리기 위해 재침략을 결정했다. 압록강을 건넌 선봉대는 의주 방어를 맡은 김자점[2]이 임무를 소홀히 한 틈을 타 맹렬히 남하해 한성에 육박했다. 그러자 인조는 김상헌·최명길 등과 함께 남한산성으로 피신해 의병의 지원군이 오기를 기다렸다. 그러나 청나라 20만 대군이 에워싼 남한산성에 지원군이 접근하기란 불가능했다. 결국 인조는 1637년 1월 성문을 열고 나가 삼전도에서 청 태종 앞에 세 번 절하고 아홉 번 머리를 땅에 찧는 항복 의식을 치렀다. 침략군은 소현세자와 봉림대군을 끌고 가고, 이들과 함께 척화파[3] 대신 홍익한·윤집·오달제와 수만 명의 백성을 잡아 갔다. 이후 조선은 명나라와 완전히 관계를 끊고 청나라에 조공을 바치게 됐다.

삼전도비
병자호란 때 인조의 항복을 받아 낸 청 태종이 삼전도(서울 송파구 잠실동)에 자신의 공덕을 기리기 위해 세운 비. 사적 제101호

아시아

1631년 **이자성의 난이 일어나다**

가난한 농민 출신 병사인 이자성이 명나라에 대항하는 반란을 이끌었다. 늘어나는 세금과 지배층의 수탈을 견디지 못해 일어난 반란이었다. 명나라 말기 만주족의 위협 등으로 군사비가 늘어나고 정치 부패로 세금이 정부에 전달되지 않자, 재정 부족에 시달린 정부는 농민들을 더욱 쥐어짰다. 여기에 대지주들의 수탈¹과 가뭄까지 겹치자 농민들이 들고일어난 것이다.
이자성은 각지의 반란군을 통합하고 큰 세력을 형성했다. 만주족을 상대하느라 정신없는 명나라를 상대로 승리를 거듭한 끝에 1644년 북경에 입성한다.

이자성 동상
오늘날 중국에서는 이자성의 난을 '기의(起義, 의로운 봉기)'라 부르는 등 긍정적인 평가를 내리기도 한다.

유럽

1633년 **로마에서 갈릴레이 재판이 벌어지다**

갈릴레이가 지동설을 옹호한 『프톨레마이오스와 코페르니쿠스의 2대 세계 체계에 관한 대화』를 출간했다. 그러자 교황은 이를 교회에 대한 도발로 보고 갈릴레이를 종교 재판에 회부했다. 갈릴레이는 교회의 위협에 굴복해 지동설을 철회하고 만다. 종교가 과학 발전을 방해한 대표적인 사건으로 꼽힌다.

1 대지주들의 수탈 명나라 후기에 상업이 발달하자 부유층의 토지 독점이 심해졌다. 특히 도시의 발달로 농촌을 떠나 도시에서 생활하는 지주가 많았다. 이에 지주와 농민 사이의 유대 관계가 약해지면서 토지 수탈이 더욱 심해졌다.

아시아

1636년 **후금이 나라 이름을 청이라 바꾸다**

후금의 2대 황제 태종이 몽골족을 정복하고 원나라의 옛 옥새를 손에 넣은 것을 기념해 국호를 '청(淸)'이라 바꾸고 황제를 칭했다. 만주에 머물지 않고 천하를 호령하는 제국을 건설하겠다는 야심의 표현이었다.

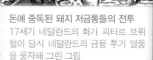

돈에 중독된 돼지 저금통들의 전투
17세기 네덜란드의 화가 피터르 브뤼헐이 당시 네덜란드의 금융 투기 열풍을 풍자해 그린 그림

유럽

1636년 **네덜란드에서 튤립 투기²가 일어나다**

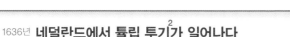

유럽

1637년 **데카르트가 『방법서설』³을 쓰다**

프랑스의 철학자 르네 데카르트가 네덜란드에서 『방법서설』을 썼다. 그는 이 책에서 자신이 알고 있는 모든 것이 사실이 아닐 수 있다며 도저히 의심할 수 없는 궁극의 진리가 무엇일까를 탐구했다. 데카르트가 내린 결론은 자신이 생각을 하고 있으며, 따라서 생각을 하는 '나'의 존재는 의심할 수 없다는 것이었다. 이 절대적인 '진리'를 바탕으로 데카르트는 세상에서 믿을 수 있는 사실이 무엇인지를 하나하나 따져 나간다.
모든 권위를 부정하고 불확실한 편견을 없앤 다음 논리적으로 확실한 것만을 진실로 인정하는 데카르트의 철학적 태도는 철학을 중세의 신학으로부터 분리시켰다. 이 때문에 그는 근대 철학의 아버지라 불린다.

2 튤립 투기 튤립이 인기를 얻자 네덜란드 사람들이 튤립 가격 상승을 예상하고 투기를 벌인 사건. 튤립 가격이 한때 집 한 채 값과 맞먹을 정도로 치솟았으나 곧 거품이 꺼지면서 파산하는 사람들이 속출했다. 자본주의 형성기의 대표적인 투기 사건으로 꼽는다.

3 방법서설 프랑스어로 쓰인 최초의 철학서. 이는 데카르트가 보통 사람들도 자신의 철학을 이해하길 원했기 때문이다. 여기서도 중세 신학자들의 권위주의와 거리를 두려는 경향이 드러난다.

1645년 소현세자가 죽자 독살설이 퍼지다

청나라에 인질로 갔다가 돌아온 소현세자가 갑자기 병을 얻어 죽었다. 그러나 사실은 인조가 후궁 조씨와 김자점을 시켜 세자를 독살했다는 것이 정설로 받아들여지고 있다. 소현세자는 청나라에 있는 동안 예수회 선교사 아담 샬과 사귀며 역법 등 서양 과학 기술을 배우고 가톨릭을 소개받았다. 조선의 장래를 위해서는 명나라를 무너뜨린 청나라와 좋은 관계를 유지해야 한다는 생각으로 청나라의 요구를 잘 받아 주고 황제를 비롯한 황실 인사들과 두루 사귀었다. 청나라는 소현세자를 '소군(小君, 작은 왕)'이라 부르며 우대했다. 청나라를 배척하던 인조와 서인 정권에게 소현세자의 이 같은 행동은 의구심과 불만을 자아냈다. 소현세자는 귀국한 뒤 인조의 냉대를 받다 결국 30대의 나이에 세상을 떠나고, 청나라를 싫어하는 동생 봉림대군이 세자 자리를 이어받았다.

임경업 영정
명나라 화가가 비단에 채색하여 그렸다. 충청북도 충주시 살미면 세성리에 있는 평택 임씨 충민공파 종중에서 보관하고 있다.

1646년 청나라에서 송환된 임경업이 매를 맞고 죽다

명나라에 망명해 명나라 군대를 이끌며 청나라와 맞서 싸우던 임경업이 조선에서 파란만장한 생을 마감했다. 임경업은 병자호란 때 평안도의 백마산성을 지키며 청나라군을 가로막은 맹장이었으나, 의주를 지키던 김자점이 임무를 소홀히 하는 바람에 끝까지 막는 데는 실패했다. 전란 후 청나라가 명나라를 치기 위한 지원군을 요청하자 임경업도 끼어 가게 됐다. 이때 그는 명나라와 내통해 청나라와 싸우려다가 체포됐다. 탈출한 임경업은 명나라에 망명해 명나라군의 총병(總兵, 사령관)으로 청나라와 싸워 중국 대륙에서 '임총병'으로 이름을 떨쳤다. 청나라군에 체포된 임경업은 인조의 요청으로 송환돼 심문을 받던 중 김자점의 사주를 받은 형리에게 매를 맞고 죽었다.

1649년 인조가 죽고 17대 효종(재위 1649~1659)이 즉위하다

소현세자 사후 세자가 된 봉림대군이 왕위에 올랐다. 형인 소현세자와 달리 청나라에 적개심을 품고 있던 효종은 즉위한 뒤 은밀히 청나라를 정벌하는 '북벌' 계획을 세웠다. 청나라에 빌붙어 권세를 누리던 김자점을 파직하고 척화파인 김상헌, 송시열을 등용해 북벌을 추진하지만 실현되지는 않았다.

북벌의 아이콘 이완 대장

효종은 즉위하자 북벌을 책임질 용맹한 장수를 찾았다. 어명을 내려 모든 무신들을 대궐로 불러들이라고 했다. 그리고 무신들이 대궐로 들어올 때 사방에서 빗발치듯 화살을 날렸다. 무신들은 쏟아지는 화살을 피하느라 허둥지둥 했지만, 딱 한 사람, 아무렇지도 않은 듯이 걸어 들어오는 무신이 있었다. 포도대장 이완이었다. 효종은 이완을 훈련도감 대장으로 특별 임명해 북벌 준비를 맡겼다(1653년). 이완의 지도 아래 훈련도감 군사들은 지옥 훈련을 했다. 원정을 떠나 진지를 쌓을 때 쓰기 위한 포대를 들고 다니고, 추운 만주 벌판에서 싸울 때를 대비해 추운 바깥에서 잠을 자야 했다. 그러나 훗날 북벌이 의미 없는 정치적 쇼라고 생각한 연암 박지원은 소설 『허생전』에 이완을 등장시켜 조롱했다.

유럽

1642년 잉글랜드에서 청교도혁명이 일어나다

한동안 의회를 열지 않고 독재 정치를 펼치던 찰스 1세(1628년 참조)가 스코틀랜드에서 일어난 반란을 진압하는 데 협조를 얻고자 마지못해 의회를 열었다. 왕에 대한 불만이 쌓인 의회는 협조를 거부하고 무력 충돌에 들어갔다(청교도혁명). 의회파의 지도자는 올리버 크롬웰이라는 청교도였는데, 1649년 찰스 1세를 사로잡아 처형하고 정권을 잡는다. 그러나 크롬웰이 가혹한 독재 정치를 폈기 때문에 국민은 그가 죽은 뒤 왕정을 부활시킨다.

유럽

1643년 프랑스 절대왕정의 황금기를 연 루이 14세(재위 1643∼1715)가 즉위하다

아시아

1644년 청나라가 중국 전역을 차지하다

이자성이 북경을 점령해 명나라를 멸망시킨 뒤 황제로 즉위하고 국호를 '순'이라 했다. 이에 북쪽을 지키던 수비대장 오삼계는 불안을 느끼고 청나라에 투항해 국경을 열어 주었다. 청나라 군대는 곧장 북경을 점령해 중국의 새 주인이 됐다. 다소 뜻밖에 광활한 중국 땅을 얻은 청나라는 수적으로 많은 중국인을 자극하지 않기 위해 명나라 정책을 그대로 계승했다. 특히 명나라의 지배층인 신사 계층을 적극적으로 포섭해 지배의 안정을 꾀했다. 그러나 한편으론 한족의 중화사상을 억누르기 위해 만주족의 복장과 머리 모양(변발)을 강요하기도 했다. 청나라의 통치 정책은 성공을 거두어, 중국은 명나라 말기의 혼란에서 점차 벗어나 새로운 안정기에 접어든다.

만주족 전통 복장인 치파오를 입고 변발을 한 중국인 사대부

유럽

1648년 베스트팔렌조약으로 30년전쟁이 끝나다

유럽 국가들이 프랑스 재상 리슐리외의 주도 아래 베스트팔렌조약을 체결하고 30년전쟁을 끝냈다. 칼뱅파가 공인되고, 프랑스와 스웨덴은 새 영토를 얻었다. 또 신성로마제국의 제후국들은 완전한 자치를 인정 받아 제국이 사실상 해체됐다. 조약에서 가장 타격을 입은 것은 합스부르크왕가였다. 조약에서 손해를 본 신성로마제국과 에스파냐, 오스트리아는 모두 합스부르크왕가의 지배하에 있었다. 특히 유럽 최고의 강대국이었던 에스파냐는 이 전쟁에 지나치게 많은 돈을 쏟아 부어 파산 지경에 이르렀다. 반면 조약을 주도한 프랑스는 에스파냐를 대신해 서유럽의 패권을 차지한다.

추기경 복장을 한 프랑스 재상 리슐리외 가톨릭 추기경이었음에도 불구하고 프랑스의 이익을 위해 30년전쟁에서 신교 측을 지원했다. 전쟁이 종교보다 국익에 좌우됐음을 보여 준 인물이다.

베스트팔렌조약과 근대 유럽 세계의 형성

베스트팔렌조약은 유럽에서 국가의 영토 개념을 분명하게 드러낸 최초의 조약이었다. 또 국가와 국가 간의 관계가 교황, 황제 등의 위계적 관계에서 벗어나 대등하게 인정받은 첫 조약이기도 했다. 이런 점에서 베스트팔렌조약을 근대 유럽 국제 질서의 출발점으로 보는 학자들이 많다.

하멜이 타고 온 스페르
웨르호 복원

1653년 하멜이 제주도에 떠내려 오다

7월 네덜란드 동인도회사 서기 헨드릭 하멜이 일행 36명과 함께 제주도에 떠내
려 왔다. 제주목사 이원진은 하멜 일행을 감금하고, 네덜란드에서 귀화해 서울
훈련도감에 근무하던 박연(본명 벨테브레)을 소환해 통역을 맡겼다. 하멜은 제주도
에서 탈출하려다 다시 붙잡혀 10개월간 구금된 뒤 서울로 압송돼 훈련도감에
배속됐다. 1656년에는 전라도 강진으로 유배돼 엄격한 감시를 받으며 잡역에 종
사하게 된다(1666년 참조).

1654년 청나라의 러시아 정벌에 동참하다 (제1차 나선 정벌)

북벌을 준비하던 조선군이 청나라의 요청을 받고 청-러 국경에 출동해 러시아
군을 격퇴했다. 본래 청나라를 정벌하기 위해 훈련된 조총군 100명(사령관 함경도
병마우후 변급)은 청군 3000여 명과 합세해 교전 끝에 승리했다. 당시 러시아를
'나선(羅禪)'이라 했으므로 이 원정을 제1차 나선 정벌[1]이라 한다.

1655년 조선 후기의 종합 농업 서적인 『농가집성』이 발간되다

『농사직설』, 『금양잡록』, 『구황촬요』 등 조선 시대 대표적인 농업 서적들을 한데
묶고 조선 후기 농업 기술을 총정리한 『농가집성』이 왕명을 받은 신속의 편집으
로 완성됐다. 조선 후기 들어 보급된 이모작도 소개했다(1701~1710년 참조).

1659년 효종이 죽고 18대 현종(재위 1659~1674)이 왕위에 오르다

1659년 효종의 상례를 놓고 제1차 예송 논쟁이 벌어지다

효종이 죽자 효종의 계모인 자의대비가 1년상을 치러야 하는지 3년상을 치러야
하는지 논쟁이 벌어졌다. 성리학의 예법에 따르면 자식이 부모보다 먼저 죽었을
때 적장자면 3년상, 아니면 1년상을 치른다. 효종은 적장자[2]가 아니었으므로(1645
년 참조) 예법대로라면 1년상이 맞다. 송시열을 비롯한 서인은 그에 따라 1년상을
주장했다. 그러나 윤휴, 윤선도 등 남인은 차남이라도 왕위에 오르면 적장자가
될 수 있다고 주장하며 3년상을 주장했다.

서인은 왕족도 일반인과 똑같은 예법을 따라야 한다고 주장한 것이고, 남인은
왕족에게는 일반인과 다른 예법[3]이 적용될 수 있다고 주장한 것이다. 이 논쟁은
장자와 차자가 죽었을 때 똑같이 1년상을 지내도록 규정한 『경국대전』 조문을
따르기로 하면서 서인의 승리로 끝났다.

1 제2차 나선 정벌 | 1658년
청나라의 요구에 따라 200명
의 총군(사령관 혜산첨사 신유)
을 파견해 헤이룽강과 쑹화
강이 만나는 지점에서 10여
척의 배를 앞세우고 오는 스
테파노프의 러시아군과 싸웠
다. 스테파노프를 포함한 적
군 270여 명을 전멸시킨 대승
이었다.

2 적장자 | 왕위나 가계를 잇
기에 딱 맞는 장남. 효종의 형
인 소현세자가 죽었을 때 그에
게는 아들이 있었지만 효종(봉
림대군)이 세자에 올랐다. 따
라서 효종은 적장자가 아니다.

3 일반인과 다른 예법 | 이를 '왕
자예부동사서(王者禮不同士庶)'
라 한다.

유럽 1651년 **크롬웰이 항해법을 발표하다**

잉글랜드의 크롬웰 정부가 자국 해운업을 보호하기 위해 항해법을 제정했다. 이는 다른 나라 선박이 잉글랜드나 그 식민지에 상품을 실어 나르는 것을 엄격하게 제한한 법률이었다.

항해법은 당시 유럽의 해상 무역을 휩쓸다시피 하던 네덜란드 무역상들을 겨냥한 것이었다. 네덜란드는 항해법 철회를 위해 이듬해 잉글랜드와 전쟁을 벌이지만 패배하고, 유럽 무역의 주도권을 잉글랜드에 넘겨준다.

상선으로 가득 찬 17세기 네덜란드의 항구
항해법 도입의 주된 목적은 유럽의 무역을 독점하던 네덜란드 해운업을 견제하는 것이었다.

유럽 1651년 **홉스가 『리바이어던』을 쓰다**

사회계약설[1]의 선구자라 일컬어지는 잉글랜드의 철학자 토머스 홉스가 『리바이어던』을 썼다. 국가가 발생한 원인에 대해 '신이 왕에게 권위를 줬다'는 식의 설명 대신, 사람들이 무질서의 혼란 상태를 피하기 위해 서로 계약을 맺어 국가를 만들었다고 주장한 것이다. 홉스는 국가 권력의 기초가 국민들의 합의에 있다는 것을 보였다는 점에서 근대 민주주의[2] 사상의 기초를 놓았다고 평가받는다.

『리바이어던』 표지
'리바이어던'이란 거인, 괴물'을 뜻한다. 홉스는 국가를 거대한 유기체로 비유했다.

아시아 1658년 **무굴제국에서 아우랑제브가 즉위하다**

무굴제국의 전성기를 이끈 황제 아우랑제브(재위 1658~1707)가 즉위했다. 그는 호전적이고 비타협적인 이슬람교 신자로, 데칸 고원 남쪽의 힌두교 왕조들에 적극적으로 원정했다. 그의 정복 활동으로 인도는 기원전 3세기의 마우리아왕조 이래 약 2000년 만에 통일된다.

그러나 아우랑제브는 무굴제국의 전통적인 종교적 관용 정책을 버리고 비(非)무슬림들을 탄압해 백성의 대다수를 이루는 힌두교 및 시크교[3]도들로부터 강력한 저항을 받았다. 각지에서 반란 세력이 일어났고 무굴제국의 통치력은 크게 손상됐다. 결국 그가 죽자 무굴제국은 급속하게 무너진다.

무굴 제국
아우랑제브가 정복한 지역 ▬
아우랑제브 시대의 무굴제국

유럽 1660년 **잉글랜드에서 왕립학회가 창설되다**

잉글랜드에서 상인과 학자를 주축으로 최초의 과학학회인 '자연과학 진흥을 위한 런던 왕립학회(약칭 왕립학회)'가 창설됐다. 당시 잉글랜드에서는 교양 있는 사람 행세를 하려면 과학 지식은 필수일 정도로 과학에 관한 이야기가 유행했다. 과학 지식이 대중화되면서 합리적인 사고가 뿌리내렸고 왕이나 교회의 억지스런 권위주의도 점점 설 자리를 잃는다.

1 사회계약설 | 정치 권력이나 사회 제도는 평등한 인간들 사이의 계약에 의해 성립한다는 학설

2 민주주의 | 국민이 국가의 주인이라는 정치 사상 또는 정치 제도

3 시크교 | 15세기 펀자브 지방에서 나나크가 이슬람교와 힌두교를 혼합해 만든 종교. 힌두교의 카스트 제도를 부정하고 인간 평등을 주장해 민중의 지지를 받으며 빨리 퍼졌다

1666년 하멜이 탈출하다

여수 전라좌수영에 배치돼 노역을 하던 하멜이 동료 7명과 함께 배를 타고 일본 나가사키로 탈출했다. 이를 계기로 일본 바쿠후와 조선 정부 사이에 남아 있는 네덜란드인에 대한 석방 교섭이 진행돼 결국 동료도 전원 석방됐다.

하멜은 1668년 네덜란드로 돌아가 자신의 14년 억류 생활을 담은 보고서를 작성했다. 훗날 『하멜표류기』로 알려진 이 보고서는 조선의 정치, 군사, 풍속, 지리 등을 유럽에 알린 최초의 문헌이다. 이 보고서를 통해 일본이 조선과 교역하며 많은 이익을 얻고 있다는 사실을 알게 된 네덜란드 동인 도회사는 조선과 직접 교역하기 위해 1000톤급 코레아호를 건조했다. 그러나 조선 무역의 이익을 독점하고 싶었던 일본 바쿠후의 반대로 조선행은 이루어지지 않았다.

『하멜표류기』

1 『하멜표류기』│ 하멜이 이 보고서를 쓴 목적은 14년간 밀린 임금을 청구하는 근거를 마련하기 위해서였다.

조선은 네덜란드를 어떻게 보았을까?

네덜란드는 포르투갈로부터 동방 무역의 주도권을 빼앗고 타이완을 거점으로 일본-중국-유럽을 잇는 중계 무역을 펼쳐 막대한 이익을 얻고 있었다. 그러나 조선은 박연과 하멜이 온 뒤에도 네덜란드가 서양 나라인 줄도 몰랐다. 네덜란드와 포르투갈을 구분하지도 않았고, 그럴 필요도 느끼지 못했다. 그 무렵 조선이 펴낸 세계 지도에는 네덜란드를 뜻하는 '화란(和蘭)'이나 '아란타(阿蘭陀)'가 표기되지 않았다. 이광정이 가지고 들어온 마테오리치의 〈곤여만국전도〉에는 네덜란드가 '대니아(大泥亞)'로 표기돼 있었으나, 조선은 그것이 하멜의 나라라는 것을 몰랐다. 조선은 박연과 하멜이 살던 나라가 동남아시아에서 중국, 일본과 조공 관계를 맺고 무역을 하는 상업 집단 정도라고만 생각하고 있었다.

나가사키에 입항하는 네덜란드 배

유럽

1661년 스웨덴에서 최초의 은행권[1]이 발행되다

아시아

1662년 강희제가 즉위하다

청나라 4대 황제인 강희제가 즉위했다. 그는 '강희·옹정·건륭 연간[2]으로 꼽히는 청나라 전성기의 첫 번째 황제로, 날마다 수백 건에 이르는 행정 문서를 일일이 검토할 정도로 정치를 철저하게 감독했다. 덕분에 황제권은 전례 없이 강해졌고 청나라 정치는 안정을 맞는다.

강희제가 정치에서 특히 신경을 쓴 부분은 민심 안정이었다. 그는 황하의 치수 시설을 정비하고 세금을 대폭 줄였다. 또 스스로 풍부한 교양을 쌓고 주자학을 장려해 사대부들의 신임을 얻었다. 강희제의 통치는 청나라가 중국 역대 이민족 왕조 가운데 가장 성공적인 지배를 유지하는 밑거름이 된다.

유럽

1665년 프랑스에서 콜베르가 강력한 중상주의 정책을 펴다

장 밥티스트 콜베르가 루이 14세에 의해 프랑스의 재무장관으로 임명됐다. 무역에서 거두는 이익이 국력의 원천이라 본 그는 무역 흑자를 유지하기 위해 적극적으로 경제에 개입했다. 프랑스 상품의 경쟁력을 높이기 위해 기업에 보조금을 지급하고, 네덜란드와 이탈리아 등지에서 유능한 장인들을 불러오는 한편, 엄격한 품질 관리 정책을 도입해 위조품이나 불량품 생산자를 처벌하고, 외국 상품에는 높은 관세[3]를 매겨 수입을 억제했다. 이러한 중상주의 정책 덕분에 프랑스의 상공업이 발달하고 세금 수입이 늘어난다. 루이 14세는 콜베르가 마련한 재정을 바탕으로 적극적인 대외 원정을 실시해 유럽의 패권을 거머쥔다.

유럽

1666년경 뉴턴이 미적분을 창안하다

잉글랜드의 과학자 아이작 뉴턴이 미적분을 창안했다.[4] 미적분은 뉴턴이 역학을 연구하는 과정에서 만들어졌는데, 이후 물리학의 발전에 지대한 공헌을 한다. 뉴턴은 이외에도 만유인력의 법칙과 역학[5] 법칙을 발견하는 등 수많은 과학적 업적을 남긴다.

뉴턴은 이론적 사고와 구체적인 실험을 결합하고, 기계론적 자연관[6]을 정착시켰다는 점에서 16세기부터 시작된 유럽의 과학혁명을 완성시킨 인물로 평가받는다. 세상의 모든 것이 일정한 법칙에 따라 기계적으로 움직인다고 본 그의 세계관은 자연과학뿐 아니라 사회 사상에도 큰 영향[7]을 끼친다.

PHILOSOPHIÆ
NATURALIS
PRINCIPIA
MATHEMATICA

IMPRIMATUR

『프린키피아』 표지
뉴턴이 1687년 자신의
역학 이론을 정리해 쓴 책

---

1 **은행권** | 은행이 발행하는 지폐. 스웨덴 은행권은 은행이 지폐와 교환할 만큼 충분한 양의 은을 확보하지 못했던 탓에 3년 만에 실패했다.

2 **강희·옹정·건륭 연간** | 강희제가 즉위한 1662년부터 건륭제가 죽는 1799년까지

독서 중인 강희제
풍부한 유교적 교양을 쌓아 한족 사대부들로부터도 존경을 받았다.

3 **관세** | 자국 산업 보호를 위해 수입품에 부과하는 세금

4 **미적분의 창시자** | 뉴턴과 거의 비슷한 시기에 독일의 수학자 라이프니츠도 독자적으로 미적분을 창안했다.

5 **역학** | 물체의 운동에 관한 법칙을 연구하는 학문

6 **기계론적 자연관** | 모든 현상을 자연적 인과 관계와 역학적 법칙으로 설명하려는 세계관

7 **뉴턴과 사회 사상** | 자연 현상을 있는 그대로 받아들이지 않고 이론적 분석과 실험을 통해 검증한 뉴턴의 학문적 태도는 프랑스 계몽사상가들에게 큰 영향을 준다.

1674년 제2차 예송 논쟁이 벌어져 남인이 정권을 잡다

효종의 비인 인선왕후가 죽자 다시 자의대비가 어떤 상복을 입을 것인가를 놓고 논쟁이 벌어졌다(1659년 참조). 효종을 적장자로 본다면 인선왕후는 장자의 부인이기 때문에 시어머니인 자의대비는 1년복(기년복)을 입는 것이 예법에 맞다. 그러나 만일 효종이 여전히 적장자가 아니라고 본다면 자의대비는 9개월짜리 대공복을 입어야 한다. 제1차 예송 때처럼 남인은 왕과 신하가 달라야 한다면서 1년복을 주장하고, 서인은 왕족이나 신하나 똑같다며 9개월복을 주장했다. 예조는 처음에는 1년복을 받아들였다가 9개월복으로 번복했다.

그러자 현종은 9개월복으로 결정한 것은 자기 아버지인 효종을 적장자가 아니라고 깎아내리는 행위라며 분노했다. 왕은 일반인과 달라 보위에 오르면 적장자가 된다고 하는 남인의 주장을 받아들인 것이다. 그리하여 왕족을 사대부와 동등한 예법으로 대하려 했던 송시열 등 서인은 대거 쫓겨나고 남인이 정권을 잡게 됐다. 이처럼 예송 논쟁은 단순히 예법에 대한 시비를 가리는 논쟁이 아니라 왕과 신하의 관계를 어떻게 볼 것인가 하는 문제로 남인과 서인의 정치관이 충돌한 역사적 사건이었다.

인선왕후 필적
인선왕후는 병자호란 후 봉림대군(효종)과 함께 심양에서 8년간의 볼모 생활을 하고 돌아와 세자빈이 되었다.

1674년 현종이 죽고 19대 숙종(재위 1674~1720)이 왕위에 오르다

1680년 경신환국(경신대출척)으로 서인이 정권을 잡다

숙종이 허적, 허견 등의 남인이 주도하는 정국의 판을 바꿔 남인을 몰아내고 김수항을 영의정으로 하는 서인 정권을 세웠다. 경신년에 일어난 정국의 전환이라는 뜻에서 '경신환국'이라고 불린다. 허적과 허견이 서인들을 죽이고 역모를 꾀했다는 것이 표면적인 이유지만, 외교적인 목적도 있었다고 한다.

중국에서 명나라 잔당인 오삼계, 정금 등이 반란을 일으키자 숙종은 노골적으로 북벌 정책을 추진했다. 대흥산성을 쌓고 기구를 정비하며 화약을 만들기 위한 염초를 다량으로 들여왔다. 청나라에는 타이완에서 일어난 정금이 조선과 힘을 합쳐 공격해 올 것이라는 소문이 파다했다. 정금도 청군과 교전할 때 병사들에게 조선군의 군복을 입히기도 했다. 그러나 오삼계가 죽고 그의 손자인 오세번도 청나라군에게 쫓기는 등 중국 내 반청 세력이 눈에 띄게 약해지자, 숙종은 청나라가 북벌 계획을 추궁할까 두려워졌다. 그리하여 눈 가리고 아웅 식으로 속죄양을 찾아 당시 조정의 실세였던 남인들을 대거 몰아내는 정국의 반전을 단행했다는 것이다.

대흥산성 북문 축대
개성시 박연리에 있는 산성. 출토된 기와들로 보아 고려 시대에 처음 쌓은 것으로 보이며, 1676년(숙종 2)에 크게 보수했다. 성의 둘레는 10.1킬로미터, 높이는 4~8미터이다.

유럽

1672년 프랑스 · 네덜란드전쟁이 시작되다

프랑스가 네덜란드 상품에 관세를 매기자 네덜란드도 지지 않고 프랑스 상품에 관세를 매겼다. 이를 빌미로 프랑스 왕 루이 14세가 네덜란드에 쳐들어가면서 프랑스·네덜란드전쟁이 시작됐다. 전쟁은 1678년까지 계속됐으나 네덜란드가 강력히 저항하고 덴마크, 에스파냐, 잉글랜드 등이 네덜란드 지원에 나서자 프랑스는 정복을 단념하고 강화를 맺었다. 루이 14세는 이후에도 계속해 유럽 곳곳에서 전쟁을 벌이면서 프랑스의 재정에 큰 부담을 안긴다.

아시아

1673년 삼번의 난이 일어나다

청나라의 중국 정복에 큰 공을 세웠던 한족 출신 장수 오삼계가 '삼번의 난'을 일으켰다. 각지의 한족 세력이 이에 호응하면서 반란이 확대됐으나 1681년 청나라에 의해 진압됐다. 청나라는 이후 한족들의 반란을 억제하기 위해 강력한 사상 통제 정책을 실시하게 된다.

유럽

1676년 잉글랜드에 그리니치 천문대가 세워지다

유럽

1677년 스피노자가 사망하다

네덜란드의 철학자 바뤼흐 스피노자가 사망했다. 그는 신이란 따로 없고 자연이 곧 신이라 주장했다. 즉 자연법칙이 신의 섭리고, 그것은 이성을 통해서만 파악할 수 있다는 것이다. 스피노자는 여기서 한발 나아가 인간조차도 자연의 일부이므로 인간을 자연과 분리시켜 생각할 수 없다고 여겼다. 이 점에서 그는 자연을 이용의 대상으로만 파악했던 동시대의 사상가들과 대조적이었다. 스피노자의 사상은 근대적 합리주의[1]가 한계를 드러낸 20세기에 새로운 각광을 받게 된다.

유럽

1678년 잉글랜드에 휘그당과 토리당[2]이 등장하다

잉글랜드에 두 당파가 등장했다. 부유한 시민들을 중심으로 한 휘그당과 대지주를 중심으로 한 토리당이다. 두 정당은 계속 대립하면서 점차 정치적 색채가 뚜렷해졌다. 휘그당은 시민들의 자유를 옹호하는 자유주의 노선을 걷기 시작했고, 토리당은 귀족들의 권익을 보호하는 보수주의를 추구했다. 두 정당은 서로를 견제하며 번갈아 정권을 잡아 영국의 정당 정치를 발전시켰다. 19세기에 이르러 휘그당과 토리당은 각각 자유당과 보수당으로 이름을 바꾸고 공식적인 정치 강령을 만들어 근대 정당[3]으로 발전한다.

그리니치 천문대
1884년 국제 회의에서 세계 경도의 기준으로 정해졌다.

1 근대적 합리주의 | 합리적 효율성의 극대화를 추구하는 태도. 합리적이고 효율적인 것이 무조건 옳은 것으로 간주되면서 '비효율적인 것들(예컨대 신체적, 지적 약자)'에 대한 폭력이 심해지는 경향이 나타나자 이에 대한 반성이 20세기 철학의 중요한 주제로 떠오른다.

2 휘그당과 토리당 | 휘그당은 제임스 2세를 지지하고 토리당은 반대했다. 제임스 2세는 크롬웰 정부가 지나친 독재로 인기를 잃자 1660년 잉글랜드 사람들이 왕으로 추대한 찰스 2세의 후계자였다.

3 근대 정당 | 근대 정당이란 대중적인 정치 이념을 지향하고 그에 맞는 풀뿌리 조직을 갖춘 정당을 말한다. 최초의 근대적 정당은 1792년 만들어진 미국의 민주공화당이다.

토리당과 휘그당의 힘겨루기를 묘사한 1789년의 풍자 만화

1683년 **서인이 노론과 소론으로 갈라지다**

경신환국(1680년 참조)으로 정권을 장악한 서인이 남인에 대한 태도를 놓고 노론과 소론으로 갈라졌다. 노론의 대표인 송시열과 소론의 대표인 윤증은 본래 스승과 제자이고 친인척 간이었다. 경신환국 전에 남인인 윤휴가 성리학을 절대적인 진리로 볼 수 없다며 주자의 해석을 비판하자, 송시열은 윤휴를 '사문난적'[1]으로 몰았다. 반면 윤증의 아버지 윤선거는 그런 견해도 있을 수 있다는 태도를 보였다. 윤휴는 경신환국 때 남인이 몰락하면서 사약을 받고 죽었다.

윤선거에 대해 화가 풀리지 않은 송시열은 윤선거가 죽었을 때 윤증이 아버지 묘비명을 부탁하자 비아냥거리는 글을 써 주었다. 그러자 윤증은 송시열이 '의리쌍행(義利雙行, 명분과 실리가 따로 노는 것, 즉 언행일치가 안 됨)'한다며 비난하는 글을 썼다. 송시열이 충청도 회덕(懷德)에 살고 윤증이 이성(尼城)에 살았기 때문에 둘 사이의 대립을 '회니시비(懷尼是非)'라 한다.

이처럼 남인 윤휴에 대한 태도에서 비롯된 송시열과 윤증의 갈등은 결국 서인의 분당으로 이어졌다. 서인인 김석주가 남인에 대한 과격한 처벌을 주장하자 이를 지지한 송시열 편을 노론이라고 하고, 반대한 윤증 편을 소론이라 했다.

1 사문난적(斯文亂賊) | 유교의 교리를 어지럽히고 사상에 어긋나는 언행을 하는 사람. 조선 후기에는 교리 자체를 반대하지 않아도 주자의 해석에 따르지 않으면 사문난적으로 몰렸다.

숙종과 인현왕후의 무덤과 인현왕후를 지키는 무인상
경기도 고양시 서오릉에 있는 명릉. 숙종, 인현왕후, 인원왕후(숙종의 제2계비)를 함께 묻은 곳.

2 소의 | 조선 시대에 왕의 후궁에게 내린 품계. 내명부의 하나로 빈·귀인 다음가는 자리이며 정2품이다.

3 원자 | 아직 세자에 책봉되지 않은 임금의 맏아들

1689년 **희빈 장씨 아들이 원자가 되고, 남인이 집권하다**

숙종이 총애하던 소의[2] 장씨가 낳은 아들을 원자로 정하고 소의 장씨는 희빈으로 승격했다. 숙종과 왕비인 인현왕후 사이에는 아들이 없었다. 희빈 장씨는 역관 집안의 딸로 남인의 지지를 받고 있었으며, 인현왕후는 서인 편이었다. 나이 들어 청주 화양동에 내려가 살던 서인 송시열은 상소를 올려 왕비가 있는데 후궁의 아들을 원자[3]로 세우면 안 된다고 주장했다. 그러자 화가 난 숙종은 송시열을 제주도에 귀양 보냈다가 한성으로 불러올리고는 도중인 정읍에서 사약을 내렸다. 또한 서인들을 주요 관직에서 몰아내고 권대운, 김덕원 등 남인을 대거 등용했다. 이를 '기사환국'이라 한다.

숙종은 이듬해(1690년) 인현왕후를 평민으로 강등시켜 내쫓고 희빈 장씨를 왕비로 올렸으며 원자를 세자로 책봉했다.

유럽

1685년 프랑스 왕 루이 14세가 낭트칙령을 철회하다

프랑스 왕 루이 14세가 위그노(신교도)들의 종교 자유를 허용한 낭트칙령(1598년 참조)을 철회했다. 네덜란드, 잉글랜드, 스웨덴 등 신교 국가들과 계속 전쟁하면서 국내의 위그노를 불신하게 됐기 때문이다. 이에 약 40만 명의 위그노가 네덜란드 등지로 도피했는데, 이들은 대부분 숙련된 장인이나 상인들이었다. 이 사건으로 프랑스 경제는 상당한 타격을 입는다.

베르사유궁전
1682년부터 루이 14세가 궁전으로 쓰기 시작했다. 절대왕정의 전성기에 지어진 대규모 궁전으로, 한때 3만 명이 살았다고 한다.

유럽

1688년 잉글랜드에서 명예혁명이 일어나다

가톨릭교도인 잉글랜드 왕 제임스 2세가 의회를 억누르고 가톨릭 부흥 정책을 추진했다. 이에 의회는 제임스 2세를 폐위하고, 그의 딸인 메리와 메리의 남편인 네덜란드의 윌리엄 3세를 공동 왕으로 추대했다. 이 사건은 도중에 죽은 사람이 아무도 없었다 해서 '명예혁명'이라 불리게 된다.

이듬해인 1689년 의회는 새로운 왕에게 「권리장전」을 작성해서 승인 받았다. 「권리장전」은 의회에 대한 왕의 간섭을 철저하게 차단한 것으로, 의회의 동의 없이 세금을 거두거나 상비군을 유지할 수 없다는 것, 왕은 국교회에 속한다는 것, 의원의 선출에 왕이 관여할 수 없다는 것, 의회 내의 언론 보장 등을 내용으로 했다. 「권리장전」은 영국 입헌군주제가[1] 확립되는 시기의 가장 중요한 문서로 꼽힌다.

의회는 「권리장전」 승인 후에도 이를 보충하기 위해 계속해서 후속 법안을 제정했다. 종교의 자유를 허용한 관용법(1689년), 3년마다 총선거가 실시되도록 한 3년회기법(1694년), 판사의 임기 보장(1701년의 왕위계승법에 포함) 등이 그것이다. 이러한 일련의 개혁으로 17세기 내내 계속된 왕과 의회의 줄다리기는 의회의 완승으로 끝난다.

1 입헌군주제 | 군주의 권력이 헌법에 의해 일정한 제약을 받는 정치 체제

아시아

1689년 청나라와 러시아가 네르친스크조약을[2] 맺다

유럽

청나라와 러시아의 국경선을 표시한 1796년의 지도

1690년 로크가 『시민정부론』을 쓰다

잉글랜드의 철학자 존 로크가 명예혁명을 정당화할 목적으로 『시민정부론』을 썼다. 여기서 그는 홉스의 사회계약설을 발전시켜 정부가 시민의 재산·생명·자유를 보장하는 것도 계약에 포함된다고 주장했다. 로크는 나아가 정부의 권력 남용을 막을 방안도 제시했는데, 2권분립론이 그것이다. 로크의 2권분립론은 1748년 프랑스의 계몽사상가 몽테스키외에 의해 오늘날의 3권분립론으로 발전한다.

2 네르친스크조약 | 17세기에 러시아가 시베리아로 팽창하면서 청나라와 자주 충돌하자 이를 막기 위해 두 나라 사이의 국경선을 확정한 조약

1691년 **사육신이 복권되다**

조카인 단종을 강제로 몰아내고 왕이 된 세조에게 항거했던 사육신(1457년 참조)이 죽은 지 200여 년 만에 명예를 회복하고 관직을 되찾았다. 숙종은 이들에게 '민절(愍節, 애타는 충절)'이라는 사액(賜額)을 내렸다. 이에 따라 노량진 동산에 있는 이들의 묘소 아래 '민절서원(愍節書院)'을 세우고 신위(神位)를 모셔 제사를 지내게 했다.

사육신 묘
서울특별시 동작구 노량진동. 1691년 (숙종 17) 민절서원(愍節書院)을 세우고 1782년(정조 6) 신도비를 세웠다. 원래 성삼문박팽년이개유응부만 묻혔으나, 훗날 하위지유성원김문기의 가묘를 추가했다.

인현왕후가 복위하고 남인이 몰락하다
1694년

서인인 김만중이 숙종의 인현왕후 폐위를 비판하는 내용을 담아 소설 『사씨남정기』를 쓰고 죽었다(1692년). 숙종은 이를 읽고 자신이 희빈 장씨에게 눈이 멀어 인현왕후를 대궐 밖으로 쫓아낸 일을 후회하기 시작했는데, 때마침 서인 김춘택이 인현왕후(폐비 민씨) 복위 운동을 벌였다. 남인 민암 등은 이를 반대하며 김춘택 등을 체포했다. 그러나 숙종은 도리어 민암의 행위를 미워하고 김춘택의 뜻에 공감해, 인현왕후를 복위시키고 왕비 장씨를 다시 희빈으로 강등시켰다. 뒤이어 남인들이 몰락하고 서인 정권이 다시 펼쳐지니, 이를 '갑술환국'이라 한다.

희빈 장씨는 후궁에 신당(신령을 모셔 놓은 집)을 짓고 인현왕후가 빨리 죽기를 기도하다가, 숙빈 최씨가 이를 알고 숙종에게 일러바쳐 1701년 사약을 받는다. 숙빈 최씨는 무수리[1] 출신으로 인현왕후 밑에 있다가 인현왕후가 쫓겨난 뒤 궁궐에서 모진 구박을 받았다. 그러던 중 인현왕후의 복위를 기도하는 모습이 숙종의 눈에 띄었고, 이를 어여쁘게 여긴 숙종의 승은을 입었다. 갑술환국 후 숙종과의 사이에 연잉군(훗날의 영조)을 낳은 뒤 숙빈으로 올라갔다. 세자의 어머니인 희빈 장씨와 연잉군의 어머니인 숙빈 최씨는 정치적 라이벌이었다. 서인 가운데 노론은 희빈 장씨가 왕비에서 쫓겨난 이상 그녀의 아들인 세자도 바꾸어야 한다며 숙빈 최씨와 연잉군을 밀었고, 소론은 한 번 정한 세자를 바꿔서는 안 된다며 희빈 장씨와 세자 편을 들었다. 희빈 장씨가 죽은 뒤 이러한 노론과 소론의 당쟁은 더욱 격렬해진다.

1 무수리 | 고려·조선 시대에 궁중에서 청소 따위의 잔심부름을 담당하던 계집종

희빈 장씨묘
경기도 고양시 서오릉에 있는 무덤. 대빈묘라고도 한다. 희빈 장씨는 조선 역사상 유일하게 궁녀의 신분으로 왕비 자리까지 오른 입지전적인 인물이다.

유럽

1694년 **잉글랜드은행이 설립되다**

네덜란드(1609년), 스웨덴(1664년)에 이어 잉글랜드에서도 중앙은행(잉글랜드은행)이 만들어졌다. 잉글랜드은행은 국가의 공식 화폐로 인정된 은행권(1661년 참조)을 지속적으로 발행하면서 이후 중앙은행들의 원형을 이룬다.

잉글랜드은행이 설립된 것은 왕이 마주한 재정난 때문이었다. 의회가 왕과의 힘겨루기에서 승리하면서 왕은 군대를 유지할 돈을 마련하기 어려워졌다. 왕은 어쩔 수 없이 민간 금융업자로부터 돈을 빌렸는데 그 대가로 금융업자에게 잉글랜드은행 설립을 인가하고 그곳에서 발행하는 은행권을 국가의 공식 화폐로 인정한 것이다.

잉글랜드은행은 이후 왕의 자금 공급자로서 정치와 경제 모두에 막강한 영향력을 행사한다. 잉글랜드는 잉글랜드은행을 통해 막대한 자금을 동원할 수 있게 되면서 유럽 다른 나라들에 비해 군사적 우위를 확고하게 다진다.

1 중앙은행 해당 국가의 일반 은행들에 돈을 빌려 주며 시중에 유통되는 돈의 양이나 이자율 등을 결정하는 은행. 한 국가의 금융 정책을 총괄하는 기능을 한다.

아시아

1695년 **고증학자 황종희가 사망하다**

고염무, 왕부지 등과 더불어 청나라 초기의 대표적 고증학자인 황종희가 사망했다. 황종희는 명나라 부흥 운동에 참가했다가 부흥 운동이 실패로 끝난 뒤 고향으로 돌아가 명나라의 몰락 원인과 청나라의 문제점 등에 대해 연구했다. 현실적인 정치 문제에서 출발한 그의 학문은 무척 실용적이고 사회 비판적이었는데 이는 청나라 초기 고증학[2]의 주요한 특징이 된다.

2 고증학 송나라~명나라 때의 유학이 지나치게 추상적이고 관념적이었다는 데 대한 반성에서 나온 청나라 때의 학문 경향. 실용적이고 실증적이었으며 서양 학문도 많이 받아들였다. 우리나라의 실학에도 큰 영향을 끼쳤다.

유럽

1697년 **러시아의 표트르 1세가 서유럽을 돌아보다**

러시아의 차르 표트르 1세가 서유럽 배우기에 나섰다. 여전히 중세적 봉건 질서에 빠져 있는 러시아의 후진성을 극복하고 서유럽의 발달된 문물을 익히기 위해서였다. 그는 일반인으로 변장하고 직접 기술을 익힐 정도로 열성적이었다. 귀국 후 강력한 중앙 집권 정책과 서구화 정책을 추진한다. 이러한 표트르 1세의 개혁 덕분에 러시아는 변방의 후진국에서 벗어나 유럽의 새로운 실력자로 떠오른다.

전통 러시아 복장을 한 알렉세이(왼쪽)와 서유럽식 복장을 한 표트르 1세(오른쪽) 표트르 1세는 서구화 정책을 적극적으로 추진했다. 이는 그의 아버지 알렉세이의 복장과 그의 복장을 비교해 보면 분명히 알 수 있다.

유럽

1700년 **북방전쟁이 일어나다**

스웨덴이 발트해 일대에 세력을 확장하자 이를 못마땅하게 여긴 폴란드, 덴마크, 러시아가 전쟁을 선포했다. 초기에는 스웨덴이 우세했으나 전열을 가다듬은 러시아가 결국 승리한다(1721년). 이 전쟁으로 러시아는 발트해의 패권을 장악해 서방으로 진출할 통로를 얻는다.

가노라 三角山(삼각산)아,
다시 보쟈 漢江水(한강수)야.
故國山川(고국산천)을 떠나고쟈 하랴마난,
時節(시절)이 하 殊常(수상)하니
올동말동하여라.[1]

나라에서 유학자가 싫으면
안 쓰면 그만이지 죽일 것은
무엇인가?[2]

[1] 병자호란 때 예조 판서로서 척화 항전을 주장하던 김상헌이 패전 후
청나라로 끌려가며 지은 시조
삼각산은 북한산의 다른 이름이다. 김상헌은 1645년 소현세자와 함께 귀국한
뒤 고향에 내려가 살다가 효종 때 좌의정을 지내며 뜻을 굽히지 않은 척화파로
이름을 날렸다. 김천택이 엮은 시조집 『청구영언(靑丘永言)』에 실려 전한다.

[2] 남인 사상가 백호 윤휴가 사약을 받으며 한 말
윤휴는 58세의 나이로 벼슬길에 올라 성리학을 비판적으로 재검토하다 송시열
등 서인에 의해 사문난적으로 몰렸다. 윤휴가 서인과 대립각을 세운 것은
이 같은 사상적인 측면만이 아니라 현실 정치에서도 마찬가지였다. 송시열
등 서인의 북벌론은 정신적 북벌론의 측면이 강했다. 오랑캐인 청나라가
중화의 나라 명나라를 멸망시켰으니 이제 조선이 유일한 중화의 나라라는
'조선중화론'이 정신적 북벌론의 내용이었다. 이때 조선의 주인은 의리와
명분을 강조하는 성리학에 가장 정통한 서인 사대부가 된다. 그런데 윤휴는
실질적인 북벌을 주장하고 국가 제도의 개혁과 전쟁용 수레의 제작 등을
건의했다. 윤휴의 주장대로 정말 북벌에 나서면 권력이 국왕에게 집중되고
사대부들도 일정한 희생을 치르지 않을 수 없다. 서인을 위협한 것은 윤휴의
사상보다 그에 근거해 서인의 기득권을 위협하는 정치적 행동이었다.

에페수스의 영광은 그 신전 Roemt Ephesus op haer kerk

티레는 그 시장이자 항구 Tyrhus op haer markt en haven

바빌론은 그 성벽 Babel op haer metzel werk

멤피스는 그 피라미드 Memphis op haer siptze gaven,

로마는 그 제국 Romen op haer heerchappy

온 세상이 나를 칭송한다. Al de werelt roemt op my [1]

이성의 빛 속에서
과학이 마침내 걷었네,
무지의 구름을.[2]

천자가 옳다고 하는 바가 반드시 옳은
것은 아니다. 천자가 그릇됐다고 하는 바가
반드시 그릇된 것은 아니다. (……) 천하를
위해야지 군주를 위해서는 안 된다.
만민을 위해야지 한 성씨를 위해서는
안 된다.[3]

1 암스테르담 증권 거래소의 현판
온 세상의 영화로운 것을 모두 자기 것으로 하겠다는 포부를 담은
암스테르담 증권 거래소의 현판이다. 일확천금을 꿈꾸며 국제 무역에 뛰어든
네덜란드인들의 야망이 고스란히 드러나 있다. 암스테르담 증권 거래소는 국제
무역상들과 일반 투자자를 연결해 주는 곳으로, 이곳에서 무역상들의 경제적
모험심은 네덜란드인 전체에 전염됐다.

2 에드먼드 핼리가 쓴 뉴턴의 『프린키피아』 초판 서문에서
뉴턴의 『프린키피아』는 과학 발전에 큰 영향을 끼쳤을 뿐 아니라 당대의
사회 사상가들에게도 큰 충격을 줬다. 뉴턴의 장례식에 참석한 이들 중에는
프랑스의 저명한 계몽사상가 볼테르도 끼어 있었다. 과학은 미신과 인습에
대항하는 최고의 도구로 인식됐고, 부당한 권위에 저항하고자 하는 이들은
이성이라는 새로운 무기로 무장했다.

3 황종희, 『명이대방록』에서
무능한 황제 때문에 명나라가 몰락하는 것을 지켜본 황종희는 황제 한 사람이
전적으로 권력을 휘두르는 정치 구조에 근본적인 의문을 품었다. 그의 대표작
『명이대방록(明夷待訪錄)』의 제목에서 '명이'란 '밝은 태양이 땅속으로 빨려
들어간 상태'를 의미하고, '대방'은 '새 시대를 갈망하며 기다린다'는 뜻이다.
청나라 초기의 고증학에는 이처럼 전통 사상을 비판하고 혁신적인 사고를 담은
것이 많았다. 황종희는 동양의 루소로 불린다.

18 세 기

1701~1800

영·정조가 왕도 정치를 추진하고,
서유럽에서 산업혁명과 시민혁명이 일어나다

——ㅣ——

18세기의 한국과 세계

영·정조가 왕도 정치를 추진하고, 서유럽에서 산업혁명과 시민혁명이 일어나다

16세기 말부터 150년간 계속되던 붕당 정치는 노론의 승리로 막을 내렸다. 영조는 노론의 지지를 받아 왕위에 올랐지만, 붕당 정치를 극복하고 왕권을 강화하기 위해 노력했다. 뒤를 이은 정조 역시 왕과 백성이 직접 소통하는 '왕민 정치'의 확립을 위해 나아갔다. 영조와 정조가 왕으로 있던 18세기는 학문과 문화 예술이 함께 꽃피고 서학과 서양의 과학 기술이 들어오면서 새롭고 다양한 생각이 넘쳐나던 문화의 황금기였다.

같은 시기에 청나라도 강희제, 옹정제, 건륭제로 이어지는 강력한 황제 치하에서 번영을 누리며 전통문화를 정리해 나갔다.

서유럽에서도 동아시아에 못지않은 문화의 발전이 일어나고 있었다. 특히 18세기 서유럽의 문화를 앞장서서 이끄는 사람들은 소수 지배층이 아닌 시민 계급이라는 점에서 동아시아와 달리 젊고·패기가 넘치는 특징을 가졌다. 이들은 산업혁명으로 자본주의 경제를 발전시키면서 의회 민주주의라는 정치 체제를 이룩하기 위한 시민혁명으로 달려가고 있었다.

1701년 **희빈 장씨가 사약을 받다**

희빈 장씨가 사약을 받고, 그의 지지 세력이던 남인이 몰락했다(1694년 참조).

1703년 **병역 문제를 처리하는 양역이정청을 설치하다**

양인[1] 장정이 군대에 가지 않는 대신 국가에 내는 베의 부담을 줄이는 조치가 내려졌다. 조선의 병역 제도는 본래 징병제였으나 임진왜란 이후 모병제로[2] 바뀌어 갔다. 그 대신 국가와 지방 군현은 군대에 가지 않는 장정들에게 베(군포)를 받아 살림에 보탰다. 그런데 시간이 갈수록 이 같은 군포를 불공정하게 이중 삼중으로 받는 사례가 늘어났다. 양인 중에서도 양반은 군포를 면제 받고 가난한 농민에게 는 부담이 가중됐다. 게다가 죽은 사람에게도 군포를 징수하는 '백골징포', 15세 이하의 어린이에게도 군포를 징수하는 '항구첨정' 등 비리가 들끓었다. 이를 바로잡고 백성의 부담을 줄이기 위해 양역이정청을 설치한 것이다.

양역이정청은 이듬해인 1704년 군포 개혁 방안을 내놓아 군대를 가지 않는 모든 양인 장정에게서 원래 정한 원칙대로 똑같이 군포 2필을 받도록 감독하도록 했다. 이 조치는 영조 때 균역법의 기초가 된다(1750년 참조).

1 양인 | 조선의 신분제는 본래 양천제로, 천민을 제외한 백성은 농민과 양반을 가리지 않고 모두 양인으로 분류됐다.

2 징병제와 모병제 | 일정한 나이에 이른 장정을 모두 군대에 징집하는 것이 징병제, 지원하는 사람만 군대에 가는 것이 모병제이다.

모내기와 보리타작
벼와 보리를 한 논에서 그루갈이하는 모습을 묘사한 19세기 민화. 독일 게르트루트 클라센 소장.

16세기와 18세기의 관개 시설 비교

경상도　전라도　충청도

16세기
18세기

18세기는 이모작의 시대

조선 후기의 대표적인 농업 서적인 『농가집성』(1655)은 그루갈이를 권장하고 있다. 그루갈이(이모작)란 같은 땅에서 한 해에 두 번 농사짓는 것을 말한다. 논에서 이모작을 하려면 겨우내 논에다 보리나 밀을 재배하는 동안 따로 못자리를 만들어 모(쌀의 싹)를 키운다. 그리고 음력 4, 5월에 보리를 수확한 논에다 물을 대고 그곳에 모를 옮겨 심고 벼로 키우는 것이다. 이를 '모내기'라 한다. 이렇게 하면 농업 생산량을 늘릴 뿐 아니라 못자리에서 잘 자란 모만 옮겨 심을 수 있기 때문에 질 좋은 곡식을 재배할 수 있다.

논의 그루갈이가 시작된 것은 고려 말기의 일이었지만 조선 전기까지는 널리 보급되지 않았다. 논에다 물을 대면 병충해가 돌 수 있고, 그렇게 되면 한 해 농사를 망칠 수 있기 때문에 권장되지 않았던 것이다. 정부는 대신 '건답직파(마른 논에 직접 볍씨를 뿌려 재배하는 것)'를 권장했다. 그러나 조선 후기 들어 모내기 기술이 발달한 데다, 소작농이 모내기를 하면 논에서 재배한 보리에 대해서는 소작료를 내지 않기 때문에 더욱 활성화됐다.

한편 모내기가 발달하면서 밭에서도 이모작이 늘어났다. 이른 봄에 콩, 팥, 수수 등을 심고 늦여름에 무, 배추 따위를 심는 것이다. 이렇게 1년에 두 번이나 경작을 하면 논밭의 영양분이 빨리 없어지게 되므로, 영양분을 보충하는 거름(비료)도 주기 시작했다. 거름은 여러 가지가 있지만 보통 똥오줌을 재와 섞어 만든 것을 최고로 쳤다.

써레
모를 옮겨 심기 전 논을 고를 때 쓰는 도구. 소의 멍에에 연결해 잡아 끌었다.

똥장군과 오줌장군
거름으로 쓸 똥과 오줌을 담는 통이다.

유럽

1701년 **에스파냐왕위계승전쟁이 발발하다**

합스부르크왕가 출신의 에스파냐 왕 카를로스 2세가 후사 없이 죽자 프랑스 왕 루이 14세가 자신의 손자를 에스파냐 왕으로 세웠다. 여기에는 에스파냐의 아메리카 식민지를 프랑스의 세력 아래 두고자 하는 의도가 있었다. 이를 두고 볼 수 없었던 잉글랜드와 네덜란드는 합스부르크왕가와 손을 잡고 새로운 에스파냐 왕을 세우고자 했다. 두 진영은 전쟁에 돌입했고 전황은 대체로 프랑스 측에 불리하게 전개됐다. 결국 1714년 전쟁이 끝났을 때 프랑스는 아메리카 식민지의 상당 부분을 잃고 유럽 내에서의 패권적 지위를 잃어버린다.

유럽

1707년 **그레이트브리튼 연합왕국이 성립하다**

잉글랜드 의회와 스코틀랜드 의회가 합병에 동의해 '그레이트브리튼 연합왕국(지금의 영국)[1]'이 성립했다. 잉글랜드와 스코틀랜드는 스코틀랜드 왕이었던 제임스 6세가 잉글랜드 왕위(제임스 1세)를 물려받은(1603년) 이래 동일 군주의 지배를 받고 있었다. 그러나 공식적으로는 각각의 의회를 지닌 별개의 왕국이었다. 스코틀랜드가 잉글랜드와의 완전 합병에 동의한 것은 17세기 후반 유럽 열강들의 패권 다툼이 격렬해지면서 독자적으로 생존하기 어려움을 깨달았기 때문이다.

유럽

1709년 **영국에서 최초의 저작권법이 만들어지다**

영국에서 세계 최초의 저작권법인 '언급된 기한 동안 저자나 출판물의 구매자에게 출판물의 권리를 인정함으로써 학습을 장려하기 위한 법(약칭 '앤 여왕의 법령')'이 제정됐다. 이 법의 목적은 단순히 저자들의 권리를 인정하는 것만이 아니라, 출판 사업의 독점을 막아 지식이 널리 공유되도록 하는 데 있었다. 당시 영국의 출판업은 '서적 출판업 조합(1557년 결성)'이 독점하고 있었으며, 이들은 책을 마음대로 검열하고 저자에게 인세를 주지도, 책을 재출간할 권리도 인정하지 않았다. 앤 여왕의 법령은 14년간 저자의 저작권을 인정하고, 출간된 책은 의무적으로 영국의 주요 도서관에 기증하도록 했다. 저작권법의 도입으로 저술 의욕이 향상되고 지식이 활발하게 확산되면서 영국 학문은 더욱 발전하게 된다.

유럽

1709년 **영국에서 코크스가 발명되다**

영국에서 석탄[2]을 개량한 연료인 코크스가 개발됐다. 코크스는 석탄이 탈 때 나는 연기를 줄여 쓰기 좋게 만든 것이다. 이후 제철 산업 등에서 많이 활용되며 영국의 공업 발전에 기여한다.

1 **그레이트브리튼 연합왕국** | '영국'은 본래 잉글랜드의 번역어지만 이 책에서는 1707년 이전의 잉글랜드왕국을 가리킬 때는 잉글랜드로, 1707년 이후의 그레이트브리튼 연합왕국을 가리킬 때는 '영국'으로 나누어 표기했다.

그레이트브리튼 연합왕국의 국기(왼쪽)
잉글랜드의 국기(중앙)와 스코틀랜드의 국기(오른쪽)를 합쳐 만들었다. 오늘날의 영국 국기인 '유니온 잭'은 여기에 1801년 합병된 아일랜드 국기까지 겹쳐 놓은 것이다.

2 **석탄의 역사** | 석탄은 이전의 주된 연료였던 목재에 비해 훨씬 효율이 좋았지만 채굴이 어려워 널리 쓰이지 못했다. 그러나 고온이 필요한 제련업이 발달하면서 석탄에 대한 수요가 늘자 석탄 채굴 기술이 점점 발전했다. 유럽에서는 18세기 말 증기기관 개량으로 석탄 채굴 기술에 일대 혁신이 일어났고 석탄을 공업 연료로 쓰게 되면서 산업혁명이 가능해졌다.

1711년 **북한산성을 새로 쌓다**

숙종의 명령으로 다시 쌓기 시작한 북한산성 공사가 6개월 만에 완료됐다. 북한산성은 백제의 수도 하남위례성을 지키던 성곽으로 132년(개루왕 5)에 처음 쌓았고, 고려 때에도 다시 쌓은 바 있다. 조선은 임진왜란과 병자호란 때 도성을 빼앗긴 경험이 있어서 북한산성을 튼튼하게 다시 쌓자는 논의가 일찍부터 있었다. 각 지방에 거점을 두고 방어하던 국방 개념이 수도를 집중적으로 방어하는 개념으로 바뀐 것이다.

그러나 약 9500미터에 이르는 험준한 산성을 쌓는 것은 웬만한 경제력과 동원력이 없으면 불가능했다. 숙종 때 다시 쌓았다는 것은 조선이 전쟁의 상처로부터 벗어나 경제적, 사회적 재건에 성공했다는 징표였다. 북한산성은 유사시 임금이 피난할 곳으로 쌓았으나 이후 태평성대를 누리게 된 조선에서 그런 일은 일어나지 않았다.

북한산성
서울과 경기도 고양시에 걸쳐 있으며 사적 162호로 지정됐다. 면적이 560제곱킬로미터에 이른다.

1712년 **백두산정계비를 세우다**

조선과 청나라 사이의 국경을 확정하기 위해 양국 대표단이 백두산에서 만나 정계비(국경을 정하는 비)를 세웠다. 백두산을 만주족의 발상지라 하여 신성하게 여긴 청나라는 국경을 정확히 하자며 오라총관('오라'는 현 중국 지린성의 한 고을) 목극등을 파견했다. 조선은 접반사 박권을 보냈다. 그러나 목극등은 박권을 제쳐 둔 채 조선의 실무자들만 데리고 백두산 정상에서 남동쪽으로 4킬로미터 떨어진 해발 2200킬로미터 지점에 비석을 세웠다. 이 비석에는 "서쪽으로는 압록강, 동쪽으로는 토문강이 있으니, 그 분수령 위에 돌을 세우고 기록한다"라는 글귀가 새겨졌다.

이후 '토문강'의 위치를 놓고 양국 사이에 분쟁이 일어난다. 조선은 토문강을 쑹화강의 지류로 보고 그 남쪽인 간도를 조선 영토로 여겼고, 청나라는 토문강을 두만강으로 보고 그 북쪽의 간도가 청나라 영토라고 주장했다.

간도
1882년(고종 19) 조선과 청나라 사이에 간도 영유권 회담이 열린 이래 분쟁은 계속됐다. 1905년 을사조약으로 대한제국의 외교권을 강탈한 일본은 만주 철도 부설권을 얻기 위해 청나라의 간도 영유권을 인정해 주었다.

1720년 **숙종이 죽고, 20대 경종**(재위 1720~1724)**이 즉위하다**

희빈 장씨가 죽고 남인이 숙청된 뒤 노론과 소론은 각각 연잉군(숙빈 최씨의 아들)과 세자(희빈 장씨의 아들)의 편을 들었다. 노론은 희빈 장씨의 아들인 세자를 폐하고 연잉군을 후계자로 삼아야 한다고 주장하고, 소론은 세자를 지지했다. 숙종이 죽고 세자가 왕위에 오르면서 일단 소론이 승리한다.

유럽

1711년 **뉴커먼이 증기 기관을 만들다**

영국의 대장장이 토머스 뉴커먼이 증기 기관을 만들었다. 광물 채취를 위해 땅을 깊게 파면 물이 자꾸 고이는 문제가 생긴다. 뉴커먼의 증기 기관은 이 물을 퍼 올리기 위해 고안된 것이었다. 이 증기 기관은 18세기 말까지 수백 대가 제작돼 상업적으로 성공을 거뒀다. 그러나 작업량에 비해 연료 소모가 커 산업에 크게 이바지하지는 못했다. 18세기 후반의 제임스 와트는 뉴커먼의 증기 기관을 대폭 개선해 산업혁명의 신호탄을 올리게 된다.

뉴커먼의 증기 기관

유럽

1714년 **영국에서 하노버왕조가 시작되다**

영국 스튜어트왕조의 마지막 왕인 앤이 후사 없이 죽자 독일인인 하노버 선제후[1] 게오르그가 영국 왕 조지 1세로 추대됐다. 이로써 하노버왕조의 막이 오른다. 조지 1세는 영국 왕실의 먼 친척이긴 했으나 독일에서 태어나 자랐기 때문에 영국에 대한 정치 지식은커녕 영어조차 할 줄 몰랐다. 이에 그는 정치를 대신들과 의회에 전적으로 맡겼는데 덕분에 내각책임제(1721년 참조)가 싹트게 된다.

1 선제후 | 신성로마제국에서 황제 선출권을 가진 제후

유럽

1714년 **라이프니츠가 「단자론」을 쓰다**

독일 철학자 고트프리트 라이프니츠가 철학 논문인 「단자론」을 썼다. 단자란 세상을 구성하는 개별적인 입자들로, 신이 태초에 정한 원리를 따라 끊임없이 움직이면서 서로 교류해 세상의 모든 현상을 만들어 낸다고 주장했다. 기계론적 결정론을 설파한 그의 철학은 인간의 자유 의지까지도 과학적 논리로 이해하려는 근대적 세계관의 형성에 많은 영향을 준다.

2 지폐 유통의 지연 | 미시시피 회사 사장과 프랑스 중앙은행 총재를 겸임한 존 로는 미시시피 주식을 사려는 사람들에게 지폐를 무제한으로 발행하여 주가 상승을 부채질했다. 이 때문에 프랑스에서는 지폐에 대한 불신이 한동안 팽배한다.

아시아

1716년 **중국에서 『강희자전』이 완성되다**

『강희자전』
오늘날 쓰이는 자전의 원조 격이다.

유럽

1719년 **미시시피 거품 사건과 남해회사 거품 사건이 일어나다**

프랑스의 아메리카 식민지 개척 회사인 미시시피회사에 투기꾼들이 몰리면서 주가가 40배가량 치솟았다. 그러자 영국에서도 미시시피회사를 본뜬 남해회사가 창립돼 투기 붐이 일었다. 두 회사의 주식 거품은 각각 1719년과 1720년에 꺼지면서 양국에 엄청난 경제적 혼란을 안겼다. 프랑스에서는 이 사건의 후유증으로 지폐의 유통이 수십 년간 지연됐으며,[2] 영국에서도 주식회사의 설립을 규제하는 '거품법'이 제정돼 자유로운 경제 활동이 제약을 받았다.

'수탉'이 끄는 수레에 올라 탄 존 로
미시시피 거품 사건을 풍자한 1719년의 만화. 사건의 주범인 경제학자 존 로가 유럽에서 풍요를 상징하는 수탉들에 이끌리고 있다. 그러나 수탉 꼬리를 잘 살피면 그것이 실은 변장한 악마라는 사실을 발견하게 된다.

영조 영정
조선 시대 임금 가운데 실
물 초상화가 남아 있는 것
은 태조와 영조 둘뿐이다.

1 왕세제 | 왕의 동생으로 왕
위를 계승할 사람

2 탕평책 | 탕평이라는 말은
『서경』에 실린 '무편무당왕도
탕탕, 무당무편왕도평평(無
偏無黨王道蕩蕩, 無黨無偏王
道平平)'이라는 글에서 유래
했다. 탕평책을 처음 실시한
왕은 숙종이었으나 효과를 거
두지 못했다.

이인좌의 난 진압 창의비
충청북도 청주시 상당산성
입구에 세워져 있다.

1721년 **연잉군(영조)이 왕세제에 책봉되다**

정언 이정소가 왕(경종)의 건강이 좋지 않고 아들이 없다는 이유로 이복동생인 연잉군(숙빈 최씨의 아들)을 왕세제에 책봉할 것을 건의했다. 영의정 김창집, 좌의정 이건명, 중추부판사 조태채, 중추부영사 이이명 등 '노론 4대신'은 이를 적극 추진하면서 인원왕후(숙종의 계비)에게 지원을 요청했다. 우의정 조태구 등 소론은 시기상조라며 반대했으나 노론의 뜻대로 연잉군은 왕세제[1] 자리에 올랐다.

그러나 노론이 한발 더 나아가 왕이 허약하니 왕세제가 대리청정하는 것이 좋겠다고 주장하자, 소론은 왕의 권위를 깎아내리는 것이라며 반격에 나섰다. 이 일로 노론 4대신은 탄핵을 받고 귀양길에 올랐다(신축옥사).

이듬해인 1722년 소론은 남인 목호룡을 시켜 노론이 경종을 시해하려 했다고 고발해 노론 4대신을 비롯한 60여 명을 처형하고 170여 명을 처벌한다(임인옥사). 사건 조서에는 왕세제도 혐의가 있는 것으로 기록돼 왕세제는 자리에서 물러날 뜻까지 밝혔다.

1724년 **경종이 죽고 21대 영조(재위 1724~1776)가 즉위하다**

임인옥사(1721년 참조)를 둘러싸고 소론과 노론이 한 치 앞을 내다보기 어려운 당쟁을 벌이는 와중에 병약한 경종이 죽었다. 왕세제 자리를 내놓을 위기에 몰렸던 연잉군은 왕위에 올라 한숨 돌리게 됐다. 이 때문에 경종이 독살당했다는 소문이 돌았다. 치열한 당쟁 속에 즉위한 연잉군(영조)은 붕당의 대립을 줄이고 인재를 고루 등용하는 '탕평책'[2]을 국정의 목표로 삼는다.

1728년 **이인좌의 난으로 소론이 붕괴하다**

경종이 죽고 영조가 즉위하자 세력이 위축된 박필현, 이인좌 등 소론 일부가 반란을 일으켰다. 그들은 영조가 숙종의 아들이 아니며 경종을 독살하는 데 관계했다면서 경종의 복수를 부르짖었다. 이인좌는 청주성을 함락하고 서울로 진격하다가 안성에서 관군에게 패했다. 청주성의 잔당도 박민웅이 이끄는 창의군에게 무너졌다.

이인좌의 난을 진압하는 데는 병조판서 오명항 등 소론 인사들도 참여했으나, 이후 정국의 주도권은 노론에게 넘어간다.

그러나 이듬해인 1729년 영조는 노론이든 소론이든 자신의 탕평책을 따르는 '완론파'만 등용한다는 '기유처분'을 내리고 왕권 강화에 나선다.

유럽

1721년 영국에서 내각책임제가 확립되다

남해회사 거품 사건(1719년 참조)으로 내각의 주요 지도자들이 대거 실각하자 로버트 월폴이 단독으로 정치 실권을 장악하고 최초의 총리[2]가 됐다. 휘그당 소속이었던 그는 정부의 주요 요직에 자신의 측근인 휘그당 출신 의원들을 앉혔다. 이로써 의회는 그동안 영국의 법률 제정 권한만을 지녔던 것에서 한발 나아가 정치에 직접적인 영향력을 행사하게 된다.

월폴 시대에 확립된 이러한 정치 형태는 내각책임제라 불리게 된다. 내각책임제란 의회의 다수당이 내각(정부)의 각료들을 임명하는 정치 방식을 말한다. 선거를 통해 다수당이 된 정당이 정부를 장악하기 때문에 국민의 의사를 정치에 반영하는 민주주의 정치가 가능하다. 그러나 월폴 시대에는 선거 제도가 불완전하고 다수당의 횡포를 효과적으로 견제할 만한 장치가 없어 내각책임제가 다수당의 독재 도구로 전락하는 경우가 많았다. 내각책임제가 진정한 민주적 정치 제도가 되는 것은 1784년의 총선거나 1832년의 선거법 개정 등의 험난한 과정을 거친 뒤다.

유럽

1724년 가브리엘 파렌하이트가 수은 온도계를 발명하다

아시아

1725년 백과사전인 『고금도서집성』이 완성되다

아시아

1729년 지정은제가 전국적으로 실시되다

청나라의 5대 황제인 옹정제가 지정은제를 전국적으로 확대 실시했다. 지정은제는 1716년 강희제가 광동 지방에서 시범적으로 실시한 조세 제도로, 세금의 부과 기준을 사람[3]에서 토지로 일괄적으로 바꾼 것이다. 중국의 역대 왕조들은 재산에 상관없이 모든 사람(또는 가구)에게 일정한 양의 세금을 부과했으므로, 부자들로부터 많은 세금을 거둘 수 없었고 가난한 농민들에게는 크나큰 부담을 안겼다. 특히 농민들이 세금 부담을 피하기 위해 도망치는 경우가 많았기 때문에 농업이 쇠퇴하고 국가 경제가 엉망이 되는 일이 잦았다. 지정은제는 이러한 문제점을 해결한 획기적인 세금 제도로, 일반 농민들의 세금 부담을 줄이고 대지주들로부터 더욱 많은 세금을 거둘 수 있게 했다. 지정은제가 대지주들의 반발을 누르고 성공적으로 시행될 수 있었던 것은 당시 청나라 황제의 힘이 막강했기 때문이다.

1 내각 | 영국 왕의 자문 기관이었던 추밀원에서 발전한 기관으로, 국가의 정치를 관장하는 최고 합의 기관

2 총리 | 내각의 우두머리. 총리란 칭호가 처음 사용된 것은 1874년 출범한 디즈레일리 정부 때부터였지만 일반적으로 로버트 월폴을 영국의 실질적인 첫 총리로 본다.

파렌하이트의 묘비에 부착된 수은 온도계
파렌하이트는 수은 온도계를 만들면서 화씨 온도도 만들었다. 1743년 스웨덴의 안데르스 셀시우스는 지나치게 복잡한 화씨 온도를 대체하기 위해 섭씨 온도를 만든다.

『고금도서집성』의 목차 부분
『고금도서집성』(1만 권)은 1408년 완성된 명나라의 『영락대전』(2만 권)과 더불어 오늘날까지도 위키피디아를 제외하면 세계 최대의 백과사전으로 남아 있다. 세밀한 항목 분류로 이용하기 쉽게 만든 것이 특징이다. 사진은 1915년 간행된 판본

3 사람을 기준으로 부과하는 세금(인두세) | 국가에 바치는 노동력인 요역이나 거기서 파생된 세금. 중국의 전통적인 세금은 크게 재산세에 해당하는 토지세와 인두세에 해당하는 요역이 있었다.

1733년 **영조가 거듭 금주령을 내리고 가혹한 형벌을 폐지하다**

영조가 잇따른 개혁 정치를 펼치는 가운데 검약과 절제를 강조하며 전국에 술을 빚거나 팔지 말라는 금주령을 내렸다. 전국에서 굶주리는 백성이 7만 명을 넘었다고 할 만큼 나라 형편이 어려워지자 사치 풍조를 엄금하기도 했다.
한편 지나치게 잔인한 형벌을 폐지하도록 해 죄인의 몸에 인두로 낙인을 찍는 낙형을 금지하고, 1740년에는 얼굴에 글자를 새기는 '자자(刺字)'도 금지한다.

1734년 **정선이 〈금강전도〉를 그리다**

조선 전기에는 안견의 〈몽유도원도〉처럼 산수화를 그릴 때 선비들이 동경하는 중국의 풍경을 그리는 것이 관행이었다. 그러나 조선 후기 들어 조선의 '진경(실제 경치)'을 그리는 진경산수화의 시대를 활짝 연 화가가 있었으니, 겸재 정선이다. 그는 여행을 즐겨 금강산을 수없이 다녀온 뒤 절세의 명승인 이 산의 1만 2000봉을 하나의 화폭에 담는다는 웅대한 구상을 했다. 물론 금강산을 있는 그대로 그려서는 한 장의 그림으로 다 표현할 수 없다. 방법을 궁리하던 정선은 자신의 기억 속에 담겨 있는 금강산을 하나의 둥근 원 속에 담아내는, 위대한 단순화에 성공했다.

「금강전도」
겸재 정선의 걸작인 이 그림을 잘 실피면 금강산의 몽우리들이
태극의 구도 안에 배치되어 있음을 알 수 있다.

유럽

1733년 **케이가 방직기를 발명하다**

영국의 기술자 존 케이가 방직기인 '나는 북(flying shuttle)'을 발명했다. 덕분에 두 사람의 방직공이 하던 작업을 한 사람이 할 수 있게 됐다. 방직 작업의 효율성이 개선되자 천의 원료인 실에 대한 수요가 늘었고, 이는 다시 새로운 방적 기계의 발명으로 이어진다.[1] 18세기 영국 공업에서의 기술 혁신은 이처럼 면 공업에서 집중적으로 이뤄졌다.

면 공업은 17세기에 에스파냐가 쇠퇴하고 영국이 해외 무역의 주도권을 장악하면서 대표적인 수출 산업으로 자리 잡았다. 특히 아메리카에서 노예가 생산한 값싼 목화를 수입해 면으로 가공한 후 아메리카에 되팔았기 때문에 수익이 높았다. 면 공업이 발달하면서 그와 관련된 기계 공업 등이 덩달아 발전했고, 이는 산업혁명의 직접적인 계기가 된다.

방적기 도입으로 인한 노동 생산성 비교
(100파운드(약 45킬로그램)의 천을 만드는 데 필요한 노동 시간)

18세기 인도 수작업 기술자	50,000시간
1780년 수력방적기	2,000시간
1795년 동력 보조 수력방적기	300시간
현대 방적기	40시간

아시아

1735년 **건륭제가 즉위하다**

청나라 전성기인 '강희·옹정·건륭 연간'의 마지막 황제 건륭제가 즉위했다. 그는 60년에 걸친 긴 통치 기간 동안 국내 정치의 안정, 성공적인 대외 원정, 문화 사업 지원 등을 통해 청나라의 국력을 절정으로 끌어올렸다. 그러나 만년에는 사치가 심해지고 측근들의 부패를 방치해 청나라 쇠퇴의 싹을 키운다. 엄격한 사상 통제 정책으로 청나라의 학문을 침체시켰다는 평가도 받는다.

건륭제
청나라 황실의 궁중 화가로 활약했던 이탈리아 선교사 카스틸리오네가 그린 작품

유럽

1740년 **오스트리아왕위계승전쟁**[2] (1740~1748) **이 일어나다**

유럽

1740년경 **바흐가 「평균율클라비어곡집」을 완성하다**

독일 작곡가 요한 세바스찬 바흐가 평균율[3]클라비어[4]곡집을 작곡했다. 17세기 말 음악 이론가들에 의해 고안된 12평균율을 보급하는 것이 목적이었다. 12평균율이란 한 옥타브를 12등분한 것인데, 오늘날 서양 음악의 표준 음계다.

1781년 제작된 초기의 피아노

1 방적과 방직 | 방적이란 실을 짜는 것을 가리키고, 방직은 실을 엮어 천을 만드는 것을 가리킨다.

2 오스트리아왕위계승전쟁 | 오스트리아의 왕위 계승권을 둘러싼 분쟁이 발단이 돼 일어난 18세기 중반의 국제 전쟁. 전쟁 결과 프로이센이 독일 지방의 주요 강대국으로 떠오르게 된다.

3 평균율 | 유럽에서 평균율 이론을 최초로 주창한 이는 '음향학의 아버지'라 불리는 17세기의 물리학자 마랭 메르젠이었다. 중국에서도 일찍이 평균율 이론이 전개됐다. 명나라의 주재육은 1580년 이상적인 평균율을 계산했다.

4 클라비어 | 피아노의 독일어. 피아노는 1709년경 이탈리아에서 발명됐다.

1741년 **이조전랑 통청법을 폐지하다**

탕평책을 내건 영조가 붕당 정치의 근원으로 지목한 '이조전랑 통청법'을 없앴다. 정5품 정랑과 정6품 좌랑으로 구성되는 이조전랑은, 직급은 높지 않으나 영의정에게도 없는 관리 추천권을 가지고 있었다. 특히 여론을 좌우하고 관리들의 탄핵을 담당하는 홍문관, 사헌부, 사간원 등 언론 3사의 인사권을 완벽하게 장악하고 있어, 각 붕당이 이 자리에 자기 당 사람들을 심으려고 싸우곤 했다. 영조는 바로 이러한 이조전랑의 인사권을 폐지해 당파 싸움을 없애고 왕권을 강화하려 했던 것이다.

1746년 **『속대전』을 편찬하다**

문신 김재로 등이 영조의 명령을 받아 조선의 헌법 격인 『경국대전』의 후속편으로 『속대전』을 완성했다. 『경국대전』의 편제를 따라 이·호·예·병·형·공의 6전으로 분류됐다. 그중에서도 특히 형전에 주안점을 두고 있으며, 형사 사건을 조사할 때 신중히 처리하도록 하고 가급적 관용을 베풀도록 했다.

1750년 **균역법을 실시하다**

양인 장정이 군대를 가지 않을 때 내는 베(군포)를 1인당 1포로 균일하게 정한 균역법이 실시됐다. 임진왜란 이후 군포를 둘러싼 비리는 사회를 혼란케 만드는 일등 주범이었다(1703년 참조).

영조는 사회 기강 확립의 차원에서 균역법을 시행하기로 하고, 양인이라면 지위 고하를 막론하고 누구에게나 균등하게 적용하도록 했다. 균역법은 탕평책(1724년 참조), 청계천 준천과 더불어 영조의 3대 치적으로 꼽힌다.

한편 암행어사로 유명한 박문수는 1749년 호조판서를 지내면서 양역의 폐해를 바로잡아야 한다고 강력히 주장하다 충주목사로 좌천되기도 했다.

암행어사 박문수
소론 출신인 박문수가 임금의 밀명을 받고 지방을 순찰하는 암행어사로 나선 것은 1727년이었다. 당시는 소론이 권력을 쥐고 있을 때로, 박문수는 영남 암행어사로 임명돼 비리 척결에 큰 공을 세웠다.

암행어사의 상징, 마패
암행어사를 비롯한 관리들이 역참에서 말을 갈아탈 때 내미는 증명이다.

아시아

1744년 아라비아에서 와하브 운동이 시작되다

이슬람 법학자인 무하마드 빈 압둘 와하브가 아라비아반도에서 사우드 가문과 손을 잡고 와하브왕국(오늘날 사우디아라비아의 기원이 되는 왕국)을 세웠다. 이로써 와하브 운동의 막이 오른다.

와하브 운동은 이슬람교의 변질에 맞서 『쿠란』의 순수한 가르침으로 돌아가자는 운동이었다. 와하브가 보기에 당시의 이슬람교는 정치 권력과 결탁한 신학자들의 자의적 교리 해석 때문에 타락해 있었다. 신학자들의 권위를 부정하고 오직 『쿠란』 만을 권위의 원천으로 삼자는 그의 주장은 이슬람 지배층에 대한 저항이기도 했다. 와하브 운동은 이후 오스만튀르크제국이나 유럽 열강의 수탈에 맞서는 아랍인 들의 민족주의 운동으로 발전한다.

유럽

1748년 몽테스키외가 『법의 정신』을 쓰다

프랑스의 계몽주의 사상가 샤를 몽테스키외가 『법의 정신』을 썼다. 여기서 그 는 프랑스 왕의 권력 독점을 비판하고 로크의 2권분립론을 발전시켜 3권분립론 (1690년 참조)을 제안했다.

계몽주의란 이성의 힘으로 편견과 미신을 극복하고 세계가 움직이는 원리를 이해 하고자 하는 사상이다. 귀족주의나 종교적 권위를 비합리적인 것이라 여겨 공격했 으며, 인간의 자연적인 욕망을 인정하고 이를 도덕의 출발점으로 삼았다. 18세기 후반 프랑스에서 크게 유행해 프랑스혁명의 이론적 기반을 제공했다.

몽테스키외

유럽

1750년경 영국에서 제2차 인클로저 운동이 시작되다

영국 의회에서 인클로저 운동(1563년 참조)을 지원하기 위한 법안들이 증가하기 시작했다. 18세기 전반과 비교해 후반의 인클로저 관련 법 안은 3배 이상 늘어났다. 이 무렵의 인클로저 운동을 16세기의 그것(제1차 인클로저 운동)과 구분해 '제2차 인클로저 운동'이라 한다.

제2차 인클로저 운동은 농업 자본가들이 농장 경영의 효율성을 높이 기 위해 시행한 것이었다. 당시 영국의 농업은 제1차 인클로저의 영향 으로 다른 나라들보다 상업적 색채가 훨씬 강했다. 대농장주들은 새로운 농업 기술을 끊임없이 실험했는데,[1] 그것은 이윤을 높이기 위해서이기도 했지만 그들 에겐 새로운 시도가 실패해도 먹고살 만큼 여유가 있었기 때문이기도 했다. 결 과적으로 영국의 농업 생산성이 크게 향상됐고 농촌에서 필요 없어진 농민들은 도시로 몰려 대규모의 저임금 노동자층을 형성한다.

울타리가 쳐진 영국의 농촌 풍경
돌담으로 둘러싸인 농장은 오늘날에도 영국 곳곳에서 흔히 볼 수 있다. 이런 풍경은 인클 로저 운동의 결과로 생긴 것이다.

[1] 대농장주의 새로운 기술 실 험 | 영국 대지주들이 유럽 다 른 나라 대지주들보다 혁신에 적극적이었던 이유는 다른 나 라 대지주들의 경우 다양한 귀 족의 특권에 안주하는 경우가 많았기 때문이다. 영국 귀족 들은 다른 나라에 비해 유동성 이 큰 편이었고, 대지주들이 반드시 귀족 출신도 아니었다.

1751년 **선비가 살기 좋은 곳을 제시한 『택리지』가 간행되다**

정치에 염증을 느끼고 선비가 살 만한 곳을 찾아 전국을 답사한 이중환이 그 결과를 『택리지』라는 한 권의 책에 담아냈다. 이중환은 '살기 좋은 곳의 조선으로 땅이 기름질 것(지리), 생활에 도움을 줄 것(생리), 인심이 좋을 것(인심), 경치가 뛰어날 것(산수) 등 네 가지를 들었다. 그가 추천하는 명소는 대체로 강의 중상류 지역을 끼고 있는 시골 마을이고, 전쟁이 나더라도 난리를 피할 수 있으면 더 좋다고 했다. 특히 이중환이 이상적인 터전으로 생각한 곳은 지리적 조건뿐 아니라 유교 문화가 잘 자리 잡은 경상도 안동 부근의 하회, 예안, 도산이었다. 『택리지』는 왕조가 백성을 통치할 목적으로 편집된 이전의 지리책과 달리 사람들의 실제 생활에 도움을 줄 목적으로 만들어졌다는 평가를 받는다. 우리나라 지리학과 사회학의 발전에 많은 영향을 주었고, 오늘날 외국에서도 높은 평가를 받고 있다.

1755년 **나주벽서 사건이 일어나다**(을해옥사)

소론에 속하는 윤지가 전라도 나주에서 반역을 모의하다 붙잡혀 처형당했다. 윤지는 영조가 즉위한 뒤 같은 소론인 김일경이 처형당할 때 연루되어 나주로 유배 가 있었다. 김일경은 경종이 임금으로 있을 때 노론이 경종을 시해하려고 했다면서 노론 4대신을 숙청하는 데 앞장선 인물이었다(1721년 참조).

윤지는 노론에게 복수할 마음을 품고 아들인 윤광철, 나주목사 이하징 등과 모의해 동지를 모았다. 여러 차례 일어난 변란으로 벼슬을 할 수 없게 된 소론 계열의 선비들이 그 주변에 모였다. 이렇게 반란 준비를 마친 윤지는 우선 민심을 흔들어 놓을 요량으로 나라를 비방하는 글을 나주 객사에 붙였다(벽서). 이 벽서가 윤지의 소행이라는 것이 발각돼 윤지는 반란을 행동으로 옮기기도 전에 붙잡혀 한양으로 압송됐다. 영조는 이 사건을 직접 심문한 뒤 윤지와 박찬신, 조동정, 조동하 등 주동자들을 사형에 처했다. 이 사건으로 소론의 세력은 더욱 약해졌다.

1760년 **임금의 언동을 『일성록』으로 기록하기 시작하다**

아침부터 밤까지 임금의 모든 말과 행동을 『일성록』에 기록하기 시작했다. '일성록'은 공자의 제자인 증자가 "하루 세 번 내 몸을 돌이켜 살폈다"라고 한 말에서 비롯됐다. 기사마다 제목을 붙이고 '하교(下敎, 임금의 명령)'처럼 중요한 사항은 전부 수록하고, 상소문 따위는 간추려 기록했다. 또 내용에 따라 하늘, 임금의 조상, 임금, 신하 등으로 구분해 읽고 싶은 것을 가려 읽을 수 있게 했다.

『일성록』
국보 제153호로 지정됐다. 1752년부터 기록하기 시작했으나 1760년부터 1910년까지의 기록만 남아 있다.

유럽

1751년 프랑스에서 '백과전서파'가 활동을 개시하다

아메리카

1754년 프렌치인디언전쟁이 발발하다

영국과 프랑스의 북아메리카 식민지 쟁탈전인 프렌치인디언전쟁(프랑스 측 명칭은 '정복전쟁')이 일어났다. 지금의 미국 동부 해안 지역에 근거지를 마련한 영국과, 캐나다 퀘벡 지방에 정착한 프랑스 세력이 북아메리카 대륙의 중앙부로 진출하는 과정에서 충돌한 것이다.

전쟁 초반은 아메리카 원주민('인디언')과 손을 잡은 프랑스가 주도했다. 그러나 유럽 대륙에서 7년전쟁이 일어나 양국의 재정적 부담이 심해지자 경제력이 우세한 영국이 전세를 역전시켰다. 1763년 파리조약으로 프랑스가 북아메리카의 식민지를 영국에 모두 빼앗기면서 전쟁은 막을 내린다. 그러나 영국도 재정적 손실이 막심해 식민지에 무거운 세금을 부과(1765년 참조)하게 되고, 이는 영국과 식민지의 관계를 악화시킨다.

영화 〈라스트 모히칸〉
『라스트 모히칸(원제 '모히칸족의 최후')』은 프렌치인디언전쟁을 배경으로 한 19세기 미국의 소설이다. 영국과 프랑스 사이에 끼어 막대한 피해를 입은 아메리카 원주민의 비극을 그렸다. 1992년 영화로도 만들어진다.

아시아

1757년 영국이 플라시전투에서 승리해 인도의 벵골 지방을 장악하다

영국 동인도회사가 인도 북동부의 플라시 평원에서 프랑스의 지원을 등에 업은 벵골 태수를 물리쳤다. 이로써 벵골 지방을 통해 인도에 진출하려던 프랑스의 야망은 꺾이고, 영국은 본격적인 인도 정복의 발판을 마련했다.

당시 인도는 무굴제국이 쇠퇴하면서(1658년 참조) 각지의 태수들이 독립했다. 게다가 인도 남부에서는 마라타동맹 등 반(反)무굴 세력이 일어나 혼란을 부채질했다. 이런 상황은 인도에서 세력 확장을 꾀하던 영국에 더할 나위 없는 기회를 제공했다. 영국은 인도의 지방 정권들과 동맹을 맺고 적대 세력을 하나씩 제거하는 방법으로 세력을 조금씩 확장해 나간다.

영국 세력권 ■■■ 프랑스 세력권

프렌치인디언전쟁 발발 무렵 북아메리카의 형세
지도에서 프랑스의 영역은 1763년의 파리조약으로 영국에 모두 흡수된다.

유럽

1758년 '분류학의 아버지' 린네가 이명법을 제시하다

스웨덴의 식물학자인 칼 폰 린네가 『자연의 체계(초판 1737년)』 개정판에서 학자들이 비슷한 동식물을 손쉽게 파악할 수 있도록 하기 위해 이명법을 제시했다. 이명법이란 동식물의 학명을 정할 때 동물 자체의 이름인 종명 옆에 그 종의 소속을 밝히는 속명을 함께 적는 것을 가리킨다. 예를 들어 인간을 가리키는 '호모 사피엔스'에서 '호모'는 속을, '사피엔스'는 종을 가리킨다. 어떤 동물이 어떤 속에 들어가는지를 밝히기 위해 그는 생물들의 특성을 분석해 체계적인 동식물 분류법을 만들었다. 린네의 분류학은 자연에 대한 분석적인 접근을 가능케 했다는 점에서 과학 발전에 획기적인 기여를 했다고 평가받는다.

1 7년전쟁(1756~1763) | 오스트리아와 프로이센의 분쟁이 발단이 돼 일어난 유럽의 국제 전쟁. 전쟁에 깊숙이 개입한 영국과 프랑스의 재정에 큰 부담을 안겼다.

2 벵골 태수 | 당시 인도 북동부 벵골 지방의 실질적 지배자였다.

융건릉
1899년(광무 3) 고종은 장헌세자에게
임금에 해당하는 장조라는 시호를 바
치고, 현륭원을 임금의 무덤급인 융릉
으로 고쳤다. 융릉 옆에는 장헌세자의
아들 정조의 무덤인 건릉이 있다.

휘령전(지금의 창경궁 문정전)
사도세자를 뒤주에 가둬 죽인 곳이다.

1 고구마 | 원산지는 멕시코
를 비롯한 라틴아메리카 중남
부 지역으로 짐작된다. 크리
스토퍼 콜럼버스가 아메리카
대륙에 도달했을 때 원주민들
이 널리 재배하고 있었으며,
콜럼버스가 에스파냐에 전했
다. 여기서 다시 필리핀, 중국
등 아시아로 퍼져 나갔다.

1762년 사도세자가 뒤주에서 굶어 죽다

영조가 세자를 뒤주에 가둔 채 방치해 세자가 8일 만에 굶어 죽었다. 세자는 노
론의 영수인 영의정 홍봉한의 딸 혜경궁 홍씨와 혼인하고, 어릴 때부터 열심히
학문을 닦아 매우 총명하다는 평가를 받았다. 그러나 소론 계열의 학자들로
부터 학문을 배우고, 신축·임인옥사 때 노론이 잘못했다고 비판하는 바람
에 일찍부터 노론의 경계를 받았다.

세자는 1749년(영조 25) 영조의 명을 받고 정사를 대신 돌보게 되면서 주변의
경계와 심리적 압박을 받았다. 1762년 김한구, 윤급 등은 영의정 홍봉한의
세력을 끌어내릴 작정으로 윤급의 종인 나경언을 시켜 세자의 잘못 열 가지
를 영조에게 고하도록 했다(나경언의 상변).

영조는 나경언을 충직한 사람으로 보고 보호하려 했으나 남태제, 홍낙순
등이 세자를 모함한 대역죄인으로 몰아가자 하는 수 없이 나경언의 목을
베었다. 영조는 사태를 수습하기 어렵다고 판단해 세자를 휘령전으로 불러
자결할 것을 명령했다. 세자가 이를 듣지 않고 살려 달라고 애원하자, 영조
는 그를 뒤주 속에 가두고 아무도 꺼내 주지 못하게 했다. 세자가 죽자 영조
는 '사도(애도한다는 뜻)'라는 시호를 내리고 장례에 참여해 자신의 행동을 후
회하며 울었다. 훗날 왕위에 오른 사도세자의 아들 정조는 아버지를 '장헌
세자'로 추존하고 동대문에 있던 묘를 수원으로 옮겨 현륭원으로 고친다.

1763년 김수장이 『해동가요』를 편찬하다

『청구영언』(1728년), 『가곡원류』(1876년)와 함께 조선 3대 노래 모음집으로 꼽히는
『해동가요』가 편찬됐다. 작자 중심으로 편집해 작자를 알 수 있는 곡은 이름을
밝히고 알 수 없는 곡은 '무명씨'로 분류했다.

1763년 조선통신사 조엄이 일본에서 고구마[1]를 들여오다

1770년 백과사전인 『동국문헌비고』가 발간되다

조선의 문물제도를 분류 정리한 백과사전이 『동국문헌비고』라는 이름으로 출간
됐다. 총 100권으로, 중국 원나라 때 편찬된 『문헌통고』의 예를 따라 예(禮), 악(
樂), 병(兵), 형(刑) 등으로 분류했다. 고종 때 이를 보완해 『증보문헌비고』 250권
이 간행된다.

유럽

1762년 러시아에서 예카테리나 2세[1]가 즉위하다

유럽

1762년 장 자크 루소가 『사회계약론』을 쓰다

아시아

1763년 『홍루몽』의 작가 조점이 사망하다

몰락한 사대부 출신으로 저잣거리에서 시와 그림을 팔아 생계를 꾸리던 작가 조점이 『홍루몽』을 쓰던 중 40대의 나이에 죽었다. 그러나 다른 작가들이 뒷부분을 이어 쓰면서 작품은 1791년 마침내 세상에 나오게 된다. 고리타분한 문어체에서 벗어나 구어체를 사용함으로써 생동감 있는 인물 묘사에 성공했고, 대중 사이에서 폭발적인 인기를 끌었다. 오늘날 중국 전통 소설의 최고 걸작으로 꼽힌다.

『홍루몽』의 한 장면

유럽

1763년 프로이센에서 의무교육법이 제정되다

프리드리히 2세[2]가 세계 최초의 의무교육법[3]을 제정했다. 5~13세 사이의 아동들이 의무적으로 학교에 다니도록 하고, 국가가 공인한 교사가 교육을 맡으며, 교과서에 대한 규정을 두었다. 이로써 프러시아 사람들은 적어도 공식적으로는 모두 똑같은 교육을 받고 비슷한 정치 이념을 공유하게 된다.

프로이센이 의무교육법을 만든 것은 당시 독일의 정치 상황과 관계가 있었다. 프로이센은 여러 제후국을 아우른 나라로, 제후들의 힘을 누르고 통일적 권력을 수립하기 위해 교육으로 국민의 사상을 통일할 필요가 있었다.

의무교육 제도는 시민혁명[4]과 산업혁명을 거치면서 유럽 전역에 확산된다. 산업발달로 조직적인 노동이 확산되면서 노동자 능력의 표준화가 요구됐기 때문이다.

19세기 학교의 획일적인 풍경
의무교육법으로 설립된 초기의 공립학교들은 아동의 인격 함양보다는 규율과 국가 이념을 주입시키는 것이 주된 목적이었다. 따라서 교사들의 폭력이 난무했고 주입식 교육이 주를 이뤘다.

유럽

1764년 제임스 와트가 증기 기관 개량에 착수하다

(110~111쪽 참조)

아메리카

1765년 영국이 아메리카 식민지를 대상으로 인지세법을 제정하다

영국 의회가 북아메리카 식민지에서 발행하는 모든 상업·법률 문서, 신문, 팸플릿 등에 정부가 판매하는 수입 인지를 부착하도록 하는 인지세법을 제정했다. 식민지에서 더 많은 세금을 거두기 위해서였다. 이 밖에 식민지가 수입하는 상품에 높은 관세를 매긴 설탕법(1764년), 타운센드법(1767년) 등이 연이어 제정됐다. 식민지 주민들은 이 법들로 인해 필요한 수입품을 살 때마다 영국 정부에 많은 세금을 지불하게 됐다. 이로써 식민지 경제는 큰 타격을 받고 영국에 대한 불만이 폭발한다.

---

1 예카테리나 2세(재위 1762~1796) | 계몽 절대 군주를 자처해 법치주의를 도입하는 등 근대화 개혁에 힘썼다. 그러나 한편으로는 측근들에게 토지와 농민을 하사해 후진적인 농노제를 강화하기도 했다.

2 프리드리히 2세 | 프랑스의 계몽사상을 부분적으로 받아들여 '계몽 절대 군주'란 별명을 얻었다. 그가 계몽사상을 수용한 것은 프러시아를 근대화하고 국민들의 지지를 얻어 제후들의 힘을 누르기 위해서였다.

3 당시 의무교육법의 현실 | 당시에는 교육 상황을 감독할 국가의 행정 능력이 약해 실제로 학교에 다닌 아동은 전체의 일부에 불과했다.

4 시민혁명 | 시민 계급 주도로 일어난 혁명. 1789년 프랑스혁명이 대표적이다.

산업혁명, 근대 산업의 문을 열다

18세기

① 농장에 뿌려진 혁신의 씨앗

18세기 초 영국은 유럽에서 가장 부유한 나라였다. 유럽의 다른 나라에 비해 지방 분권적인 봉건제가 일찍 무너지면서 국가적 통일성이 높아졌고, 이에 따라 상인들이 자유롭게 전국을 돌아다니며 거래할 수 있는 환경이 만들어졌다. 상업이 발달하면서 지주들은 농산물을 시장에 내다 팔아 이윤을 얻는 농업 자본가로 성장했다. 이들은 적극적으로 농업 기술을 개선해 영국의 농업 생산성은 유럽 최고 수준을 달리게 된다.

17세기 중반 영국은 네덜란드를 물리치고 유럽의 해상 무역을 장악했고, 식민지 무역의 주도권을 잡아 많은 이익을 얻었다. 다른 나라들과 치열한 무역 경쟁이 벌어지자 정부는 보호 무역 정책을 추진해 영국의 공업을 키웠다. 그러자 농업 자본가들은 공업에도 손을 대기 시작했다. 그들은 인클로저 운동(1750년 참조) 과정에서 쫓겨난 많은 농민들을 저임금 노동자로 부려 먹으면서 많은 돈을 벌 수 있었다. 이렇게 부를 축적한 자본가들은 훗날 대규모 공장을 세우는 데 필요한 자본을 마련하게 된다.

② 명예혁명이 발명가들에게 기회를 주다

1688년 일어난 명예혁명은 자본가들의 세상을 열었다. 자본가들이 의회를 장악하자 영국의 제도는 그들 입맛에 맞게 바뀌기 시작했다. 우선 인클로저에 대한 각종 규제가 철폐됐고, 자본가들의 재산에 대한 법적 보호가 강화됐다. 명예혁명의 이론가 존 로크는 재산권의 근거를 노동이라 주장했다. 이는 자본가들이 자신의 노력으로 얻은 재산을 옹호하고 왕이 강제로 빼앗은 재산을 부정한 것이었다.

노동을 재산권의 근거로 본 로크의 주장은 색다른 이론으로 발전했다. 지적 노동도 노동의 일종이므로 새로운 생각을 내놓은 사람은 그 생각에 대한 소유권을 지닌다는 것이다. 이러한 맥락에서 1709년 저작권법이 제정됐고 비슷한 시기에 특허법도 재정비됐다. 영국에서는 오랫동안 특허권을 얻기 위해서는 왕에게 돈을 바쳐야 했지만, 이제는 새로운 발명품이라는 확인만 받으면 특허권이 인정됐다.

발명가들은 신이 났다. 앞다퉈 돈이 될 만한 아이디어를 짜내기 시작했고 자신의 연구를 후원할 자본가들을 찾아 나섰다. 상업 발달에 편승해 한밑천 잡아 보려던 자본가들 역시 제대로 된 특허 하나 잡으면 팔자를 고칠 수 있다는 생각으로 발명가들을 도왔다.

③ 꼬리에 꼬리를 무는 발명, 발명들

새로운 발명품들이 먼저 빛을 본 것은 당시 비교적 젊은 산업이었던 면 공업에서였다. 케이가 천 짜는 기계인 '나는 북(1733년 참조)'을 발명하자 천의 생산 속도가 빨라진 것이

다. 그러나 천의 원료가 되는 실 생산 속도가 이를 따라잡지 못하자 산업가들은 실을 생산하는 기계에 현상금을 내걸었다. 그렇게 탄생한 것이 1764년의 제니방적기와 1768년의 수력방적기였으며, 이후로도 기계 발명이 이어져 면 공업의 생산력은 기하급수적으로 상승했다. 영국의 면 생산자들은 뛰어난 기술력으로 손쉽고 저렴하게 면을 생산해 세계 각지에 내다 팔아서 막대한 이익을 올렸다. 이 모습을 본 부호들이 너나없이 공업에 뛰어든 것은 두말할 나위가 없다.

1764년, 동력 부문에서 중대한 혁신이 일어났다. 제임스 와트가 효율성이 떨어지는 뉴커먼의 증기 기관(1711년 참조)을 개선해 새 증기 기관을 만들었다. 이 기계는 말 스무 마리가 끄는 힘을 지치지 않고 낼 수 있었다. 증기 기관은 면 공장이나 석탄 광산 등에서 생산력 향상에 이바지했고, 19세기에는 기차의 발명으로 이어져 교통혁명을 낳는다.

④ 돈 드는 기계가 공장을 탄생시키다

그러나 산업혁명이 낳은 최대 혁신은 따로 있었다. 공장제 공업이었다. 가내 수공업 수준에 머물렀던 공업은 이제 공장이라는 새로운 작업장을 만나면서 획기적인 발전을 하게 된다. 공장에서 이뤄지는 분업이 물건 만드는 속도를 수백 배나 끌어 올렸기 때문이다. 『국부론』의 저자 애덤 스미스는 자신이 방문했던 어느 핀 공장을 이렇게 묘사했다. "한 사람이 철사를 뽑고, 다른 사람이 그것을 펴고, 세 번째 사람이 그것을 자르고, 네 번째 사람이 뾰족하게 간다. …… 이렇게 열 사람이 하루에 4만 8000개의 핀을 만드는데, 그들이 각각 핀을 처음부터 끝까지 만들었다면 하루에 스무 개도 만들지 못했을 것이다."

공장이 공업 중심이 된 것은 18세기 후반이었는데, 그 계기는 각종 기계의 등장이었다. 가족 단위의 소규모 작업장에서는 비싼 기계를 살 형편이 못 됐기 때문에 돈 많은 자본가가 기계를 갖춘 대형 공장을 짓고 노동자를 고용한 것이다. 공장 노동자는 단순 작업에만 종사했기 때문에 많은 임금을 요구하기 어려웠고, 자본가가 노동자를 구하기도 쉬웠다. 생산성 향상과 다루기 쉬운 노동자라는 두 마리 토끼를 잡은 자본가들은 큰돈을 벌었다. 그 돈은 다시 새로운 공장을 짓는 데 투입돼 영국의 공업화에 박차를 가한다.

⑤ 영광의 몫은 누구에게

산업혁명 덕분에 인류는 사상 처음으로 빈곤의 굴레에서 해방될 계기를 얻었다. 18세기 말에서 20세기 말까지 약 200년 동안 영국의 1인당 소득은 스무 배 가까이 증가했다. 그러나 혁신의 열매가 모두에게 공평하게 분배된 것은 아니었다. 산업혁명이 절정에 이른 19세기 내내 노동자들의 생활은 크게 나아지지 않았고, 생산력 증가의 성과는 자본가들이 고스란히 가져갔다. 노동자들은 자신의 정당한 몫을 찾기 위해 길고 고단한 싸움에 나서게 된다.

주합루
창덕궁 후원의 부용지 앞에 부용정과 마주 보고 세워져 있다. 1층이 규장각이고 2층은 규장각 도서를 보는 열람실이었다.

1776년 영조가 죽고 22대 정조(재위 1776~1800)가 즉위하다

영조가 죽고 왕세손인 정조가 왕위에 올랐다. 그는 아버지인 사도세자가 어떻게 죽었는지 똑똑히 알고 있었다. 정조가 왕위에 오르기까지는 엄청난 우여곡절이 있었다. 정조의 외할아버지인 홍봉한의 동생 홍인한은 왕세손이던 정조가 자신을 멀리하자 왕세손의 적이 돼 그의 등극을 막고자 안간힘을 썼다. 건강이 나빠진 영조가 왕세손에게 대리청정을 맡기려 했을 때는 왕의 하교를 받아쓰려는 승지를 몸으로 가로막기도 했다.

정조는 즉위하자 효장세자(사도세자의 형, 1762년 참조)를 진종으로 높이고 아버지를 장헌세자로 올렸다. 이렇게 왕실 계통을 정리한 뒤 정조는 바로 홍인한에게 사약을 내리고 홍인한과 함께 자신의 즉위를 저지하려 한 70여 명을 처벌한 뒤 『명의록』을 지어 그들의 죄상을 낱낱이 밝혔다.

정조는 본궁을 경희궁에서 창덕궁으로 옮기고 왕립 도서관인 규장각을 설치했다. 창덕궁 후원에 주합루라는 건물을 짓고 이 건물의 1층을 규장각으로 사용했다. 규장각은 역대 국왕의 시문, 글·그림, 유교(죽기 전에 남긴 가르침) 등을 보관하고 관리하는 곳으로 만들어졌다. 그러나 정조가 규장각을 설치한 목적은 단순히 역대 국왕의 글을 보관하는 데 있지 않았다. 왕권을 위협하는 관리들의 횡포를 억누르고 정치, 경제, 사회 등 여러 가지 문제들을 학문적으로 연구하기 위해 국가적 규모로 각종 도서를 수집하고 보존, 간행하는 데 진짜 목적이 있었다.

정조는 당파를 초월해 학식이 높은 사람을 규장각에 모아 친위 세력으로 키우면서 현실 문제를 비판적으로 검토하게 했다. 1781년(정조 5)부터 시행된 초계문신[1] 제도는 정약용, 홍석주, 김재찬 등 정조를 도와 왕권 중심 정치를 이루어 나갈 엘리트를 키우는 데 적절히 활용됐다.

1 초계문신 | 37세 이하의 당하관(정3품 이하 관리) 가운데 선발해 규장각에서 학문에 전념하도록 한 문신을 이른다.

1778년 박제가가 『북학의』를 쓰다

북학파 박제가가 청나라의 풍속과 제도를 시찰하고 돌아와서 『북학의』라는 기행문을 썼다. 그는 이 책에서 청나라를 오랑캐의 나라로 멸시하지 말고 그 나라의 선진 문물을 받아들여야 한다고 주장했다. 수레를 개선하고 길을 넓혀 상공업을 발달시킬 것을 주장하는 한편, 농업 도구를 개량하고 농업 기술을 발전시킬 것도 적극적으로 권했다.

아시아

1775년 영국과 인도 사이에 마라타전쟁이 시작되다

영국 동인도회사가 인도의 마이소르왕국을 침공한 데 이어 인도 서부의 강대국인 마라타동맹과 전쟁을 시작했다. 근대식 무기를 앞세운 영국의 공격 앞에 1799년에는 마이소르왕국이 패배하고 1818년에는 마라타동맹이 무너진다. 이로써 인도 대부분이 영국의 지배를 받게 된다.

마라타전쟁

아메리카

1775년 미국 독립혁명이 시작되다 (118쪽 참조)

유럽

1776년 스미스가 『국부론』을 쓰다

근대 경제학의 창시자라 일컬어지는 영국의 애덤 스미스가 『국부론』을 썼다. 그는 산업혁명기의 영국 공장들이 보여 준 엄청난 생산력 발전에서 영감을 받아 자본가들이 영리를 추구하는 것을 옹호했다.

그의 경제 이론은 이기심을 인간의 본성으로 본 데서 출발한다. 그는 지금까지 나쁜 것이라고만 여겨졌던 이기심이 실은 사회를 더욱 부유하게 만드는 힘이라 주장했다. 이기적인 사람들이 자기 재산을 늘리기 위해 노력을 하고 지혜를 짜내기 때문이다. 개인들의 이기적인 행위는 '보이지 않는 손'에 이끌려 저도 모르는 새에 사회적으로 유익한 활동이 된다. '보이지 않는 손'이란 시장을 가리키는데, 시장은 부를 늘리기 위한 개인의 노력이 보상을 받고 사회적으로 공유되는 공간이다. 예컨대 좋은 물건을 만들기 위해 노력한 사람은 시장에서 비싼 값에 물건을 팔아 이익을 보고, 그 물건을 산 사람들은 좋은 물건을 얻게 됐으므로 또한 만족한다는 것이다.

스미스의 주장은 국가의 간섭에서 벗어나 눈치 보지 않고 이윤을 추구하고 싶은 자본가 계급으로부터 열렬한 환영을 받았다. 오늘날의 경제학과 경제 정책들은 상당 부분이 『국부론』에 뿌리를 두고 있다.

미국의 독립

1 **근대식 무기** | 영국의 근대식 무기는 전장에서보다 외교관들의 협상 테이블에서 더 강력한 위력을 발휘했다. 인도의 많은 군소 국가들이 영국의 무력 지원을 얻기 위해 영국 편에 섰는데 이것이 승리의 결정적인 요인이었다.

아시아

1777년 『맹자자의소증』의 저자 대진이 사망하다

중국 철학사의 최대 걸작 중 하나로 꼽히는 『맹자자의소증』의 저자 대진이 사망했다. 고증학자였던 대진은 도덕의 원리를 현실 속에서 구해야 한다고 주장하며 주자학의 맹점을 강력하게 공격했다. 또한 대진의 철학은 근대적인 사고방식을 담고 있었으나, 불행히도 다른 고증학자들로부터 별다른 호응을 얻지 못했다. 청나라의 사상 통제가 장기화되면서 고증학이 초기의 혁신성을 잃고 보수화했기 때문이다.

<연경성시도>
1790년(정조 14)에 청나라
수도 연경을 그린 그림

1783년 박지원이 『열하일기』를 완성하다

연암 박지원이 청나라 기행문을 탈고했다. 제목은 『열하일기』이다. 박지원은 친척 형인 박명원을 따라 청나라 고종의 칠순 진치에 갔다가 청나라의 문인, 명사들과 사귀며 그곳의 문물제도를 보고 느낀 점을 여러 분야로 나누어 기록했다. 6월 24일 압록강 국경을 건너는 데서 시작해 요동, 산해관(만리장성의 동쪽 관문)을 거쳐 연경(지금의 베이징)으로 들어간 뒤 다시 청나라 황제의 여름 별장인 열하에 이르는 2개월 여정을 생생하게 묘사했다.

박지원의 대표작이자 조선 시대의 대표적 기행문인 『열하일기』는 한문 문장의 격식을 파괴하는 자유분방한 문체로 보수적인 노론 사대부의 공격을 받기도 했다. 그러나 역사, 지리, 정치, 경제, 사회, 문화 등 폭넓은 분야의 주제를 다룬 데다 북학파의 새로운 사상을 담고 있어 문학사와 사상사에서 중요한 자리를 차지한다.

1784년 이승훈이 조선 최초로 가톨릭 영세를 받다

이승훈이 베이징 천주교당 북당(北堂)에서 예수회 선교사인 루이 드 그라몽 신부에게 영세를 받았다. 그에 앞서 이승훈은 진사 시험에 합격했으나 벼슬길로 나아가지 않고 학문에 전념하다가 가톨릭 신자 이벽을 만나 가톨릭에 심취했다. 가톨릭 서적과 십자가에 매달린 예수 상을 들고 귀국한 이승훈은 1785년 명례방(지금의 서울 명동)에 있는 김범우의 집을 교회로 삼아 주일 미사와 영세를 하면서 전도를 시작했다. 신유박해(1801년 참조) 때 의금부에서 취조를 받고 서소문 밖 형장에서 순교한다. 그 후 그의 자손은 4대에 걸쳐 순교자를 배출한다.

1786년 중인 문인들이 송석원에서 시사를 열다

중인인 천수경을 중심으로 하는 송석원시사가 인왕산계곡에서 열렸다. '송석원'은 인왕산 아래 있는 한양의 명승지이고 '시사'는 시 짓는 기량을 겨루는 모임을 말한다. 천수경, 장혼, 왕태 등 중인 문인들이 매년 봄과 가을, 좋은 날에 송석원에서 시사를 열면 수백 명이 모여들어 시를 지으며 놀았다. 큰 그릇에 먹물을 가득 담고 종이와 비단을 화려하게 꾸몄는데, 시축(시를 적는 두루마리)의 높이가 사람 키만 했다. 시사는 본래 양반들의 모임이었는데 조선 후기 들어 중인들의 경제적 능력이 향상되면서 문화적 욕구도 커져 중인끼리 벌이는 시사가 유행한 것이다. 이러한 중인의 문학 운동을 항간에서는 '위항 문학 운동'이라 한다. '위항(여항)'이란 꼬불꼬불한 골목길로 이어진 가난한 동네를 일컫는 말로 중인층을 가리킨 표현이다.

송석원시사의 풍경
김홍도가 그린 <송석원 야연>

유럽

1781년 칸트가『순수이성비판』을 쓰다

독일 지방의 철학자 임마누엘 칸트가『순수이성비판』을 썼다. 책의 주제는 보편적인 도덕[1]의 성립 가능성을 탐구하는 것이었다.

칸트는 모든 사람이 공통으로 지닌 이성을 보편적 도덕의 출발점으로 삼았다. 그의 윤리관은 근대 법학 이론에 많은 영향을 준다.

유럽

1781년 실러가『군도』를 쓰다

독일 지방에서 22세의 젊은 극작가 프리드리히 실러가『군도』를 발표했다. 이 작품은 당시까지도 독일 지방을 지배하던 낡은 봉건 윤리에 신음하던 독일 젊은 이들의 분노를 표출한 작품이다. 격정적인 줄거리와 대사에 자유를 향한 갈망을 담아 '질풍노도 운동[2](슈투름 운트 드랑)'의 대표작이 됐다.

아시아

1782년『사고전서[3]』가 완성되다

아메리카

1783년 파리평화조약으로 미국 독립이 승인되다 (118~119쪽 참조)

유럽

1783년 라부아지에가 연소의 비밀을 풀다

근대 화학의 창시자라 불리는 프랑스의 앙투안 라부아지에가 물체가 타는 원리를 밝혀냈다. 그는 금속을 불에 태운 후 무게를 재는 실험을 통해 불탄다는 것은 물체가 산소와 결합할 때 나오는 격렬한 반응이라는 것을 보였다. 그때까지의 사람들은 불 자체를 하나의 원소로 여기고 있었다. 라부아지에의 실험은 화학 반응에 대한 이해를 쇄신해 '화학혁명'을 불러온다.

1782년 파리평화조약에 서명하고 있는 양측 대표들

유럽

1789년 벤담이『도덕과 입법의 원리 서설』을 쓰다

영국의 철학자 제러미 벤담이 공리주의 철학을 표방한『도덕과 입법의 원리 서설』을 썼다. 그는 인간의 행복을 증진시키는 활동이 곧 선이라는 입장에서 '최대 다수의 최대 행복'을 도덕의 궁극적인 목표로 삼자고 제안했다. 개인적으로는 도덕적인 행위라도 그것이 '최대 다수의 최대 행복'으로 연결되지 않으면 옳지 못한 행동이라 주장했다. 이러한 입장은 사회적 공공선 개념의 시초라 일컬어진다.

유럽

1789년 프랑스혁명이 일어나다 (118~119쪽 참조)

1 보편적 도덕 | 보편적인 도덕의 탐구는 위계적인 중세 윤리관을 대체할 공평한 사회 운영의 원리를 찾던 당시의 계몽 사상가들에게 중요한 문제였다. 특히 여러 소국으로 분열돼 있던 독일에서는 '통합'의 근거가 되는 보편적 도덕을 세우는 것이 무엇보다 절실했다.

2 질풍노도 운동 | 18세기 후반 젊은 작가들을 중심으로 독일 지방에서 일어난 문학 운동. 독일의 봉건 질서와 계몽주의 지식인 특유의 독단적 이성주의를 모두 거부하고 감정의 해방을 부르짖었다. 낭만주의의 형성에 큰 영향을 끼쳤다.

3 『사고전서』| 중국의 서적을 모두 모아 정리한다는 명목으로 간행된 총서. 총 7만 9582권에 이르는 방대한 분량으로 7부가 인쇄됐다. 청나라가『사고전서』를 간행한 진짜 목적은 시중의 서적을 수집해 내용을 검열하는 것과, 편찬에 참여한 한족 지식인들의 문화적 욕구를 달래 정부에 대한 비난을 줄이는 것, 이 두 가지였다고 한다.

『원행을묘정리의궤』 중
'배다리' 부분
정조는 어머니 혜경궁 홍씨
를 모시고 화성으로 행차할
때 한강에 설치한 배다리를
건넜다. 이 배다리 역시 조
선 후기 과학 기술의 정수
가 담긴 작품이었다.

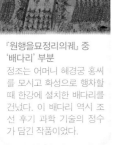

화성의 서북공심돈
화성의 일부로, 이전까지 조선의 건축에
서 쓰이지 않던 벽돌을 사용해 쌓았다.

1 거중기 | 무거운 물건을 들
어 올리는 쓰이는 기구로 정약
용이 고안했다.

1791년 **민간의 상업 활동을 허용하다**(신해통공)

좌의정 채제공의 건의에 따라 시전의 금난전권을 폐지하는 조치가 내려졌다. 금난전권이란 난전, 즉 민간 상인을 금지할 수 있는 권리를 말한다. 그동안 국가의 허락을 받은 시전들은 상업 활동을 독점하고 민간인이 사사로이 물건을 사고파는 행위를 금지할 권리를 갖고 있었다. 조선 중기 이후 상업 경제가 발달하면서 도시로 흘러들어온 농촌 빈민들은 생계 수단으로 행상을 했는데, 시전들이 바로 이 금난전권을 내세워 이들의 생계를 위협함에 따라 심각한 사회 문제가 된 것이다. 이에 따라 정부는 육의전을 제외하고는 시전들이 금난전권을 행사하지 못하도록 했다. 이에 따라 민간 상업이 활성화되면서 중기 이래 발달해 왔던 조선의 상업은 한 단계 도약할 계기를 맞게 됐다.

1795년 **중국인 신부 주문모가 한양에 들어오다**

청나라 신부 주문모가 북경 주교 구베아의 명을 받고 조선에 들어왔다. 한양에 숨어 지내면서 포교 활동을 벌이다 1801년 신유박해 때 처형당한다(1801년 참조).

1796년 **화성을 완공하다**

정조가 장헌세자(사도세자)의 무덤을 수원으로 옮긴 뒤 그 부근에 짓도록 지시한 화성(華城)이 착공 2년 8개월 만에 완공됐다. 한국의 전통 성곽은 평상시의 생활 공간인 평지성과 유사시 대피 공간인 산성의 이중 체제로 돼 있었는데, 화성은 그 두 가지 기능을 하나로 통합했다. 팔달산 능선을 따라 한양을 방어하는 군사 기지의 성격을 가지면서도 기슭에 임금이 머물 행궁과 상거래가 이루어지는 시장을 만들어 일상생활을 할 수 있도록 했다.

화성은 그때까지 조선에 소개된 동서양의 건축 기술을 다 활용해 예상보다 짧은 기간에 완성된 신도시였다. 거중기[1], 도르래 등 최신 도구가 사용되고 일부 성벽 건물은 한국의 전통 성곽에는 없었던 벽돌을 사용해 마무리하기도 했다. 따라서 화성은 전통적인 성곽 건축 기술과 최신 기법을 아울러 만든 성곽 건축의 백미로 평가되고 있으며, 정조 때 무르익은 조선 후기 문화의 결정판으로 여겨진다.

화성은 또한 사도세자의 묘가 있는 곳에 지어져 왕권 강화를 추구하는 정조의 정치적 목적에 이용됐다. 정조는 종종 화성에 행차해 효심을 과시하는 한편 임금과 백성이 사대부의 중개 없이 직접 소통하는 '왕민(王民) 정치'를 추구했다. 화성이 마무리돼 가던 1795년에는 정조가 어머니 혜경궁 홍씨를 모시고 이곳에 행차해 어머니의 환갑잔치를 열기도 했다.

1800년 **정조가 죽고 23대 순조**(재위 1800~1834)**가 즉위하다**

유럽

1792년 프랑스가 공화정을 선포하다(118~119쪽 참조)

아시아

1796년 백련교의 난이 일어나다

건륭제(1735년 참조) 말기의 정치 문란[1]으로 관리들의 농민 수탈이 심해지자 종교 조직인 백련교[2]가 반란을 일으켰다. 부패한 청나라 군대는 반란군을 쉽사리 진압하지 못했고 한족 민병대의 힘을 빌려서야 1804년 겨우 난을 평정한다.

유럽

1796년 제너가 종두법을 발명하다

영국의 의사 에드워드 제너가 천연두 예방을 위해 세계 최초의 백신인 종두법을 발명했다. 제너는 인간에게 치명적이지 않은 우두에 감염된 사람은 천연두에 걸리지 않는다는 사실을 발견하고 우두를 천연두의 백신으로 썼다. 이 과정에서 어린아이에게 다짜고짜 천연두 감염 실험을 했기 때문에 도덕적 논란을 일으키기도 했다.

백신은 기존의 예방 접종[3]보다 훨씬 안전해서 효과적인 질병 퇴치 수단으로 각광받았다. 이후 다른 질병의 백신들이 잇따라 개발되면서 인류는 전염병의 공포에서 벗어나게 된다.

유럽

1799년 프랑스가 공식적으로 미터법을 채택하다

프랑스 혁명정부가 도량형의 단위를 미터법으로 통일했다. 당시 프랑스는 도량형이 통일돼 있지 않아 공업 발전 등에 지장이 많았다. 계몽주의의 세례를 받은 혁명 지도자들은 기왕 새 단위를 만들 것이면 가장 과학적 근거가 뚜렷한 미터법을 사용하는 게 낫겠다고 뜻을 모았다. 미터법은 1790년 프랑스의 샤를 탈레랑이 제안한 것으로, 지구 자오선 길이의 4000만분의 1을 1미터로 삼고 이를 기준으로 길이와 무게, 부피 단위를 정한 것이다.

미터법은 나폴레옹에 의해 유럽 각지로 전파됐고, 1875년 미터 조약에 의해 국제 도량형의 표준으로 자리 잡는다.

미터의 기준을 정하기 위해 만든 미터 원기

유럽

1800년 볼타가 전지를 발명하다

이탈리아 지방의 물리학자 알레산드로 볼타가 전지를 발명했다. 전지란 화학 반응 등을 통해 전극 사이에 전기 에너지를 발생시키는 장치다. 이로써 전기를 에너지원으로 쓰는 연구가 한층 탄력을 받게 된다. 오늘날 전압의 단위로 쓰이는 '볼트'는 볼타의 이름을 딴 것이다.

알레산드로 볼타

1 정치 문란 | 예컨대 건륭제가 만년에 총애한 신하 화신은 건륭제 사후 재산을 압수당했는데, 그 액수가 수십 년 분의 국가 수입에 해당하는 8억 냥이었다고 한다.

2 백련교 | 남송에서 12세기에 생긴 종교. 미륵이 현세에 내려와 고통 받는 이들을 구원할 것이라 예언해 가난한 농민들 사이에서 인기를 끌었다.

3 예방 접종 | 동양에서 유럽에 전파됐던 초기의 예방 접종은 해당 병원균을 직접 인체에 주입하는 방식이었기 때문에 무척 위험했다. 백신이란 예방 접종의 일종으로, 특정 질병의 병원균과 유사하지만 위력이 약한 병원균을 인체에 주입해 예방하고자 하는 질병에 대해서까지 면역력이 생기도록 하는 것이다.

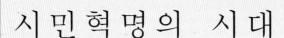

시민혁명의 시대

18세기

① 미국 독립혁명 – 사상 최초의 시민주권혁명

대표 없이 과세 없다! 영국은 17세기에 이미 두 차례의 시민혁명으로 근대적 입헌 질서와 의회 제도를 갖추었다(1642년, 1688년 참조). 그러나 해외 식민지에 대한 수탈은 멈추지 않았다. 그러한 식민지 가운데 하나가 아메리카였다.

영국은 설탕법(1764년), 인지세법(1765년) 등을 잇따라 제정해 식민지 주민들로부터 세금을 뜯어 갔다. 그러자 식민지 주민은 자신들의 대표가 동의하지 않는 과세를 인정할 수 없다며 들고 일어나 두 악법을 폐지시켰다. 그러나 영국은 수요가 많은 차에 대한 세금만은 유지시키기 위해 1773년 새로운 관세법을 통과시켰다. 그리고 영국 동인도회사에 차 수입 독점권과 낮은 관세를 허용해 주었다. 이렇게 되자 그동안 식민지 상인들이 밀무역으로 차지했던 차 시장을 동인도회사에 빼앗기게 됐다.

보스턴 티 파티 1773년 12월 인디언 복장을 한 괴한 150여 명이 보스턴 해안에 정박 중인 동인도 회사의 무역선 2척을 기습해 342개의 상자에 담겨 있던 차를 바다에 내던졌다. 범인들은 자유의 아들이라는 반영 단체 회원들로 밝혀졌다. '보스턴 티파티'로 불린 이 사건은 독립운동의 신호탄이었다. 영국은 손해 배상을 받을 때까지 보스턴항을 폐쇄한다고 발표했으나, 보스턴 시민은 식민지의 자유와 자치를 지키자며 저항 의지를 다졌다.

1775년 보스턴 근교 렉싱턴에서 영국군과 식민지 주민 사이에 대규모 유혈 충돌이 일어났다. 식민지 주민들은 조지 워싱턴을 총사령관으로 하는 민병대를 조직하고 본국에 선전포고했다. 독립혁명이 시작된 것이다.

미완의 시민혁명 1776년 7월 4일 13개 아메리카 식민지 주민은 필라델피아 식민 정부 회의실에 모여 토머스 제퍼슨이 기초한 독립선언문을 채택했다. "아메리카 식민지 연합은…… 영국 국왕에 대한 일체의 충성에서 해방되고…… 자유롭고 독립된 국가로서…… 독립 국가가 행하는 모든 행동과 업무에 대한 권리를 지닌다." 8년 간의 독립전쟁 끝에 식민지 대표 벤저민 프랭클린은 파리에서 영국 대표와 만나 파리조약을 맺고 완전한 독립을 쟁취했다. 근대 최초로 국왕 없이 시민의 대표가 통치하는 시민 주권 국가, 미국(United States of America)이 탄생한 것이다.

그러나 미국 독립혁명은 미완의 시민혁명이었다. 영국이 고향인 식민지 주민들은 원주민인 인디언들의 씨를 말리다시피 하고, 흑인 노예를 착취하면서 그들만의 시민 국가를 이룩했다. 그들의 역사적 혁명에는 역사적 살육의 그림자가 드리워 있었다.

② 프랑스혁명 – 근대 세계의 모습을 결정한 보편적 혁명

제3신분은 무엇인가

미국 다음은 프랑스 차례였다. 프랑스 절대왕정은 1789년 5월 5일 베르사유궁전에서 봉건적 신분의회인 삼부회를 열었다. 이 자리에 모인 의원은 약 600명으로 특권층인 제1, 2신분이 300명, 제3신분인 평민이 300명이었다. 제3신분은 다수결을 주장했으나 특권층은 이를 거부했다. 그러자 평민의원은 6월 17일 자신들만으로 영국식 의회인 국민의회를 만들었다. 이때 시에예스는 저 유명한 팸플릿을 배포했다(121쪽 참조).

자유 평등 박애

루이 16세는 국민의회를 무산시키려 했으나 미라보 중심의 평민의원에 막혀 6월 말에는 국민의회를 정식 승인했다. 7월 초 국민의회는 헌법제정의회로 출범해 헌법과 의회를 만들기 시작했다. 그러자 루이 16세는 국경 지대에서 군대를 불러들이고 삼부회의 최고책임자 네케르를 파면했다. 이 소식이 전해지자 파리 시민은 성문을 굳게 닫고 길마다 바리케이드를 쌓아 군대를 경계했다. 7월 14일 약 1만 명의 시민이 정치범 수용소인 바스티유 감옥을 습격했고, 이를 진압하러 달려온 군대도 시민에게 압도당해 손을 쓰지 못했다.

바스티유 감옥 습격 사건은 순식간에 지방으로 알려져 각지에서 농민 반란이 일어났다. 8월 4일 헌법제정의회는 봉건적 신분제와 영주제를 폐지했다. 8월 26일에는 인간의 자유와 평등, 국민 주권, 법 앞의 평등, 사상의 자유, 과세의 평등, 소유권의 신성함 등을 밝힌 '인권선언'이 선포됐다. '인권선언'은 자산을 가진 부르주아 계급의 이익을 대변했지만, 근대 민주주의 발전을 위한 기념비적 문헌으로 꼽힌다.

프랑스 공화국의 탄생

그해 가을 파리의 식량 사정이 급속히 나빠졌다. 10월 5일 가랑비가 내리는 가운데 파리 하층 계급 부녀자들이 행렬을 지어 베르사유를 향해 행진했다. 남편과 직인들, 국민군 병사들이 뒤따랐다. 이들은 왕궁에 도착해 루이 16세의 파리 귀환을 요구했다. 루이 16세가 이를 거부하자 시위대는 다음 날 왕궁으로 난입해 국왕 일가를 파리의 튈르리궁전으로 데리고 갔다. 의회도 파리로 옮겨져 파리 시민의 엄중한 감시를 받았다.

국왕 일가는 1791년 6월 20일 새벽에 튈르리궁전을 탈출했으나 국경 부근 바렌에서 체포돼 파리로 송환당했다. 이후 왕정을 폐지하자는 공화파와 유지하자는 왕정파 사이에 격렬한 대립이 일어났다. 혁명을 되돌리려는 오스트리아, 프로이센 등 주변 왕국을 상대로 전쟁도 일어났다. 격렬한 내분과 혁명전쟁의 와중에서 승리를 쟁취한 공화파는 1792년 9월 헌법제정회의를 폐지하고 국민공회를 세운 뒤 왕정 폐지, 공화정 실시를 내걸었다. 루이 16세는 논란 속에 국가 반란죄로 기소돼 1793년 1월 단두대의 이슬로 사라졌다. 국왕 없는 프랑스 공화정의 탄생은 미국보다 늦었지만, 유럽 한복판에 있는 프랑스의 위상으로 인해 근대 세계의 모습을 결정한 역사적 대사건으로 기록됐다.

문과의 홍패(과거 시험 합격증)는 길이 2자 남짓한 것이지만
백 가지를 갖추고 있어 그야말로 돈 자루다. 진사가 나이 서른에
처음 벼슬에 나가더라도 좋은 자리를 차지하고, 잘되면 큰 고을을
맡게 되어, 귀밑이 일산(우산)의 바람에 희어지고, 배가 요령
소리에 커지며, 방에는 기생이 귀고리로 치장하고, 뜰에 곡식으로
학(鶴)을 기른다. 가난한 양반이 시골에 묻혀 있어도 제멋대로
이웃의 소를 끌어다 먼저 자기 땅을 갈고 마을의 일꾼을 잡아다
자기 논의 김을 맨들 누가 감히 괄시하랴. 남의 코에 잿물을
들이붓고 머리끄덩일 희희 돌리고 수염을 낚아채도 아무도 감히
원망하지 못할 것이다.[1]

신이 기유년(1789) 현륭원(顯隆園)을 옮길 즈음에
우리 성상께서 입으신 소맷자락에 흐른 눈물이 피로
변하여 점점이 붉게 물든 것을 우러러보았습니다.
일찍이 옛 글에서 혈루(血淚)라는 두 글자가 있는
줄은 알았지만 그것을 직접 목격하지는 못했었는데
부득이하게 군부의 소맷자락에서 직접 그것을
보았던 것입니다.
아 하늘이여, 이것이 무슨 까닭입니까?[2]

[1] 박지원, 『양반전』에서
18세기에 신분 질서가 흔들리면서 돈으로 양반을 사려는 사람들이 많았다.
『양반전』에 등장하는 부자는 양반이 신선 같은 존재인 줄 알고 양반
신분을 돈 주고 사려다가 위와 같은 설명을 듣고 '나를 장차 도둑으로 만들
셈인가?'라면서 양반 되기를 포기한다.

[2] 1793년 영의정 채제공이 정조에게 올린 상소문에서
정조가 왕위에 오르자 권력에서 밀려나 있던 남인들은 일제히 '사도세자를
모함하여 죽게 만든 노론 관리들을 처단하라'고 요구했다. 그러나 정조는
선왕 영조와 노론을 의식해 이 요구를 거부해 왔는데, 남인으로서 영의정에
오른 채제공은 사도세자에 대한 정조의 효심에 호소하며 이와 같은 상소문을
올렸다. 그러나 정조는 이 상소문도 받아들이지 않았다.

제3신분은 무엇인가?
전부이다.

제3신분은 지금의 정치 질서에서
무엇인가?
아무것도 아니다.

제3신분은 무엇이 되고자 하는가?
무언가가 되고자 한다!¹

¹ **시에예스의 팜플렛 「제3신분이란 무엇인가」에서**
프랑스혁명 전야에 정치가 시에예스가 작성한 이 팜플렛은 혁명에 커다란
영향을 미쳤다. 제3신분은 제1신분인 성직자, 제2신분인 귀족과 함께 프랑스
절대왕정의 신분제 의회를 구성했다. 그러나 전체 인구의 98퍼센트에
이르는 제3신분의 의결권은 2퍼센트에 불과한 1, 2신분과 동일했다. 이미
부를 쌓고 계몽사상으로 무장했던 시민 계급은 제3신분의 선두에 서서
'앙시앵레짐(구체제)'에 대한 투쟁을 시작했다.

19세기

1801~1900

조선은 내우외환에 시달리고,
서유럽은 장밋빛 미래로 내달리다

19세기의 한국과 세계

조선은 내우외환에 시달리고, 서유럽은 장밋빛 미래로 내달리다

18세기에 문화의 황금시대를 누리던 조선에 불행의 그림자가 드리웠다. 정조가 죽은 뒤 시작된 세도 정치가 그 신호탄이었다. 소수 가문이 나라를 제멋대로 다스리자 임금과 백성, 서울과 지방의 소통이 끊기고 고관대작부터 말단 향리까지 제 이익만 채우려 백성을 괴롭혔다. 그러자 나라 곳곳에서 반란이 터져 나오고, 때마침 나라 밖에서도 서양 세력이 통상을 요구하며 변경을 위협했다. 이때 세도 정치의 폐단을 바로잡고 정조 때의 왕민 정치를 되살리겠다고 나선 사람이 흥선대원군이었다. 하지만 그에게는 시간이 많지 않았다.

조선까지 더듬이를 들이댄 서양 세력의 모국(母國)에서는 시민 계급이 새로운 역사의 주인공으로 떠올라 전성기를 누렸다. 시민 계급의 자본주의, 시민 계급의 의회 정치, 시민 계급의 근대 문화가 활짝 꽃을 피웠다. 사람들은 역사의 진보와 장밋빛 미래를 확신하며 들뜬 마음으로 하루하루를 살아갔다. 그러나 시민 사회라고 해서 마냥 안정된 것만은 아니었다. 시민 사회를 구성하는 자본가와 노동자는 점차 거센 계급 투쟁의 회오리 속으로 빠져들어 갔다.

배론 성지
황사영이 백서를 작성한 곳

『해동역사』 필사본
한치윤은 10년 동안 70권을 쓰고 죽었다(1814년). 그의 조카 한진서가 15권을 보충해 총 85권 6책으로 완성했다.

1801년 **가톨릭교도를 대대적으로 탄압하다** (신유박해)

수렴청정을 하던 정순대비가 서학(가톨릭)을 엄격히 금지하는 명령을 내리고 가톨릭교도를 대대적으로 붙잡아 처형했다. 이승훈, 이기환, 정약종(정약용의 형)과 중국인 선교사 주문모 등 신도 100여 명이 죽고 정약용 등 400여 명이 유배를 떠났다. 15세기에 채택된 오가작통법[1]이 가톨릭교도를 찾아내는 데 큰 역할을 했는데, 정순대비와 노론 벽파는 이 사건으로 18세기에 부쩍 늘어난 가톨릭 세력을 탄압하고 가톨릭을 가까이 하던 남인 계열을 숙청하는 효과를 노렸다. 이 사건은 '신유박해'라 불린다. 한편 가톨릭교도인 황사영은 신유박해를 고발하는 내용의 편지('황사영의 백서')[2]를 명주천에 써서 베이징 주교에게 보내려다 적발돼 능지처참을 당했다.

1804년 **한치윤이 한국 통사인 『해동역사』를 쓰기 시작하다**

학자 한치윤이 단군조선부터 고려에 이르는 우리나라 역사를 기전체[3]로 정리하는 야심적인 역사책 『해동역사(海東繹史)』를 쓰기 시작했다. 그동안 편찬된 한국사가 조잡하고 엉성하게 편집됐다고 판단해 객관적이고 종합적인 역사책을 펴내겠다고 생각한 것이다. 한치윤은 이를 위해 조선에서 펴낸 『동국문헌비고』 등의 서적은 물론이요 중국의 역사책 523종, 일본 역사책 22종 등 외국의 역사책을 참고했다. 이들 역사책에서 한국사와 관련된 기사들을 발췌해 기전체 형식으로 편집했다. 기사들을 발췌할 때는 덧붙이고 빼는 일 없이 그대로 옮겨 적어 객관성을 높이고 자료집의 성격도 갖게 됐다. 한치윤은 18세기부터 일어나고 있던 '우리 역사 바로 알기'의 흐름 속에서 『해동역사』를 쓰게 됐다. 안정복이 『동사강목』을 써 우리 시각에서 우리 역사를 정리하고(1778년), 유득공이 『발해고』를 써 잊혔던 발해를 우리 역사 속에 편입시킨 데(1784년) 이은 역작이다.

1805년 **안동 김씨 세도 정치의 기틀이 마련되다**

노론 시파인 안동 김씨 김조순의 시대가 열렸다. 김조순은 정조의 두터운 신임을 받던 인물로, 정조가 죽을 때 아들 순조를 보살펴 달라는 부탁을 받았다. 비록 정순대비가 수렴청정을 하는 동안 노론 벽파가 득세했지만, 김조순은 그들의 방해를 무릅쓰고 정조의 유언대로 자신의 딸을 순조와 혼인시킬 수 있었다(1802년). 그 뒤 정순대비가 수렴청정을 그만두고 사망하자(1805년), 김조순은 어린 순조를 도와 정조의 업적을 이어 갈 수 있도록 힘썼다. 그러나 곧 정국이 어지러워지고, 김조순이 속한 안동 김씨 가문 사람들이 제멋대로 정치를 좌지우지하는 세도 정치[4]의 시대가 열리고 만다.

유럽

1804년 『나폴레옹 법전』이 만들어지다

프랑스 통령 나폴레옹이 『민법전』[1](통칭 '나폴레옹 법전')을 만들었다. 이는 프랑스혁명 정신을 구체적인 법률에 담은 것으로, 최초의 근대적인 민법전이다. 법 앞에서의 만민 평등, 근로와 신앙 및 양심의 자유, 계약의 자유, 사유 재산의 신성불가침성 등을 주된 원칙으로 삼았다. 이러한 원칙들은 인간 해방을 내세운 프랑스혁명의 진보적인 측면을 보인 것이지만, 그 못지않게 봉건적 속박에서 벗어나 자유롭게 사업을 하려 했던 자본가들의 이해관계를 반영한 것이기도 했다. 예컨대 근로의 자유는 농민들을 귀족들의 토지에서 해방시켜 자본가들이 고용할 수 있는 노동자로 만들었고, 계약의 자유는 자본가들이 중세 시대부터 상공업을 독점했던 길드들의 눈치를 보지 않고 자유롭게 계약을 맺을 수 있게 했다. 『나폴레옹 법전』은 나폴레옹이 유럽 대부분을 정복하면서 각지에 전파되고, 근대적인 법 체계가 유럽 전역에 뿌리내리는 데 결정적인 기여를 한다. 그러나 한편으로는 임금 협상에서 고용주의 편을 일방적으로 들고, 노동자들이 단결할 권리를 인정하지 않는 등 자본가의 이익만 강조해 많은 문제점을 낳기도 한다.

유럽

1804년 나폴레옹이 황제로 즉위하다

나폴레옹이 프랑스혁명을 위협하는 세력에 효과적으로 맞서려면 강력한 지도력이 필요하다는 명분으로 황제에 즉위했다. 프랑스는 혁명에 불안을 느낀 유럽 각국의 왕들로부터 집중적인 견제를 받아 위태로운 상황이었다.[2] 나폴레옹은 즉위 후 유럽 전체를 상대로 '혁명을 방어하기 위한' 전쟁에 나선다.

아메리카

1804년 흑인 노예들이 아이티공화국을 건설하다

17세기 말부터 프랑스의 지배를 받던 아이티섬의 흑인 노예들이 프랑스의 정치적 혼란을 틈타 독립했다. 이것은 흑인 노예들이 자신의 힘으로 자유를 쟁취한 첫 사례였다. 독립운동을 이끈 투생 루베르튀르는 독학으로 높은 교양을 쌓은 해방 노예로, 프랑스 계몽사상의 영향을 깊이 받았다. 프랑스혁명정부는 아이티 노예들의 투쟁을 탄압해, 겉으로는 보편적인 인간 해방을 내세운 프랑스혁명이 실제로는 백인 중산층 계급의 이익을 우선시했다는 사실을 보여 줬다.

1 민법 사람이 사회생활을 하면서 지켜야 할 일반적인 규칙을 정한 법

2 유럽 각국의 견제 당시 영국의 공업 생산력은 유럽 나머지를 합친 것보다 많았다. 그런 영국의 반(反)프랑스 세력에 대한 지속적인 원조는 나폴레옹 몰락의 중요한 원인이었다.

찢겨진 「영웅교향곡」 표지
공화주의자였던 작곡가 베토벤은 그의 작품 「영웅교향곡」을 본래 나폴레옹에게 헌정하려고 했다. 그러나 나폴레옹이 황제에 즉위했다는 말을 듣고 표지에서 나폴레옹이라 적힌 부분을 찢어 버렸다.

아이티의 운명
프랑스는 흑인 노예 반란의 확산을 우려한 미국과 손을 잡고 아이티의 해상을 봉쇄했다. 아이티는 1825년 프랑스에 막대한 배상금을 내기로 하고 해상 봉쇄에서 벗어나지만, 이때 생긴 빚 때문에 1947년까지 나랏돈의 대부분을 빚 갚는 일에 썼다. 아이티는 오늘날 아메리카 대륙에서 가장 가난한 나라 가운데 하나다.

아이티공화국

아이티공화국

2 기사본말체 | 본기(왕조사)
와 열전(전기)으로 구성되는
기전체, 연대순으로 기술하는
편년체에 이은 동양 역사 서술
의 제3형식이다. 중국 남송 때
원추가 『자치통감』을 활용해
『통감기사본말』을 쓴 데서 비
롯했다.

1806년 **이긍익이 역사책 『연려실기술』을 남기고 죽다**

조선 시대의 야사를 59권의 역사책인 『연려실기술』에 담아낸 학자 이긍익이 죽
었다. 『연려실기술』은 400여 자료를 수집하고 분류한 뒤 원문을 그대로 기록한
책이다. 태조부터 18대 현종까지 283년간의 역사를 담았으며, 개인 의견을 붙이
지 않고 인용한 원전을 밝혀 가며 정리했다. 사건마다 제목을 붙이고 그 사건의
처음과 끝을 일목요연하게 정리하는 '기사본말체[2]' 형식으로 서술돼 있어, 사건
을 체계적으로 이해하는 데 도움을 준다.

1809년 **빙허각 이씨가 생활 경제 백과사전 『규합총서』를 쓰다**

유일한 여성 실학자로 알려진 빙허각 이씨가 생활 경제 백과
사전인 『규합총서』를 썼다. 장 담그는 법, 술 담그는 법 등 요
리 백과부터 살림, 농사와 양잠, 육아 등 일상생활에서 빼놓
을 수 없는 지식을 망라했다. 빙허각 이씨는 조선 최대의 백과
사전인 『임원경제지』를 지은 서유구(1824년 참조)의 형수이다.

큰 잔치를 준비하는 요리사들과 요리들

신선로

파강회

수리취떡

『규합총서』
여성이 지은 생활 백과로는
1670년 무렵 안동 장씨가
내놓은 요리 백과 『음식디
미방』이 있다.

아메리카

1807년 미국에서 증기선이 실용화되다

미국에서 기계의 힘으로 달리는 배가 등장했다. 기술자 로버트 풀턴이 세계 최초의 실용적 증기선인 클러먼트호를 만든 것이다.[1] 클러먼트호는 허드슨강 위를 항해하며 뉴욕에서 올버니까지 약 200킬로미터에 걸쳐 사람과 물자를 수송했는데, 기존의 배보다 속도가 세 배 빠르고 바람의 방향에도 무관하게 항해할 수 있어 각광을 받았다. 1838년에는 영국 증기선인 그레이트웨스턴호가 단 15일 만에 대서양 횡단에 성공하면서 해상 교통의 새로운 장을 연다.

풀턴이 제작한 증기선인 클러먼트호

유럽

1807년 헤겔이 『정신현상학』을 쓰다

프랑스혁명에서 깊은 감명을 받은 독일 지방의 철학자 게오르크 헤겔이 『정신현상학』을 썼다. 이 책에서 그는 역사를 이성이 실현되는 과정이라 규정했는데, 이는 프랑스혁명의 합리적인 계몽주의 정신이 비합리적인 봉건 질서에 승리할 것이라는 기대를 표현한 것이었다.

격변의 시대에 살던 철학자답게 헤겔은 변증법이라는 '변화의 철학'으로 유명하다. 변증법이란 사물의 변화를 갈등과 대립을 통해 파악하고자 하는 논리적 분석 방법이다. 헤겔의 변증법은 19세기 이래의 급격한 사회 변화 속에서 일어나는 다양한 사회 갈등을 분석하는 데 유용했기 때문에 이후의 사상가들에게 커다란 영향을 준다.

1 최초의 증기선 | 프랑스의 과학자 클로드 주프루아가 1776년 발명했다. 그러나 초기의 증기선은 장시간 항해가 불가능해 실용화되지는 못했다.

유럽

1809년 나폴레옹이 유럽 대부분을 정복하다

나폴레옹이 신성로마제국을 멸망시키고(1806년) 에스파냐를 속국으로 만든 데(1807년) 이어 합스부르크왕가의 본거지인 오스트리아를 굴복시켰다.

나폴레옹의 군사적인 성공은 징병제에[2] 힘입은 바가 컸다. 그때까지 전근대적인 용병제를 고수하고 있던 다른 나라 군대들은 징병제를 통해 수많은 병사를 모집한 프랑스의 상대가 되지 못했다. 잇단 승리에 도취된 나폴레옹은 계속해서 러시아, 영국과 전쟁을 벌이지만 광대한 러시아 땅을 정복하는 데 실패하고(1812년), 막강한 경제력을 자랑하는 영국에도 패하면서 몰락하게 된다(1814년).

나폴레옹의 유럽 정복 시도는 좌절됐지만 유럽 정치에 남긴 영향은 거대했다. 프랑스혁명의 정신이 유럽 각지에 전파됐고, 프랑스의 지배에 반감을 느낀 각 나라 국민 사이에서 민족주의 정서가 불타올랐다. 이후 유럽 각지에서 프랑스혁명을 모방해 봉건적 잔재를 없애고 근대적 국민 국가를 건설하려는 움직임이 거세진다.

2 징병제 | 국민 중에서 강제로 군인을 소집하는 군사 제도. 프랑스혁명으로 봉건제가 타파되면서 국가의 통합성이 높아지고, 혁명정부에 대한 국민들의 광범위한 지지가 형성되면서 도입이 가능해졌다.

나폴레옹 시대의 유럽

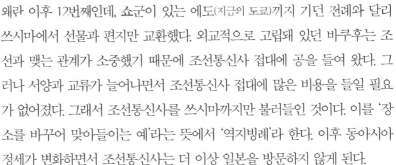

1811년 **마지막 조선통신사가 쓰시마를 방문하다**

쇼군 도쿠가와 이에나리의 취임을 축하하는 조선통신사가 일본을 방문했다. 임진 왜란 이후 12번째인데, 쇼군이 있는 에도(지금의 도쿄)까지 기던 전례와 달리 쓰시마에서 선물과 편지만 교환했다. 외교적으로 고립돼 있던 바쿠후는 조 선과 맺는 관계가 소중했기 때문에 조선통신사 접대에 공을 들여 왔다. 그 러나 서양과 교류가 늘어나면서 조선통신사 접대에 많은 비용을 들일 필요 가 없어졌다. 그래서 조선통신사를 쓰시마까지만 불러들인 것이다. 이를 '장 소를 바꾸어 맞아들이는 예'라는 뜻에서 '역지빙례'라 한다. 이후 동아시아 정세가 변화하면서 조선통신사는 더 이상 일본을 방문하지 않게 된다.

고라이몬
쓰시마에서 조선통신사를 환송하던 곳

1811년 **홍경래의 난이 일어나다**

평안도 출신 평민인 홍경래가 서북 지역(평안도)에 대한 차별과 민중에 대한 착취 에 불만을 품은 사람들을 모아 반란을 일으켰다. 홍경래는 평양 향시에 합격한 뒤 한양에 올라가 대과에 응시했으나 낙방한 인물이었다. 정부가 평안도 사람을 천하게 여겨 차별하는 한 희망이 없다고 여긴 홍경래는 세상을 바꾸겠다는 결 심을 하고 전국 각지를 다니며 사정을 살피고 사람을 모았다. 홍경래 주변에는 상인인 우군칙, 양반 가문 출신 지식인 김사용, 노비 출신 부호로서 무과에 급제한 이희저, 평민 출신 장사인 홍총각 등 다양한 군상이 모여들었다. 이들은 12월 난을 일으켜 순식간에 안주, 가산, 철산, 박천 등 청천강 북쪽의 8개 군을 점령했다. 그러나 홍경래의 반란군은 토지 제도에 관한 근본적인 개혁 정책이 없어서 인구의 대부분을 이루는 농민을 끌어들이는 데 한계가 있었다. 그래서 반란군 사이에 내분이 일어나고 관군이 밀어닥쳤을 때 농민 세력을 끌어들일 힘이 없었다. 홍경래의 반란군은 정주성을 지키면서 관군에 게 저항했으나, 1812년 4월 땅굴을 파고 습격해 온 관군에게 패하고 말았다. 이때 2983명이 체포돼 어린이와 여자를 제외한 1917명이 즉각 처형당했다. 홍경래의 난은 지식인의 한계를 드러내기도 했지만 조선의 지배 체제가 무 너지고 있다는 것을 상징적으로 보여 주었다. 이후 조선 민중은 홍경래가 살아남아 다시 일어날 것이라는 믿음 속에 저항을 계속해 나간다.

홍경래의 난

1811년 **정약용이 고조선부터 발해에 이르는 우리나라의 역대 영역을 고증한 『아방강역고』를 쓰다**

유럽
1811년 영국에서 러다이트 운동이 일어나다

영국 노동자들이 공장을 습격해 기계를 부수는 운동을 일으켰다. 기계가 도입되면서 노동자들의 일자리가 줄어들고 임금이 낮아졌다는 것이 이유였다. 이 운동은 소문으로만 확인된 지도자 '네드 러드'의 이름을 따 '러다이트 운동' 또는 '기계 파괴 운동'이라 불리게 된다.

러다이트 운동은 산업혁명 시기의 그늘을 보여 준다. 기계의 발전은 사회 전체로 보면 축복임에도 인구의 다수를 차지하는 노동자에게는 오히려 재앙으로 여겨졌다. 기계가 생산하는 부를 자본가들이 독차지하고, 노동자들은 해고되거나 기계를 밤낮으로 돌리기 위해 혹사당했기 때문이다. 비싼 기계를 살 수 있는 부유층은 더욱 부유해졌고 그렇지 않은 이들은 더 가난해졌다. 노동자들 입장에서는 기계 발달로 얻는 이득이 없었으므로 기계 파괴에 나선 것이 이상한 일은 아니었다.

그러나 러다이트 운동은 산업 사회의 모순에 대한 근본적인 해결책이 아니었기 때문에 오래가지 못했다. 정부가 사형 등 강경책으로 대응하고 경제 상황이 개선되자 점차 사그라졌고, 노동 운동은 노동 조건 개선과 노동자의 정치 참여를 요구하는 방향으로 옮겨 가게 된다.

러다이트 운동

유럽
1814년 빈 회의가 열리다

나폴레옹의 몰락으로 프랑스혁명 세력이 패배하자 유럽 각국의 보수파 지도자들이 오스트리아의 빈에서 회의를 열었다. 유럽의 질서를 혁명 이전으로 되돌리기 위해서였다. 회의 결과 성립한 유럽의 복고적 질서는 '빈 체제'라 불리는데, 절대왕정을 수호하고 자유주의와 민족주의[1] 운동을 억압하는 것을 골자로 했다. 프랑스에서는 부르봉왕조가 부활했고, 독일 지방에는 독일 연방이 세워졌으며, 북이탈리아와 폴란드 등 일부 지방이 열강들 사이에 분배됐다. 회의의 주역인 오스트리아, 러시아, 영국, 프로이센 4개 나라 사이에서는 혁명 운동 진압에 서로 협력할 것을 약속한 '4국 동맹'이 맺어졌다.

그러나 빈 체제는 이미 대중적으로 퍼진 혁명의 열기를 막기에는 역부족이었다. 유럽 각지에서 빈 체제에 저항하는 자유주의 운동이 일어났고, 이탈리아, 발칸반도 등지에서는 열강의 지배를 거부하는 민족주의 운동이 격렬하게 전개된다.

빈 회의의 주동자
메테르니히
귀족들의 입장에서 자유주의와 민족주의 운동을 억압하는 데 앞장섰다.

1 자유주의와 민족주의 | 자유주의로 국왕의 권위가 부정되자 그 국왕의 지배를 받던 약소 민족 사이에서도 독립의 기운이 높아졌다. 이 때문에 민족주의 운동 중에는 자유주의와 결합한 사례가 많았다. 공화국 건설과 이탈리아 독립을 동시에 추구한 이탈리아 민족주의 운동이 대표적이다.

북한산 진흥왕 순수비
지금은 국립중앙박물관
에 옮겨 보관하고 있다.

1 금석학 | 옛 금속기, 비석,
화폐 등에 새겨진 글씨를 연구
하는 학문

1816년 **김정희가 북한산 비석이 진흥왕 순수비임을 밝히다**

추사체로 알려진 절세의 명필이자 금석학의 대가인 추사 김정희가 북한산에 우
뚝 솟은 옛 비석이 신라 진흥왕의 순수비임을 밝혔다. 그때까지 이 비석은 조선
건국 당시 무학대사가 세운 것으로 여겨져 왔다. 김정희는 또한 비문 고증을 통
해 '진흥'이란 칭호가 시호가 아니라 왕의 생전에 사용된 것임을 밝혔다.

1818년 **정약용이 『목민심서』를 쓰다**

전라도 강진에서 유배 생활을 하던 정약용이 백성을 다스리는 지방관의 도리에
대해 정리한 『목민심서』를 완성했다. 여러 곳에서 지방관을 지낸 부친을 따라다
니고 본인이 지방관과 암행어사를 했던 체험을 바탕으로, 유배 생활 중에 목격한
백성의 고된 삶에 대한 성찰과 대책을 담았다. 정약용은 자신의 경험을 바탕으로
조선과 중국의 역사책을 비롯한 여러 책을 읽고 그 속에서 좋은 내용들을 추려
넣었다. 이 책을 완성한 직후 정약용은 유배에서 풀려나 한양으로 돌아갔다.

조선 시대에는 중앙 정부의 행정력이 지방에까지 고루 미치기 어려웠다. 지방의
군현을 다스리는 수령은 국왕을 대신해 고을의 행정과 사법을 도맡아 다스렸다.
따라서 그 권한은 막강할 수밖에 없었다. 『목민심서』는 이처럼 막강한 권력을 가
진 수령이 부임할 때 지켜야 할 일부터 청렴하고 검소한 생활을 하는 법, 공적인
일을 수행하는 법, 백성을 사랑하는 문제, 아전들을 단속하는 법, 세금, 예절, 군
사, 재판, 흉년에 백성을 구제하는 법, 그리고 퇴임하는 일을 자세히 썼다.

『목민심서』는 또한 국가 재정의 기반이 되는 농민의 생산과 경제에 초점을 두고
수령이 해야 할 일을 정리했다. 정약용은 수령이 해야 할 54가지 일 가운데 가
장 어려운 일이 농업의 생산 수단인 토지를 다루는 전정(田政)이라고 보았다. 그
리하여 토지의 소유권을 정하고 세금을 매기는 데서 생겨나는 각종 폐단을 지
적하고, 이를 개혁하는 방안을 '전론(田論)'이라는 부분에서 제시했다. 토지로부
터 세금을 거두어들일 때 농민과 국가의 중간에서 이루어지는 각종 협잡을 없
애는 것이 이 책에서 내놓은 개혁 방안의 핵심이다. 아울러 대동법이 제대로 시
행되지 않고 있다는 사실을 지적하면서, 대동법에 따라 백성이 국가에 내야 하
는 공물을 제한할 것을 제안하고 있다.

정약용은 지방 행정과 사법에서 생겨나는 여러 가지 문제를 없애기 위해 제도를
개혁하고 법을 엄격하게 적용하자고 제안한다. 그러나 동시에 국가 재정을 정비
하고 관료들의 절약과 청백(淸白) 사상에 따른 윤리적 제약과 함께 관리의 합리
화에서도 그것을 찾고자 하였다.

다산초당
다산 정약용이 전라도 강진
에서 유배 생활을 하며 독
서와 저술을 하던 거처

1816년 ## 아르헨티나가 독립하다

에스파냐 식민지였던 아르헨티나의 크리오요[1] 지도자 호세 데 산 마르틴(이하 산 마르틴)이 에스파냐군을 물리치고 독립 국가 건설에 성공했다. 당시 라틴아메리카 지배층의 대부분을 이루던 크리오요들은 본국의 에스파냐인들로부터 신분적 차별을 받았기 때문에 불만이 많았고, 신분제 철폐를 주장하는 계몽사상에 깊이 빠져 있었다. 1807년 에스파냐가 나폴레옹의 침입으로 몰락하자 남아메리카 각지의 크리오요들이 들고일어나 독립을 외쳤는데, 아르헨티나 독립은 그 결실 중 하나였다. 독립의 주역 산 마르틴은 이후 파라과이, 칠레 등의 독립에도 기여해 시몬 볼리바르(1821년 참조)와 더불어 '라틴아메리카의 해방자'라 일컬어진다.

에스파냐 식민지의 16계급 에스파냐는 식민지의 주민들을 인종별로 구분해 16가지 계급으로 나누고 차별했다.

1817년 ## 리카도가 『정치경제학과 과세의 원리』를 쓰다

영국의 경제학자 데이비드 리카도가 『정치경제학과 과세의 원리』를 썼다. 이 책은 산업 자본가의 입장에서 지주들을 공격하기 위해 쓰였는데, 그 과정에서 나온 '비교우위론'이 특히 유명하다. 비교우위론은 자유 무역을 옹호한 이론인데, 모든 나라가 각각 자신이 가장 잘 생산하는 물건만 집중적으로 생산해 수출하고 필요한 나머지 물건을 수입하면 이익을 서로 극대화할 수 있다는 주장이다. 이 주장은 영국이 19세기 중반 보호 무역 정책을 버리고 자유 무역으로 전환(1846년 참조)할 때 주된 근거로 사용된다.

비교우위론과 보호무역주의
비교우위론은 자유 무역을 옹호하는 이론으로 알려져 있기 때문에 보호무역주의와 배치된다고 여기기 쉽다. 그러나 보호무역주의는 엄밀히 말해 무역 이론이기보다는 개발 이론에 가깝기 때문에 양자가 반드시 상충하는 것은 아니다. 즉 비교우위론에 입각한 무역 정책으로 최대의 수익을 올린 후 그 수익금을 새로운 비교우위를 육성하는 데 투자하고, 그 과정에서 육성 산업을 보호하기 위해 제한적으로 보호 무역 정책을 실시할 수도 있는 것이다.

1 크리오요 | 아메리카에서 태어난 에스파냐계 백인

데이비드 리카도

1817년 ## 오언이 협동조합 운동을 제창하다

영국 노동자들의 불만이 커지자 영국의 사회 지도층이 명사 위원회를 열어 박애주의자로 유명한 로버트 오언의 의견을 들었다. 오언은 '뉴래너크'라는 공장을 운영하는 사업가로, 노동자를 인간적으로 대우해 주면서도 막대한 수익을 올리고 있어 신선한 파장을 불러일으킨 인물이다. 오언은 노동자들이 상부상조하는 협동적 공동체를 만들면 노동자들의 생활 수준이 개선될 뿐 아니라, 근로 의욕이 높아져 생산성도 향상될 것이라 주장했다. 오언의 주장은 명사 위원회에서는 받아들여지지 않았지만 노동자 사이에서 큰 인기를 끈다. 이후 노동자가 자발적으로 결성한 노동조합이나 협동조합[2]이 점차 늘어나게 된다.

2 협동조합 | 경제적 약자인 소비자, 농·어민, 노동자, 중소기업 등이 각자의 생활이나 사업의 개선을 위하여 만든 협력 조직. 최초의 성공적인 협동조합은 1844년 영국 노동자들이 결성한 '로치데일 공정 개척자 조합'이었다.

1823년 **유생들이 서얼을 차별하지 말라는 만인소를 올리다**

전국의 유생 9996명이 첩의 자식인 서얼도 차별 없이 임용해 달라고 요청하는 만인소[1]를 올렸다. 정부는 이를 반영해 「계미절목[2]」을 반포했다. 이에 따르면 서얼들에게도 종2품까지 품계[3]가 주어지며, 사헌부와 승정원에도 서얼 출신이 등용될 수 있게 됐다.

1 만인소 | 1만 명에 이르는 많은 유생이 한꺼번에 상소를 올리는 것. 1792년 영남 유생 만 명이 사도세자의 복권을 요구하는 상소를 올린 것이 처음으로 꼽힌다.

2 절목(節目) | 법률이나 규정 따위의 낱낱의 조항. '조목'이라고도 한다.

3 품계(品階) | 여러 벼슬자리에 대하여 매기던 등급

'아비를 아비라 부르지 못하고……' 조선의 서얼 신분 상승 운동

광해군 때 허균이 쓴 우리나라 최초의 한글 소설 『홍길동전』은 서얼 출신 홍길동이 반란을 일으키는 이야기이다. 홍길동은 대갓집 도련님이지만 첩의 자식이기 때문에 아버지를 아버지로 부르지 못하고 형을 형이라 부르지 못하는 천대를 받는다. 이처럼 양반의 자식이라도 정실부인이 아닌 첩의 자식으로 태어난 서얼은 조선 시대 내내 사회적으로나 정치적으로 차별을 받았다.

고려 시대에는 첩이 천민 출신이면 그 자식도 어머니를 따라 천민으로 쳤다. 그러나 천민은 세금을 내지도 않고 군대에 가지도 않는다. 그래서 조선 시대에는 어머니가 천민 출신이더라도 아버지가 양인이면 자식도 양인으로 삼았다. 그러나 서얼이 벼슬하는 데는 많은 제약이 따랐다. 그러니까 조선 시대 서얼은 세금을 내고 군대에 가면서도 출세할 기회는 없었던 것이다. 조선의 헌법이라 할 수 있는 『경국대전』은 서얼이 문과와 생원·진사 시험에 응시하지 못하도록 규정했다. 서얼이라도 능력 있는 사람은 발탁하기도 했지만 부모의 신분에 따라 승진할 수 있는 상한선이 있었다.

이에 따라 『홍길동전』처럼 서얼의 신분 상승 운동은 조선 시대 내내 이어졌다. 일부 양반과 서얼 출신들이 때때로 상소를 올려 서얼들에게 벼슬의 기회를 달라는 '서얼 허통'을 요구하곤 했다. 1567년(선조 즉위) 서얼 1600여 명이 허통 상소를 올려 서얼 차별 철폐, 문무 핵심 관직 진출 허용을 요구했으며, 1583년(선조 16) 병조판서 이이가 일정한 군 공헌을 쌓은 서얼에게 과거 응시 자격을 주자고 제안했다. 1695년(숙종 21)에는 영남 서얼 988명, 1724년(영조 즉위)에는 전국의 서얼 5000여 명이 허통 상소를 올렸다.

그 덕분에 1597~1735년 서얼 출신 문과 급제자가 42명에 이르렀고, 영조 때는 서얼이 문과의 양사(사헌부, 사간원)와 무과의 선전관에 오를 수 있도록 했다. 1779년(정조 3)에는 규장각에 검서관 제도를 두고 유득공·이덕무·박제가·서이수 등 유능한 서얼 출신자를 등용하기도 했다.

이런 조치에도 대부분의 서얼 출신은 여전한 차별에 시달려 일부 서얼은 가톨릭에 귀의하기도 하고, 일부는 19세기에 자주 일어난 반역 사건이나 소요에 가담하기도 했다. 1823년의 만인소 덕분에 대우가 나아지기는 했으나, 서얼을 천대하는 사회적 통념은 개화기까지 나아지지 않았다. 결국 서얼 신분 상승 운동은 근대적 신분 철폐 운동으로까지 이어지게 된다.

1824년 **『임원경제지』의 저자 서유구가 정계에 복귀하다**

서유구는 홍만선(1643~1715)이 지은 『산림경제』를 토대로 조선과 중국의 책 900여 권을 참고하고 인용해 농업과 일상생활의 백과전서로 꼽히는 『임원경제지』를 남긴다.

1821년, 1822년 **멕시코, 대(大)콜롬비아가 각각 건국되다**

라틴아메리카에서 에스파냐 식민지들이 잇따라 독립했다. 1821년에는 멕시코가, 이듬해에는 대(大)콜롬비아(지금의 베네수엘라, 콜롬비아, 에콰도르가 합쳐진 나라)가 에스파냐 지배자들을 몰아내고 각각 건설됐다.

멕시코 독립운동을 시작한 인물은 미겔 이달고 신부였다. 그는 아메리카 원주민과 에스파냐인의 혼혈로, 일찍이 프랑스에 유학해 계몽사상의 영향을 받았다. 독립운동 도중 처형됐지만 에스파냐의 가혹한 통치에 맞서자는 그의 호소는 민중의 지지를 얻어 독립으로 결실을 맺었다. 대콜롬비아 건설의 주인공 시몬 볼리바르는 강력한 남아메리카 국가 건설을 꿈꾸고 각지에서 독립 투쟁을 벌였다. 그 역시 계몽사상의 영향을 깊이 받았다. 이달고와 볼리바르는 모두 크리오요(1816년 참조)들의 지도자였지만 에스파냐 지배층으로부터 가장 가혹한 억압을 받던 원주민들과 손을 잡았다. 이것이 독립운동의 중요한 성공 요인이었다. 그러나 독립 후 크리오요들이 정치 실권을 대부분 장악하면서 원주민들은 또다시 소외된다.

> **에스파냐의 식민지 정책과 오늘날의 라틴아메리카**
> 유럽 대륙에서 끊임없이 대규모 전쟁에 뛰어들었던 에스파냐는 식민지를 단순히 재정 마련 수단으로만 생각했다. 따라서 식민지 개발에는 관심이 적었고, 무역을 엄격히 통제해 식민지 경제를 침체시켰다. 토지는 에스파냐계 대지주들이 독차지했는데, 이들은 남아메리카가 독립한 후에도 세력을 유지해 경제적, 정치적 불평등을 낳았다. 대지주들은 지금까지도 이 지역 경제와 정치 발전을 가로막는 주범으로 지목받곤 한다.

1823년 **미국이 먼로주의를 선언하다**

라틴아메리카에 독립국들이 잇따라 들어서자 미국이 이 지방에 대한 자신들의 영향력을 키우기 위해 먼로주의를 선언했다. 먼로주의란, 미국은 유럽에 간섭하지 않는 대신 유럽 또한 아메리카 대륙에 간섭해서는 안 된다는 외교 원칙이다. 이 원칙은 냉전이 시작되는 20세기 중반까지 미국 외교의 기본 방침이 됐고, 이후 라틴아메리카 지역에 대한 미국의 패권이 강화된다.

로커모션 1호
세계 최초의 철도인 스톡턴-달링턴 철도에서 사용된 증기 기관차

1825년 **영국에서 철도가 개통되다**

영국에 세계 최초의 철도가 건설됐다. 석탄 광산과 공업 지대를 연결하는 것이 목적이었다. 철도 건설로 수송이 쉬워지면서 지역간 분업이 활발해져 영국의 산업은 비약적으로 발달하게 된다. 1807년 미국에서 실용화된 증기선과 함께 '교통혁명'의 도화선이었다.

스톡턴-달링턴 철도 개통식
말을 탄 기수 뒤로 기차가 시범 운행을 하고 있다.

1826년경 **창덕궁과 창경궁을 그린 〈동궐도〉가 완성되다**

창덕궁과 창경궁의 전체 구조 및 각 건물의 배치를 한눈에 알아볼 수 있도록 그린 〈동궐도〉가 완성됐다. 누가 그렸는지는 알려지지 않았으나 노화서 화원들의 작품으로 여겨진다. '동궐'이란 창덕궁과 창경궁이 법궁인 경복궁의 동쪽에 자리 잡고 있다고 해서 두 궁궐을 가리키는 이름이다.

〈동궐도〉는 산과 언덕에 둘러싸인 창덕궁과 창경궁 전경을 오른쪽 위에서 비껴 내려다보는 시각으로 묘사하고 있다. 배경을 이루는 산과 언덕은 입체감을 나타내기 위해 남종화풍의 준법으로 그리고, 궁궐의 각 전각과 누정, 다리, 문, 담, 그리고 연목과 괴석 등은 실제 배치에 따라 계화 방식으로 선명하고 세밀하게 묘사했다. 또한 건물을 묘사하고 원근을 처리하는 방식은 희미하게나마 서양화법의 영향도 받은 것처럼 보인다. 이처럼 자연과 건물을 생생하게 표현한데다 집과 사물마다 먹으로 이름을 써 놓아 동궐의 평면도인 〈동궐도형〉, 『궁궐지』보다 더 높은 자료적 가치를 자랑한다.

1824년(순조 24)에 불타 없어진 창덕궁 경복전(景福殿)이 불탄 자리로만 그려져 있고, 1826년(순조 26)에 조영된 전사(田舍)가 그려져 있는 것으로 보아 빨라도 1826년 이후에 그려진 것으로 보인다. 또한 1828년(순조 28)에 건립된 창덕궁 후원 내의 연경당(演慶堂)이 없고 1830년(순조 30) 8월에 불탄 창경궁 환경전(歡慶殿)이 그려져 있는 것으로 봐 1828년 이전에 그려졌을 가능성이 높다.

1 법궁(法宮) | 임금이 사는 궁궐. 이에 대해 왕세자가 사는 궁궐을 이궁(離宮)이라 한다. 그러나 여러 궁궐 가운데 기본이 되는 궁궐을 법궁, 법궁에 문제가 있거나 왕이 거처를 옮기고 싶을 때 이동해서 사는 궁궐을 이궁이라고 하기도 한다.

2 남종화풍(南宗畵風)의 준법(皴法) | 산수화에서 산이나 돌에 주름을 그려 입체감을 나타내는 화법. 남종화는 북종화와 더불어 동양화의 한 분파를 이루며 주로 문인들의 그림을 가리킨다.

3 계화(界畵) | 자 등의 보조 기구를 사용해 궁궐전각누대사찰정자 등의 건물을 정밀하게 그리는 기법

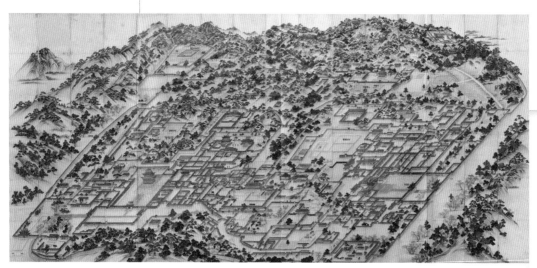

〈동궐도〉
현재 〈동궐도〉는 모두 두 점이 각각 고려대학교박물관과 동아대학교박물관에 소장되어 있다. 크기는 가로 576센티미터, 세로 273센티미터로, 두 점 모두 비단 바탕에 채색했으며 16첩 병풍으로 꾸며져 있다. 고려대학교박물관의 〈동궐도〉에 人(인) 자가 쓰여 있는 것으로 볼 때 천(天)지(地) 인(人) 세 벌을 만든 것 같다. 국보 제249호.

아메리카

1828년 '잭슨민주주의'가 시작되다

군인이었던 앤드류 잭슨이 미국 최초의 서부 지방 출신 대통령으로 당선됐다. 그는 동부의 공업 자본가나 남부의 대농장주 등 미국의 전통적인 엘리트 출신이 아니었기에 일반 대중의 지지를 받았다. 잭슨에 대한 찬반 세력은 자신들의 세력을 불리기 위해 적극적인 대중 포섭 작업을 펼쳤는데, 이 과정에서 대중적 정당 조직[2]이 활발하게 만들어진다.

잭슨의 당선은 행정 체계에도 변화를 몰고 왔다. 기존 관료들이 비주류 정치인이었던 잭슨에게 잘 협조하지 않자 잭슨이 자신의 지지자들을 관료로 임용하는 제도를 만든 것이다. 이에 대통령의 권한이 강화됐고, 대통령을 선출하는 국민의 뜻이 정치에 반영될 여지도 높아졌다. 주민들이 직접 뽑는 민선 관료의 수도 늘어 미국의 대중 민주주의는 더욱 활발해졌다. 잭슨 시대에 일어난 이러한 정치적 변화를 '잭슨민주주의'라 부르기도 한다.

유럽

1829년 그리스가 독립하다

오스만튀르크제국의 지배를 받던 그리스가 독립했다. 프랑스혁명의 영향으로 주민들 사이에서 자유에 대한 열망이 높아진 것이 한 원인이었다. 지중해 방면으로 세력 확장을 노리던 러시아의 지원도 독립운동의 성공에 큰 역할을 했다. 그리스의 독립은 유럽 다른 지역의 민족주의 운동에 큰 자극을 준다.

유럽

1830년 프랑스에서 7월혁명이 일어나다

빈 회의(1814년 참조) 결과 프랑스의 왕좌에 복귀한 샤를 10세가 절대왕정 복귀를 위해 반동적인 정책을 폈다. 프랑스혁명 당시 토지를 잃은 귀족에게 대대적인 보상을 하고, 의회를 해산하며 선거법을 귀족에게 유리하게 바꾸려 했다. 이에 시민들이 혁명을 일으켜 왕을 몰아냈다. 혁명 세력의 다수인 노동자와 소시민은 공화정의 부활을 원했다. 그러나 대(大)자본가로 구성된 지도부는 혁명이 지나치게 과격해지면 자신들의 입지마저 위협받는다고 생각해 입헌군주제를 도입하기로 결정했다. 이에 자유주의 성향의 귀족인 루이 필립이 새 왕으로 추대됐고 혁명은 일반 대중의 입장에서는 제한적인 성과[3]만 거둔다.

7월혁명

이러한 한계에도 이 사건은 대내외적으로 큰 파장을 남긴다. 빈 체제에 불만을 품은 유럽 각지의 민중은 큰 자극을 받았고, 프랑스에서는 자본가들이 정치를 주도하게 되면서 본격적인 산업혁명이 시작된다.

1 잭슨에 대한 찬반 세력 | 오늘날 공화당과 민주당이 대립하는 미국의 양당 정치는 잭슨 시대에 뿌리를 두고 있다. 잭슨 반대파는 공화당, 지지파는 민주당의 원조다.

미국 민주당의 상징물인 당나귀
잭슨 대통령의 반대자들이 잭슨을 '당나귀'라 욕한 데서 유래됐다고 한다.

2 대중적 정당 조직 | 지배층 내부의 파벌에 불과했던 전근대적인 정당에 비해, 근대의 민주적 정당을 특징짓는 것은 아래로부터의 대중적인 풀뿌리 조직이다. 이러한 근대적 정당은 미국에서 처음 등장해 잭슨 시대에 정착됐다.

3 제한적인 성과 | 예컨대 선거권이 여전히 많은 세금을 내는 사람에게만 한정됐기 때문에 프랑스의 유권자 비중은 7월혁명 후에도 전 국민의 0.6퍼센트에 그쳤다. 프랑스는 프랑스혁명기인 1792년에 세계 최초의 보통선거를 실시했으나 7월혁명 당시에는 폐지돼 있었다.

1 교구 | 가톨릭교회를 지역적으로 구분하는 한 단위. 주교를 중심으로 해 대주교구, 주교구 등이 있다.

1831년 **로마 교황청이 조선교구를 창설하다**

로마 교황청이 조선인 가톨릭교도 정하상(정약종의 아들) 등의 끈질긴 요청에 따라 조선을 베이징교구에서 분리해 별도의 교구[1]로 독립시켰다.

1834년 **순조가 죽고 24대 헌종**(재위 1834~1849)**이 즉위하다**

헌종이 8세에 즉위하자 순조의 왕비인 순원왕후가 수렴청정했다. 순원왕후가 김조순의 딸이었으므로 안동 김씨의 세도가 계속됐다. 토지세를 거둬들이는 전정(田政), 병역을 다루는 군정(軍政), 백성들에게 곡식을 대출하는 환곡(還穀) 등 삼정을 둘러싸고 탐관오리들이 백성의 고혈을 쥐어짜는 '삼정의 문란'이 극심해졌다.

정약용, 「가마꾼의 탄식」

사람들 가마 타는 즐거움은 알아도 가마 메는 괴로움은 모르네.
가마 메고 험한 산길 오를 때면 빠르기가 산 타는 노루와 같고
가마 메고 비탈길을 내려올 때면 빠르기가 우리로 돌아가는 염소 같아라.
가마 메고 깊은 골짜기 건널 때면 소나무 다람쥐도 덩달아 같이 춤추네.
바위 옆을 지날 땐 어깨 낮추고 오솔길 지날 때는 종종걸음 걸어가네.
검푸른 저수지 절벽에서 내려다보니 놀라서 혼백이 아찔하기만 하도다.
평지를 밟듯이 날쌔게 달려 귀에서 바람 소리 쌩쌩 난다네.
이 산에 유람하는 까닭인즉슨 이 즐거움 맨 먼저 손꼽기 때문
근근이 관첩(官帖)을 얻어만 와도 역속(役屬)들은 법대로 모셔야 하는데
하물며 말 타고 행차하는 한림(翰林)에게 누가 감히 못 하겠다 거절하리오.
고을 아전은 채찍 들고 감독을 맡고, 수승(首僧)은 격식 차려 맞을 준비 하네.
높은 분 영접에 기한을 어길쏘냐. 엄숙한 행렬이 끝없이 이어지네.
가마꾼 숨소리 폭포 소리에 뒤섞이고 해진 옷에 땀이 배어 속속들이 젖어 가네.
외진 모퉁이 지날 때 옆엣놈 뒤처지고, 험한 곳 오를 땐 앞엣놈 허리 숙여야 하니.
밧줄에 눌리어 어깨에는 자국 나고 돌에 채인 발 미처 낫지도 않는구나.
자기는 병들면서 남을 편하게 해 주니 하는 일 당나귀와 다를 바 없네.
너나 나나 본래는 똑같은 동포이고, 한 하늘 부모 삼아 다 같이 생겼는데,
너희들 어리석어 이런 천대 감수하니, 내 어찌 부끄럽고 안타깝지 않을쏘냐.
나의 덕이 너에게 미친 것 없었는데, 내 어찌 너의 은혜 혼자 받으리.
형이 아우를 사랑치 않으니, 자애로운 어버이 노하지 않겠는가.
중들은 그래도 나은 편인데 고개 아래 백성들은 가련하기만 하구나.
큰 깃대 앞세우고 쌍마 수레 타고 오니 마을 사람 모두 동원하여 둑에 가득하다.
닭처럼 개처럼 내몰고 부리면서, 소리치고 꾸중하기 범보다 더 심하네.
예로부터 가마 타는 자 지킬 계율 있는데 지금은 이 계율 흙같이 버려졌네.
밭 갈다가 징발되면 호미 내던지고 밥 먹다가 징발되면 먹던 음식 뱉어야 해.
죄 없이 욕먹고 꾸중 들으며, 일만 번 죽어도 머리는 조아려야.
병들고 지쳐서 험한 고비 넘기면 그때야 비로소 포로 신세 면하는구나.
사또는 일산 쓰고 호연히 가 버릴 뿐 한 마디 위로의 말 남기지 않는구나.
기진맥진 논밭으로 돌아오면 지친 몸, 신음 소리가 실낱같도다.
가마 메는 그림 그려 돌아가서 임금님께 바치고 싶구나.

〈1832년, 고향에서 가마꾼들의 어려운 삶을 목격하고 부당한 현실을 고발하기 위해 쓴 시〉

유럽

1831년 **주세페 마치니가 청년이탈리아당을 결성하다**

자유주의자인 주세페 마치니가 이탈리아의 독립과 통일을 위해 청년이탈리아당을 결성했다. 빈 회의 결과 이탈리아를 분할한 합스부르크, 부르봉 등 주요 왕가들은 종교와 언론을 통제하며 반동적인 정치를 서슴지 않았다. 마치니는 이탈리아에서 자유주의 정치를 실현하려면 외국 왕가들의 간섭을 물리칠 힘을 갖춰야 한다고 보고 적극적인 통일 운동을 벌였다.

이탈리아의 통일 운동은 1861년 이탈리아왕국의 성립으로 결실을 맺는다.

> 1 과학자 | '과학자'라는 용어가 처음 등장한 것은 1840년 영국으로, 당시 과학이 그만큼 독자적인 중요성을 인정받았다는 점을 보여 준다. 이전까지 과학자들은 단지 '자연철학자'라 불렸다.

유럽

1831년 **패러데이가 전자기유도법칙을 발견하다**

전자기유도법칙이란 전기와 자기의 관계를 밝힌 법칙으로, 발전기와 전동기 등 전기를 이용한 각종 기계 제작에 큰 영향을 준다.

영국의 과학자[1] 마이클 패러데이가 활약한 시기는 과학에 새로운 산업적 의미가 부여되던 시기였다. 종전의 과학은 지식인들의 지적 유희에 가까웠고 산업과의 관련성도 적었다. 그러나 산업혁명이 무르익으면서 새로운 기술 개발이 중요해지자 산업 자본가들은 신기술의 원천으로 과학에 눈을 돌렸다. 19세기 중반부터 나타난 이러한 과학과 기술의 결합은 기술 혁신의 속도를 더욱 높인다.

패러데이가 발명한 세계 최초의 발전기
1831년 전자기유도법칙을 적용해 만들었다.

유럽

1833년 **영국에서 공장법이 개정되다**

처우 개선을 요구하는 노동자들의 요구가 거세지자 이를 더 이상 방관하기 어렵게 된 정부는 유명무실했던 기존의 공장법[2]을 개정해 노동자에 대한 지나친 혹사를 금지했다. 면 공업에서 9세 미만 아동의 노동을 금지하고 18세 이하 노동자의 노동 시간에 제한을 두는 등의 내용이었다. 공장법은 이후 거듭 개정돼 노동자들의 노동 시간을 점점 단축시킨다.

> ### 산업혁명기 노동자들의 생활
> 산업혁명이 시작된 18세기 후반부터 19세기 중반까지 전반적인 생산력은 높아졌지만 노동 계급의 생활 수준은 오히려 악화하는 경향을 보였다. 예컨대 평균 신장이 줄어들고, 의학이 발달했지만 수명은 거의 정체됐다. 노동자의 생활 수준이 나빠진 원인은 기계 도입과 인클로저 운동으로 인한 일자리 부족, 곡물법(1846년 참조)으로 인한 식료품 가격 인상, 열악한 공장촌의 주거 환경 등이었다.

19세기 영국 탄광촌의 아동 노동자들

> 2 기존의 공장법 | 최초의 공장법은 1802년 제정됐으나 강제성이 거의 없어 유명무실했다.

아메리카

1835년 **모스가 전신기를 발명하다**

미국의 발명가 새뮤얼 모스가 전기로 신호를 보내는 장치인 전신기를 발명했다. 이 발명으로 케이블만 연결돼 있으면 세계 어디서나 실시간으로 정보를 전달하는 것이 가능해지자 정보의 전달 속도에 일대 혁명이 일어난다.

모스 전신기

최한기의 『신기통』

1 「척사윤음」| 가톨릭을 배척하는 왕의 명령

2 효수 | 목을 자른 뒤 여러 사람들에게 경고를 주기 위해 그 목을 내거는 것

3 호교 | 종교의 비합리성, 비과학성을 비판하는 사람들에 대해 종교는 이성을 초월한 것이지 이성에 반대되는 것이 아니라고 변호하는 것

새남터 순교 성지
조선 시대에 사형을 집행하던 곳. 사육신도 이곳에서 처형당했으며, 신유박해 이래 수많은 가톨릭교도가 이곳에서 순교했다.

1836년 최한기의 유학 철학서 『기측체의』가 중국에서 발행되다

개화사상의 선구자로 꼽히는 학자 최한기의 두 저서 『신기통』(인체의 구조와 활동을 분석한 책)과 『추측록』(사물의 원리를 분석한 책)이 『기측체의(氣測體義)』라는 한 권의 책으로 묶여 중국 북경의 출판사 인화당에서 간행되었다.

최한기는 지리학자 김정호와 친분이 두터웠고 연암 박지원의 영향을 받아 일찍부터 서양 학문을 받아들였다. 이를 바탕으로 유학사상을 실증적이고 과학적 방법으로 발전시켰다는 평을 받는다.

그는 또한 정치 체제의 개혁을 주장하고 외국과 대등하게 교역할 것을 주장해 훗날 등장하는 박규수(박지원의 손자), 오경석, 유대치 등 개화사상가들의 선구자로 꼽힌다.

1839년 기해박해가 일어나 풍양 조씨가 세도 정치를 하다

신유박해(1801년 참조)에 이은 대대적인 가톨릭교도 탄압이 일어났다. 겉으로는 가톨릭을 억누르기 위한 것이지만 실제로는 노론 시파인 안동 김씨로부터 권력을 빼앗으려는 노론 벽파 풍양 조씨의 술책이었다.

수렴청정을 하던 순원왕후의 오빠 김유근은 1836년 심한 병을 앓던 중 가톨릭에 빠져 세례까지 받았다. 그러자 세도 가문인 안동 김씨는 가톨릭에 대해 관용의 태도를 보이게 됐다. 그러다가 김유근이 벼슬에서 물러나자 풍양 조씨인 형조판서 조병현은 우의정 이지연을 움직여 '아비도 없고 임금도 없는' 가톨릭을 근절해야 한다는 상소를 올리게 했다. 곧 가톨릭교도 체포령이 떨어지고 순원왕후는 「척사윤음」을 내렸다. 정하상이 체포돼 참수당하고, 조선 교구의 주교로 부임한 앵베르도 다른 프랑스인 신부 모방, 샤스탕과 함께 자수한 뒤 효수당했다. 이때 정하상이 「척사윤음」을 비판하며 쓴 「상재상서」는 한국 최초의 호교 문서로 꼽힌다. 이 사건으로 세도 가문은 안동 김씨에서 풍양 조씨로 옮겨 갔다.

유럽

1838년 ## 영국에서 차티스트 운동이 일어나다

영국 노동자들 사이에서 참정권을 요구하는 차티스트 운동이 일어났다. 당시 노동자들 사이에서는 자신들에 대한 처우를 개선하기 위해서는 정치에 참여를 해야 한다는 생각이 퍼지고 있었다. 그러나 1832년 이뤄진 선거법 개정에서 노동자들이 철저하게 소외[1]됐고, 2년 뒤 의회가 빈민법을 개악해 노동자들에 대한 복지 혜택마저 줄이자 마침내 행동에 나선 것이다. 차티스트 운동은 무력으로 진압됐지만 그 요구 사항 일부는 위기감을 느낀 정부에 의해 1867년의 선거법 개정에서 받아들여지게 된다. 영국에서 성인이라면 누구에게나 투표권을 주는 보통 선거 제도가 처음 실시된 것은 1919년(이때는 남성에 한정)이다.

1 노동자들의 정치 소외 | 당시 선거권은 일정 액수 이상의 재산을 가진 이들에게만 주어졌다.

1848년 런던에서 열린 차티스트 집회

아시아

1839년 ## 오스만튀르크제국에서 근대화 개혁 정책인 탄지마트가 시작되다

오스만튀르크제국의 술탄 압둘마지드가 근대화 개혁 정책인 탄지마트를 시작했다. 나폴레옹전쟁, 그리스독립전쟁 등을 겪으면서 유럽 열강들과 국력 차이가 남을 절감했기 때문이다. 탄지마트의 주된 내용은 유럽의 합리주의를 받아들여 전근대적인 종교와 정치, 군사 제도를 개혁하는 것이었다. 이를 위해 국민에게 민족과 종교에 상관없이 제국 시민의 권리를 인정하고, 대신 납세와 국방의 의무를 지웠다. 그러나 성직자와 군인 등 전통적인 기득권 세력의 반발을 누를 강력한 지지 기반이 없어 큰 성과를 올리지는 못한다.

2 아편 무역 | 청나라와 무역에서 계속 적자를 봤던 영국은 이를 만회하기 위해 아편을 몰래 수출하기 시작했다. 이를 계기로 무역 수지가 역전되면서 청나라의 은이 대량으로 영국에 빠져나가 은을 기반으로 한 청나라의 경제 체제는 위기를 맞았다.

유럽

1840년 # 제1차 아편전쟁이 일어나다

청나라가 영국의 아편 무역[2]에 반발해 영국 상인들의 아편을 몰수하자 이를 구실로 영국이 청나라를 공격했다. 영국군은 양자강과 대운하의 요충지들을 점령하고 청나라의 항복을 받아 1842년 남경조약(난징조약)을 맺는다. 청나라는 영국에 5개 항구를 개항[3]하고 홍콩을 넘겨줬으며 막대한 배상금을 지불해야 했다. 이어진 후속 조약들에서는 개항장에서 영국의 영사 재판권 인정, 영국에 대한 최혜국 대우[4], 개항장에 대한 영국 군함의 자유로운 출입 허용 등이 추가됐다. 이로써 청나라는 서양과의 불평등조약 체제에 편입된다.

3 개항 | 외국 상인들이 자유롭게 무역을 할 수 있도록 항구를 개방하는 것

4 최혜국 대우 | 조약을 체결한 나라가 상대국에 대하여 가장 유리한 혜택을 받는 나라와 동등한 대우를 하는 일

아편전쟁

1844년 김정희가 〈세한도〉를 그리다

풍양 조씨, 안동 김씨 등의 세도 정치에 도전했다가 쫓겨나 제주도로 귀양 간 추사 김정희가 자신의 쓸쓸한 심정을 한 폭의 그림에 담았다. 메마른 둥치를 느러낸 세 그루 소나무에 둘러싸인 초라한 집 한 채. 날씨가 차가워진 뒤에도 변함없이 꼿꼿한 모습으로 작은 집을 둘러싸고 있는 소나무는 절개를 상징한다. 불우한 처지에 놓인 김정희를 끝까지 지켜 주며 북경에서 귀한 책까지 구해 준 제자 이상적을 이 소나무들에 비유했다고 한다.

혼탁한 정치판에서 물러난 김정희는 세상을 한탄하며 글씨와 그림에 깊숙이 몰두하게 된다. 조선 후기 최고의 명품 서체로 알려진 추사체는 그렇게 태어난 것이다.

〈세한도〉
종이에 먹으로 그렸다. 가로 69.2센티미터, 세로 32센티미터. 국보 제180호. 손창근 소장.

1845년 김대건이 조선 최초의 신부가 되다

조선에서도 가톨릭 신부가 탄생했다. 독실한 가톨릭 집안에서 태어나 1836년(헌종 2) 프랑스 신부 모방에게 세례를 받은 김대건이었다. 세례를 받은 김대건은 예비 신학생으로 선발돼 상경한 뒤 중국으로 건너갔다. 중국과 고국을 왕래하며 가톨릭을 배우고 전파하는 데 힘을 쓰다가 1845년 프랑스 외방전교회에 지원을 요청하고자 쪽배를 타고 중국 상해로 건너갔다. 이곳에서 조선인 최초의 신부가 돼 미사를 집전하게 된 것이다.

김대건 동상
1984년 4월 내한한 교황 요한 바오로 2세에 의해 성인의 자리에 올랐다.

김대건은 곧 페레올 주교, 다블뤼 주교와 함께 상해를 떠나 충청남도 강경에 잠입했으며, 서울로 올라가는 길에 각지를 순방하며 비밀리에 신도들을 격려하고 전도하는 일에 나섰다. 1846년 선교사가 들어오는 비밀 항로를 개척하기 위해 황해의 백령도 부근을 답사하다 체포돼 26세의 나이로 순교한다.

1841년 리스트가『정치경제학의 국민적 체계』를 쓰다

독일 경제학자 프리드리히 리스트가『정치경제학의 국민적 체계』를 썼다. 이 책은 아담 스미스의 자유방임적 경제 이론을 비판하고 후발 산업 국가의 경제를 육성하기 위해서는 보호 무역 정책을 도입해야 한다는 주장을 담고 있는데, 독일에서 전개된 정부 주도의 산업화(1871년 참조) 정책에 큰 영향을 끼친다. 리스트는 1834년 독일 지방의 국가들 사이에서 '독일 관세 동맹[1]'이 체결되는 데에도 중요한 역할을 했는데, 이처럼 그의 주된 관심사는 후발 공업국 독일의 경제 부흥이었다.

1 **독일 관세 동맹** | 프로이센 주도로 독일 지방의 여러 나라 사이에 체결된 관세 및 경제 동맹. 독일 지방의 경제를 통합해 지역 경제를 크게 부흥시켰을 뿐 아니라, 훗날 독일 통일의 밑거름이 된다.

1842년 콩트가『실증철학강의』를 쓰다

프랑스의 철학자 오귀스트 콩트가『실증철학강의』를 썼다. 당시 유럽 사회에는 산업혁명과 시민혁명으로 생긴 변화 때문에 온갖 새로운 갈등이 일어났다. 콩트는 사회 갈등은 구조적으로 촉발된 문제이기 때문에 그에 대한 해결책을 찾으려면 사회 자체를 있는 그대로 분석해야 한다고 봤다. 이를 위해 경험적 관찰을 통해 보편적 법칙을 찾아내는 자연과학의 연구 방법을 사회 분석에도 적용해야 한다고 주장했다. 엄격한 사실 검증에 대한 강조를 중시하는 콩트의 학문적 태도는 '실증주의'라 불리는데, 이후의 사회 과학 발전에 커다란 영향을 끼친다.

오귀스트 콩트

1845년 영국에서 철도 거품이 절정에 이르다

1831년 영국에 최초의 도시 간 철도가 개통된 이래 불기 시작한 철도 주식 투기 열풍이 절정에 달했다. 자유방임주의를 굳게 신봉하던 영국 정부는 투기 열풍을 방관하기만 했다. 결국 1848년 거품이 꺼지자 파산하는 이들이 속출했고, 영국 1년 국민 총생산의 절반에 해당하는 2억 3000만 파운드가 증발했다. 철도 건설 열풍으로 영국은 유럽에서 압도적으로 많은 철도 노선[2]을 보유한 나라가 된다.

2 **철도 노선** | 예컨대 1855년 영국의 철도 총연장은 8000 킬로미터였는데, 이는 독일과 프랑스의 7배가 넘는 것이었다.

1845년 아일랜드에서 감자 기근이 일어나다

아일랜드 지방의 감자 농장에 감자마름병이란 질병이 돌아 감자 생산량이 급감했다. 감자를 주식이자 주된 수입원으로 삼던 아일랜드 농민들은 엄청난 타격을 받았고 굶어 죽는 사람이 속출했다. 감자 기근은 1852년까지 계속됐는데 이때 숨진 사람 수는 200만 명이 넘는 것으로 추정된다. 아일랜드에서 감자 기근의 피해가 이처럼 컸던 데는 사회적 이유가 컸다. 아일랜드가 당시 영국에 경제적으로 종속되면서 감자 농사 이외의 산업이 모두 파괴됐고, 빈곤층이 늘어나 조그만 경제적 충격에도 취약해졌기 때문이다.

미국행 배를 타기 위해 대기하는 아일랜드 이민자들
극심한 기근으로 인해 수백만 명의 아일랜드인이 미국으로 가는 배에 몸을 실었다. 오늘날 아일랜드의 인구는 600만 명에 불과하지만 아일랜드계 미국인은 3600만 명으로, 영국계 미국인의 수와 맞먹는다.

인릉
순조와 순원왕후를 합장한 무덤. 서울특별시 서초구 내곡동.

1846년 **안동 김씨가 다시 세도 정치를 하다**

풍양 조씨의 중심 인물로 안동 김씨에 맞서 세도 정치를 펼치던 조만영이 죽었다. 그러자 세도는 다시 대왕대비인 순원왕후(순조의 왕비, 1834년 참조)가 버티고 있는 안동 김씨로 넘어갔다.

1846~1847년 **서양과 최초로 외교 문서를 주고받다**

19세기 들어 꾸준히 서양 세력이 조선 해안에 나타나 통상을 요구하고, 선교사들이 들어와 가톨릭을 포교했으나, 조선과 서양 사이에 공식적인 외교 접촉은 없었다. 1846년 조선 정부가 김대건 신부를 체포하자 프랑스의 장 밥티스타 세실 제독은 김대건을 구하기 위해 군함 3척을 이끌고 충청도 외연도로 향했다. 이곳에서 세실은 기해박해 당시 프랑스 선교사 3명을 학살한 데 대한 항의문을 작성해 조선 정부에 보냈다.

그러나 이것은 김대건과 다른 가톨릭교도들의 처형을 앞당기는 결과를 가져왔다. 조선 정부는 김대건을 역적으로 몰아 효수에 처하고, 항의문에 대한 답변을 보내 내정 간섭을 경고했다. 이때 프랑스와 조선이 주고받은 문서는 조선이 서양과 공식적으로 주고받은 최초의 외교 문서로 기록된다.

1849년 **헌종이 죽고 25대 철종**(재위 1849~1863)**이 즉위하다**

헌종이 후사 없이 죽자 대왕대비 순원왕후는 강화도에 유배 가 있던 왕족 이원범을 데려오도록 조치했다. 이원범은 궁중에 들어가 덕완군에 책봉된 뒤 곧바로 25대 임금 자리에 올랐다. 이가 철종으로, 사도세자(장헌세자)의 증손자이다. 1844년(헌종 10) 정부에 불만을 품은 중인 출신 민진용이 철종의 이복형인 회평군 명을 왕위에 올리려는 반역을 꾀했다. 이것이 발각돼 민진용과 회평군은 죽고, 철종은 강화도로 유배를 떠났다.

영화 〈강화도령〉

강화도에서 자라 왕이 되기 위한 교육을 제대로 받지 못했던 철종을 왕위에 앉힌 안동 김씨는 임금을 마음대로 조종하면서 권력 기반을 단단히 굳혔다. 대왕대비 순원왕후는 수렴청정을 하면서 1851년 가까운 친척인 김문근의 딸을 철종의 왕비로 삼았다. 이후 김문근을 중심으로 하는 안동 김씨의 세도 정치는 절정에 이른다.

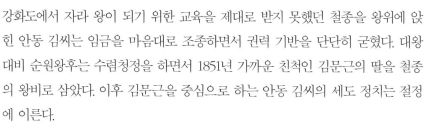

유럽

1846년 영국에서 곡물법이 폐지되다

1832년의 선거법 개정으로 의회를 장악한 산업 자본가 계층이 지주 세력을 누르고 곡물법을 폐지했다. 곡물법이란 지주들의 이익을 지키기 위해 수입 곡물에 높은 관세를 매긴 법률이다. 이는 영국의 대표적인 보호 무역 법률이었는데, 식료품 가격을 올려 노동자들의 생활을 악화시키고, 산업 자본가들에게 임금 인상 압력을 가했기 때문에 지탄을 받았다. 곡물법 폐지를 계기로 항해법 등 다른 보호 무역 법률이 줄줄이 폐기되면서 영국은 본격적인 자유 무역 시대로 접어든다.[1]

유럽

1848년 『공산당선언』이 발표되다

과학적 사회주의[2]의 창시자 카를 마르크스와 프리드리히 엥겔스가 『공산당선언』을 발표했다. 그들은 당시 절정에 달했던 자본가들의 노동자 착취가 이윤을 극대화하고자 하는 자본주의의 속성에서 비롯됐다고 봤다. 이는 자본주의의 내적 모순 때문에 오래 지속될 수 없고, 노동자들이 권력을 장악함으로써 문제가 해결될 수 있다며 "만국의 노동자여, 단결하라!"고 외쳤다.

유럽

1848년 프랑스에서 2월혁명이 일어나다

7월혁명(1830년 참조)으로 즉위한 프랑스 왕 루이 필립이 노동자의 처우를 개선하는 데 소극적이자, 사회주의자와 공화주의자가 들고일어났다. 프랑스에서는 1830년 무렵 산업혁명이 시작되면서 자본가의 노동자 착취 문제가 심해지고 있었다. 그러나 부유한 시민 계급의 지지를 받는 루이 필립은 이를 방치했다. 혁명 지도자들은 루이 필립을 몰아내고 공화국을 선포했다. 그러나 곧 사회주의자와 공화주의자의 대립이 일어나 공화주의자들이 정권을 장악했다. 노동자들은 이에 맞서 봉기했으나 만여 명의 희생자를 낸 끝에 진압되고 만다.
2월혁명은 유럽 전역에 큰 파장을 일으켰다. 빈 체제에 불만을 품고 있던 각지의 자유주의자와 공화주의자들이 오스트리아와 독일 연방[3] 등에서 봉기했고 민족주의자들의 독립운동이 거세졌다. 이로써 1815년 이래의 빈 체제는 무너지게 된다.

아메리카

1849년 미국에서 골드러시가 시작되다

미국이 멕시코와 전쟁해서 새로 얻은 땅인 캘리포니아에서 금맥이 발견됐다는 소문이 퍼졌다. 이에 수많은 미국인들이 일확천금의 꿈을 안고 서부로 향했다.

1 무역 정책에 대한 각국의 입장 | 영국이 보호 무역에서 자유 무역 정책으로 전환한 것은 영국의 산업 경쟁력이 다른 나라들을 완전히 압도하는 수준에 이르렀기 때문이다. 그러나 독일과 프랑스, 인도 등 다른 나라들의 공업은 영국 상품의 범람으로 큰 타격을 받았다. 독일에서는 공업 육성을 위해 보호 무역 정책을 도입하자는 여론이 일어났고, 인도의 면 공업은 황폐해져 '들판이 수공업자들의 뼈로 하얗게 뒤덮였다'는 말이 나오기도 했다.

독일 베를린에 있는 마르크스와 엥겔스 동상

2 과학적 사회주의 | 이전의 사회주의를 '공상적 사회주의'라고 비판하며, 자본주의를 체계적으로 분석하고 그 대안으로 생산 수단을 사회가 소유하자고 주장한 사상

3 독일 연방 | 빈 회의 이후 독일 지방의 작은 나라들이 모여 만든 연방

미국 정부의 금괴들 은 중심이던 국제 통화 체계가 금 중심으로 바뀐 것은 골드러시 당시 채굴된 수많은 금 때문이었다.

1851년경 **중인들이 주요 관직에 임명해 달라고 건의하다**

정부 각 부서의 낮은 관직에 근무하던 중인 1670명이 자신들도 노른자 자리에 임명해 달라는 건의서를 올렸다. 중인은 조선 후기 들어 두드러진 신분으로 통역을 맡은 역관, 병을 고치는 의관, 기타 낮은 관직에 근무하는 사람들을 가리킨다. 1000명이 넘는 중인들이 한꺼번에 신분적 한계를 넘어 높은 관직을 달라고 요구한 것은 처음 있는 일이다. 철종이 경릉[1]에 행차한 사이에 집단행동을 감행한 이들이 요구한 자리는 사헌부, 사간원 등의 언관이나 6조의 정랑 같은 '청요직[2]'이었다. 이런 자리는 과거 시험에 급제한 양반들도 군침을 흘리는 곳으로 정평이 나 있다.

이러한 중인들의 건의는 받아들여지지 않았지만, 이 사건은 중인의 세력이 신분제의 족쇄를 뚫고 어느 정도 자라났는지를 잘 보여 주는 사례로 꼽히고 있다.

1 경릉 | 세조의 아들 덕종과 그 부인 소혜왕후의 무덤. 덕종은 세자에 책봉됐으나 임금에 오르기 전 20세의 나이로 죽었다.

중인들이 실제 책 대신 집에 걸어 놓던 책거리

2 청요직(淸要職) | 벼슬아치들을 감시하고 탄핵하거나 임금의 잘못을 따지는 임무를 맡은 자리

흔들리는 신분 질서와 중인

신분이란 개인의 능력이나 노력과 관계없이 날 때부터 정해져 있는 정치적, 사회적 계층을 말한다. 조선의 신분제는 본래 양천제였다. 양인과 천민의 두 가지 신분만 있었던 것이다. 그러나 과거 시험을 통해 높은 자리에 올라간 양반들이 더 많은 특권을 요구하면서 양인은 양반과 상민의 신분으로 사실상 갈라졌다.

조선 후기 들어서는 상민 중에서 역관, 의관, 기술직 하급 관리, 상인 등이 돈을 많이 벌어 경제적 지위가 올라가면서 세력을 키웠다. 그들은 양반과 상민 사이에서 '중인'이라는 계층을 구성하면서 사실상 또 하나의 신분이 됐다.

돈을 많이 번 중인들은 돈을 주고 양반의 족보를 사기도 하고, 양반들만 누리던 시 짓기나 책 사 모으기 등을 하면서 신분을 높이기 위해 노력했다. 양반 노릇을 하려면 제사를 지내야 하고, 제사를 지내려면 병풍이 있어야 하는데, 이를 위해 중인들은 자신들의 취향에 맞는 그림 병풍을 사 모았다. 이것이 조선 후기의 대표적인 회화 가운데 하나인 민화로 발전한다.

그러나 때는 이미 세도 정치가 굳어진 뒤였다. 개별적으로 중인이 돈을 주고 양반이 되는 일은 있어도 신분 제도의 한계를 깨뜨리고 중인도 능력에 따라 높은 정치적, 사회적 지위를 얻는 일은 일어나지 않았다.

아시아

1851년 **태평천국운동이 일어나다**

광동 지방의 농민들이 '배상제교' 교주 홍수전을 중심으로 반란을 일으켰다. 배상제교란 크리스트교를 중국식으로 해석해 만든 신흥 종교인데, 신분제 타파와 토지의 균등 분배, 남녀평등 등을 주장해 농민들의 귀를 솔깃하게 만들었다.

당시 중국 농민의 삶은 극도로 피폐해 있었다. 아편 무역(1840년 참조)이 초래한 은 부족 사태가 세금을 은으로 바쳐야 하는 농민들에게 큰 부담을 안겼기 때문이다. 게다가 아편전쟁에서 진 청나라는 영국에 지불할 배상금을 걷기 위해 농민들을 더욱 쥐어짰다. 농민들의 지도자가 된 홍수전은 '태평천국'이라는 이상 국가 건설을 선언하고 청나라 정부에 정면으로 맞섰다.

태평천국은 강남 지방 대부분을 휩쓸며 청나라를 위기에 몰아넣었다. 이들을 물리칠 힘이 없던 청나라는 한족 사대부들이 조직한 의용군과 서양 군대의 도움으로 1864년에야 간신히 난을 평정한다. 그러나 반란 진압 과정에서 활약한 의용군이 각지에서 군벌로 발전하면서 청나라의 지배 질서는 흔들리게 된다.

태평천국운동

아시아

1854년 **일본이 개항하다**

두 세기 반 동안 쇄국 정책을 취해 오던 일본이 마침내 나라의 빗장을 열어젖혔다. 미국의 해군 제독 매튜 페리가 7척의 근대식 군함을 이끌고 개항을 강요하자 이에 굴복한 것이다. 일본과 미국 사이에는 불평등조약인 미·일수호통상조약이 맺어져 일본에 미국에 대한 최혜국 대우(1840년 참조), 2개 항구의 개항, 관세 철폐, 치외법권[1] 인정 등이 강제됐다. 1844년 개항한 청나라에 이어 일본도 서양 중심의 세계 질서에 억지로 편입된 것이다.

바쿠후가 외국의 협박에 못 이겨 굴욕적인 조약을 맺자 일본의 무사들은 크게 동요했다. 서양 세력의 위협에 맞서기 위해 중앙 집권적인 강력한 정부가 있어야 한다는 점에는 누구도 이의가 없었다. 그러나 공식적으로는 '여러 봉건 영주들의 우두머리'에 불과한 바쿠후가 그러한 역할을 수행할 수 있을지에 대해서 광범위한 회의가 일었다. 바쿠후를 대신해 천황을 일본의 새로운 구심점으로 삼아야만 외세에 맞설 만한 거국적인 단결을 이끌어 낼 수 있다는 여론이 일본에서 점차 퍼졌고, 바쿠후를 중심으로 하는 일본의 봉건적 질서는 크게 흔들린다.

치솟는 물가
하늘로 치솟는 연은 개항 후 일본의 솟구치는 물가를 상징한다. 서양 상인들이 상대적으로 싼 일본의 금을 마구 사들인 결과 일본에 인플레이션이 발생했고 경제가 혼란에 빠졌다. 19세기 중반 일본 그림

1 **치외법권** | 치외법권을 인정받는 나라 국민이 치외법권을 인정하는 나라에서 범죄를 저질러도 치외법권을 인정하는 나라에서 당사자를 처벌할 수 없도록 한 규정

요코하마 개항장의 외국 선박들

『오주연문장전산고』

1856년경 조선 시대 백과사전의 종합편인 『오주연문장전산고』의 저자 이규경이 죽다

이수광의 『지봉유설』을 잇는 초대형 백과사전 『오주연문장전산고』에는 천문, 지리, 불교, 도교, 서학, 의학, 농업, 광업 등 1417항목의 해설이 실려 있다.

1857년 최한기가 『지구전요』를 쓰다

개화사상의 선구자 최한기(1836년 참조)가 우주 현상과 지구의 지리, 문화 등을 살핀 『지구전요』를 썼다.

1860년 최제우가 동학(東學)을 창시하다

경상도 경주 출신의 정통 유학자 최제우가 유학도 비판하고 서학(가톨릭)도 비판하는 새로운 종교를 창시했다. 서학과 같은 하늘의 도(道)를 추구하지만 동쪽에서 태어난 종교라는 의미에서 '동학'이라는 이름을 붙였다.

동학은 동방 전래의 풍수 사상과 유·불·선의 교리를 토대로 하고 있다. 그러나 '사람이 곧 하늘'이라는 인내천(人乃天) 사상을 내세워 동양의 전통 사상들과 선을 긋고 있다. 동학의 한울님은 가톨릭의 하느님처럼 감히 다가갈 수 없는 절대자가 아니라 모든 사람의 마음속에 있는 우주의 원리이다. 따라서 동학은 인간의 주체성을 강조하며 지상이 곧 천국이 될 수 있다고 주장한다. 그리고 신분 질서를 강조하는 유학의 윤리를 정면으로 부정하며 모든 사람이 평등하다는 생각을 신도들에게 심어 준다. 나아가 신분 제도, 적자와 서자의 차별 등과 같은 조선 사회의 핵심 질서마저 비판한다.

최제우가 유학자 출신이면서 유학과 다른 길을 가게 된 것은 유학이 조선 사회를 지탱할 수 있는 힘을 잃어 버렸다는 판단 때문이었다. 당시는 세도 정치가 이어지면서 양반과 아전이 백성을 쥐어짜는 바람에 견디다 못한 사람들이 곳곳에서 들고일어나는 총체적 난국이었다. 여기에 새로 들어온 가톨릭이 백성 속으로 파고들었으나, 서양 열강이 이웃 청나라를 침략하는 바람에 외세에 대한 위기감이 커지면서 가톨릭에 대한 반감도 커지고 있었다. 또 『정감록』[1]과 같은 예언서가 퍼지고 미륵 신앙, 도참 사상 등 양반 지배 질서를 부정하는 민중 사상이 확산되고 있었다.

동학은 삼남(경상도, 충청도, 전라도) 지방을 중심으로 빠르게 퍼져 나갔다. 그러자 정부는 동학을 가톨릭과 같은 '사이비 종교'로 단정하고 1863년 최제우 등 20여 명의 동학교도를 체포한 뒤 이듬해 대구에서 최제우를 처형한다.

동학을 계승한 천도교의
상징인 궁을기(弓乙旗)

1 『정감록(鄭鑑錄)』 | 풍수지리에 따라 조선왕조 이후 나라의 운명과 백성의 앞날을 예언한 책으로 조선 중기 이후 백성들 사이에 유포됐다. 이심(李沁)과 정감(鄭鑑)의 문답을 기록했다고 하지만 다른 판본들이 많아 확실한 것은 알 수 없다.

1856년 제2차 아편전쟁이 일어나다

청나라 관리가 영국 국기를 내건 '애로호'라는 배에 올라타 선원들을 조사하는 사건이 벌어졌다. 애로호는 영국 배로 위장한 중국의 해적선으로 의심 받는 배였다. 그러나 영국은 이를 트집 잡아 프랑스와 손을 잡고 중국을 공격했다. 청나라는 1858년 천진조약(톈진조약), 1860년 북경조약(베이징조약)을 잇달아 맺어 외교와 무역과 관세 등에 대해 유럽 열강의 요구들 들어 줘야 했다.

한편 이 전쟁에서 서양식 무기의 우수성을 뼈저리게 느낀 청나라 관료들은 1862년경부터 근대화 개혁 운동인 '양무운동'을 전개한다. 양무운동은 서양 과학 기술을 받아들여 군대와 공업을 발전시키자는 운동이다. 그러나 청나라 지배 체제가 흔들릴 것을 우려해 서양의 경제나 정치 제도는 도입하지 않았기 때문에 개혁은 곧 한계에 부딪혔다. 양무운동의 이러한 한계에 대한 자각은 1898년 '변법자강운동'을 낳는다.

열강의 중국 이권 분할을 풍자한 그림
아편전쟁 패배 후 청나라는 서구 열강의 이권 각축장으로 전락하고 만다. 그림은 1898년 그려진 프랑스의 풍자 만화.

1857년 인도에서 세포이의 항쟁이 일어나다

영국의 인도인 용병인 세포이들이 반란을 일으켰다. 영국의 인도인 차별과 식민지 수탈 정책에 반기를 든 것이다. 당시 영국은 영국 상품 판매에 지장을 초래할 수 있는 인도산 공업 제품에 높은 관세를 매겨 인도 공업을 파괴하고, 토지를 수탈하는 한편, 많은 세금을 거둬 영국 본국으로 보내곤 했다. 또 농업이 유럽 수요에 맞게 재편되면서 정작 인도 농민에게 필요한 먹거리 생산이 줄어 기아가 만연하기도 했다.

세포이들의 항쟁은 인도 민중의 호응을 받아 순식간에 인도 전역으로 확산됐다. 그러나 체계적인 항쟁 목표나 조직이 없었기 때문에 2년 만에 진압된다. 이 항쟁은 인도인들 사이에 통일된 민족의식이 싹트는 계기가 된다.

영국 동인도회사의 인도인 용병인 세포이

1859년 다윈이 『종의 기원』을 쓰다

영국의 생물학자 찰스 다윈이 진화론을 주장한 『종의 기원』을 써 엄청난 화제를 일으켰다. 이 책은 크리스트교의 창조론을 정면으로, 설득력 있게 부정했기 때문에 과학이 종교에 대해 거둔 궁극적 승리로 여겨졌다. 그러나 『종의 기원』이 인기를 모을 수 있었던 것은 '적자생존'이나 '진보(진화)'를 자연의 섭리라 주장한 것이 무한 경쟁을 강조하고 약육강식을 정당화하는 자본주의 시대의 가치관과 맞아떨어졌기 때문이기도 하다.

다윈을 원숭이로 풍자한 그림
인류가 유인원에서 진화했다는 다윈의 주장은 인간을 자연의 일부로 '격하' 시켰다. 이는 일부 사람들의 거부감을 불러일으켰지만, 학자들 사이에서 인간을 하나의 생물로서 냉정하게 파악하는 태도를 낳았다.

〈대동여지도〉

1861년 **김정호가 〈대동여지도〉를 만들다**

전체를 펼치면 3층 건물이 있어야 걸 수 있는 대형 한국 전도가 나왔다. 1834년(순조 34)에 〈청구도〉라는 한국 전도를 만들었던 지리학자 김정호가 27년 만에 22첩으로 이루어진 〈대동여지도〉를 완성했다(축척은 약 1 : 160,000).

〈대동여지도〉는 현대 지도의 범례처럼 산천, 섬, 역참, 봉수, 도로 등 22종의 '지도표'를 고안해 지도를 기호화했다. 도로를 표시한 직선 위에 10리마다 점을 찍어 거리를 표시하고, 백두대간을 정밀하게 표시했다.

김정호가 전국 방방곡곡을 답사하고 실측해 만든 것으로 전해지지만, 학자들은 당시 흩어져 있던 여러 지도를 모아 집대성했다는 쪽에 무게를 싣는다. 김정호가 이 지도를 흥선대원군(1863년 참조)에게 바치자 국가 기밀을 누설한다며 간행을 금지했다는 설도 있으나, 이는 일제 강점기에 일제가 왜곡한 사실이다.

1862년 **임술민란이 전국을 휩쓸다**

삼정[1]의 문란을 참다못한 백성이 경상도 진주를 비롯해 전국 71곳에서 민란을 일으켰다. 민란은 몰락 양반, 향촌 유지 등 지도자들이 백성과 함께 연대 서명한 요구 사항을 관아에 제출하는 '등소'로 시작된다. 이것이 받아들여지지 않으면 향촌 지배층을 중심으로 운영되는 향회에서 백성과 함께 문제를 논의한 뒤 여러 마을에 통문을 보내 집회를 연다. 모여든 농민은 읍내 관아로 몰려가 아전들을 때리고 문서를 불 지르고 관아와 부잣집을 부순다. 심할 때는 수령을 묶어 고을 경계 밖에 버리기도 한다.

정부는 사태의 심각성을 깨닫고 안핵사, 암행어사 등을 해당 고을에 파견하는 한편, 삼정의 문란을 해결하기 위한 삼정이정청을 두고 대책을 만들어 나갔다. 그러나 연말 들어 민란이 잦아들자 삼정이정청이 내놓은 각종 대책도 유야무야되고 말았다.

1863년 **철종이 죽고 26대 고종(재위 1863~1907)이 즉위하다**

철종이 후사 없이 죽자 영조의 현손[2]인 흥선대원군의 둘째아들이 12세로 왕위에 오르니 고종이다. 흥선대원군은 안동 김씨의 세도 정치 밑에서 몸을 낮추며 살아가던 중 대왕대비 조씨와 비밀리에 접촉해 아들을 왕으로 낙점받았다. 수렴청정을 맡은 대왕대비로부터 전권을 위임받은 흥선대원군은 왕권 강화를 위해 세도 정치를 끝내려는 개혁 조치에 들어갔다.

1 삼정 | 토지세를 거두어들이는 전정, 군대에 징집하는 대신 군포(베)를 걷는 군정, 춘궁기에 가난한 농민에게 곡식을 빌려주었다가 수확 후 돌려받는 환곡을 말한다. 19세기 들어 각지 관아가 삼정을 집행하면서 불공정하게 걷는다든가 죽은 사람이나 어린이한테까지 군포를 걷는다든가 하는 비리를 저질러 백성을 쥐어짰다.

2 현손 | 증손자의 아들. 또는 손자의 손자

아메리카

1861년 **미국에서 남북전쟁이 일어나다**

미국이 노예 해방 문제를 둘러싸고 남북으로 분열됐다. 공업이 발달한 북부 지방에서는 노예제를 폐지하자는 여론이 강했는데, 이는 농장에 묶여 있는 노예를 해방시켜야 자본가들이 고용할 수 있는 공장 노동자가 늘어나기 때문이다. 반면에 노예를 이용한 플랜테이션 농업이 성행했던 남부에서는 농장주들이 노예제를 적극적으로 지지했다.

전쟁은 4년 동안 계속된 끝에 공업 생산력이 우세한 북부의 승리로 끝나 미국 전체에서 노예제가 폐지된다.

남북전쟁

유럽

1861년 **러시아에서 농노 해방령이 내려지다**

크림전쟁(1853~1856)에서 서유럽 국가들과의 국력 차이를 확인한 러시아의 황제 알렉산드르 2세가 러시아의 근대화를 추진하기 위해 농노 해방령을 내렸다. 동유럽에서는 당시까지도 인구의 상당수(러시아는 인구의 40퍼센트 가량)가 지주의 토지에 농노로 묶여 있어 산업화를 가로막고 있었다. 이에 지식인과 농민 사이에서 농노제 폐지 여론이 일어났다. 농노 해방령은 러시아 산업을 발전시켜 부국강병을 도모하고, 농노제에 대한 농민들의 불만을 무마해 황제의 권력을 유지하기 위한 조치였다.

농노 해방령으로 약 2200만 명에 달하는 농노가 자유민이 될 기회를 얻었다. 그러나 농노들에게 분배된 토지의 대금은 매우 비싸서 농노들은 그 돈을 갚느라 빈곤에 시달려야 했다. 해방된 농노 중 일부는 공장 노동자가 됐는데, 이로써 러시아에서도 산업화가 한층 탄력을 받게 된다.

남북전쟁을 승리로 이끈 북부의 링컨 대통령

알렉산드르 2세

유럽

1864년 **국제노동자협회가 창설되다**

최초의 국제적인 노동자 조직인 국제노동자협회(통칭 '인터내셔널')가 영국 런던에서 창설됐다. 창설 목적은 노동 운동의 국제적인 연대를 이루고, 각국에서 노동자 정당 결성을 지원하기 위해서였다. 마르크스주의(1848년 참조)에 이론적 기초를 두고 8시간 노동제, 보통선거권 도입 운동 등의 활동을 펼쳤다. 국제노동자협회의 활약으로 유럽 곳곳에서 노동자 정당이 등장하게 된다.

유럽

1865년 **멘델이 유전법칙을 발견하다**

오스트리아의 생물학자 그레고르 멘델이 유전법칙[1]을 발견했다. 멘델 당대에는 그리 알려지지 않았으나, 20세기 초 다시 주목을 받게 된다.

1 **유전법칙** | 유전자를 통해 생물의 형질이 후손에게 전달되며, 유전자의 조합으로 후손의 형질이 결정된다는 생물학의 법칙이다.

1866년 **평양에서 제너럴셔먼호를 불태우다**

조선과 통상을 하려고 대동강을 거슬러 평양 경내에 들어온 미국 국적의 제너럴셔먼호가 조선 측의 공격을 받아 불타고 모든 선원이 죽었다. 이들은 평안도 관찰사 박규수가 규정에 따라 통상을 거부하자 상륙해 백성을 해치는 만행을 저질렀다. 박규수는 불 지른 배를 띄워 보내는 화공으로 맞섰다.

1866년 **프랑스의 침략을 물리치다**(병인양요)

홍선대원군이 병인박해[1]를 일으키자 프랑스가 조선을 침략했다. 프랑스 인도차이나 함대 사령관 로즈 제독은 병인박해에서 살아나 탈출한 리델 신부의 인솔을 받아 군함 3척을 이끌고 한강을 탐사했다.

1 병인박해 | 흥선대원군이 프랑스 신부 9명을 포함한 가톨릭교도들을 대거 처형한 사건

강화도 초지진

그 후 로즈 제독은 다시 7척의 함대와 600명의 해병대를 이끌고 인천 부근 물치도(지금의 작약도)에 출동했다. 그리고 함정 4척과 해병대를 보내 강화도의 갑곶진 부근 고지를 점령하고 한강 수로를 봉쇄한다고 선언했다. 뒤이어 전군이 강화성을 공격해 교전 끝에 점령하고, 무기와 책, 식량 등을 약탈했다. 조선군은 신헌, 양헌수 등이 강화도에서 한양으로 통하는 길을 지켰다. 조선 정부는, 프랑스군은 불법 침범을 중단하고 즉각 돌아가라는 격문을 보냈다. 로즈는 병인박해의 책임자를 엄벌하고 전권대신을 파견해 조약을 체결하자는 회답으로 맞섰다. 합의가 이루어지지 않자 프랑스군은 다시 군사 행동을 개시해 문수산성을 정찰하다가 잠복한 조선군의 기습을 받아 27명이 죽거나 다쳤다. 그러자 프랑스군은 군영과 민가를 가리지 않고 무차별 포격을 퍼부었다. 올리비에 대령이 이끄는 160명의 해병은 정족산성을 공격했으나, 양헌수가 이끄는 사수들에게 집중 사격을 받아 참패했다. 로즈 제독은 철수를 결정했다. 프랑스군은 한 달 동안 점거했던 강화성에서 물러나면서 관아에 불을 지르고 은괴와 금괴, 서적을 약탈해 갔다. 홍선대원군은 전국에 척화비를 세우고 쇄국정책을 더욱 강도 높게 밀어붙였다. 이 사건으로 유럽 열강은 조선을 청나라의 종속국이 아닌 독립 주권 국가로 인식하게 됐다.

1868년 **경복궁을 다시 짓다**

경복궁 전경

임진왜란 후 폐허로 남아 있던 경복궁이 웅장한 모습을 드러냈다. 흥선대원군은 왕실의 권위를 되찾기 위해 1865년부터 경복궁 중건을 진행했다. 그러나 공사비를 대기 위해 새 화폐인 당백전을 찍어 내 물가 폭등이 일어나는 바람에 조선 전체의 경제가 흔들렸다.

아시아

일본에서 메이지유신이 일어나다

바쿠후 대신 천황을 옹립하는 세력이 바쿠후를 타도하고 새로운 정부를 열었다. 이들은 일본을 서양 세력과 맞설 수 있는 강력한 국가로 발전시키기 위해 '메이지유신'이라 불리는 근대화 개혁 정책을 편다. 개혁의 목표는 크게 두 가지였는데, 하나는 천황을 중심으로 한 견고한 중앙 집권 국가를 건설하는 것, 다른 하나는 서양 문물을 적극적으로 받아들여 일본을 근대 국가로 탈바꿈시키는 것이었다. 이를 위해 봉건 영주의 영지인 한[藩]을 폐지하고 무사 계급을 없애 일본의 봉건제에 종지부를 찍고, 입헌 군주제를 도입하는가 하면, 서양에 유학생을 대규모로 파견하고 근대 산업을 적극적으로 키웠다. 덕분에 일본은 세계에서 서양 이외의 국가들 중 유일하게 근대화 개혁에 성공한 나라가 된다.

이와쿠라 사절단
1871년 일본이 서양과 맺은 불평등조약에 대해 재협상하고, 서구의 근대 문물을 익히기 위해 미국과 유럽에 파견한 대규모 사절단. 100여 명의 관료, 학자 및 유학생으로 구성됐는데, 이들이 수집한 정보는 메이지 정부의 근대화 노력에 큰 도움을 준다.

메이지유신이 성공한 것은 당시 몇 가지 상황이 일본에 유리하게 전개됐기 때문이다. 우선 국내적으로는 개혁 세력이 반대파에 군사적 승리를 거두면서 강력한 개혁을 추진할 힘이 생겼다. 덕분에 일본은 의회와 헌법을 만드는 것에서부터 교육과 행정 제도 정비에 이르기까지 정치와 사회를 전반적으로 뜯어고칠 수 있었다. 개혁의 시기도 절묘했다. 일본이 본격적인 개혁에 나선 때는 마침 서양 열강들이 중국과 동남아시아 공략에 정신이 팔려 일본까지 신경을 못 쓸 때였다. 덕분에 일본은 큰 방해 없이 순조롭게 개혁을 진행할 수 있었고, 얼마 뒤 동아시아의 새로운 강자로 떠오른다.

서양식 건물이 늘어선 1873년 도쿄의 긴자

아시아

수에즈 운하가 개통되다

이집트에서 지중해와 홍해를 잇는 대형 운하인 수에즈 운하가 개통됐다. 이로써 유럽에서 아시아로 가는 뱃길이 약 6000킬로미터 줄었다.

수에즈 운하는 당시 근대화 정책을 추진하던 이집트 정부(1841년 오스만튀르크제국으로부터 독립)가 자국의 산업을 일으키기 위해 건설했다. 그러나 건설 자금 마련을 위해 판 주식을 영국이 거의 사들이면서 운영권이 영국에 넘어가고 만다. 영국은 여기서 만족하지 않고 1882년 운하 보호라는 명목으로 이집트를 속국으로 만들어 버린다. 수에즈 운하의 이권 문제는 20세기 후반까지도 국제적인 분쟁의 대상이 된다.

1871년 **전국의 서원을 철폐하다**

흥선대원군이 서원 철폐에 나섰다(1543년 참조). 1864년 전국의 서원을 조사해 불법으로 지은 서원을 국가에 귀속시키고, 1865년 송시열이 창건한 만동묘와 화양서원을 철거했다. 1868년 서원에 딸린 토지에서도 세금을 걷도록 하고 지방 수령이 서원의 장을 맡도록 했다. 1870년에는 명령을 어긴 서원은 사액서원(왕이 액자를 내려준 서원)이라도 없애도록 했다. 이 조치로 전국 650개 서원 중 소수서원, 도산서원 등 47개의 서원만 남았다.

서원 철폐는 세도 정치를 해 오던 사대부들의 경제적, 사회적 기반을 허물고 왕권을 강화하는 효과도 노린 것으로 평가된다.

1871년 **미국의 강화도 침략으로 신미양요가 일어나다**

1873년 **흥선대원군이 물러나다**

동부승지 최익현이 흥선대원군을 탄핵하는 상소를 올렸다. 서원을 철폐해 사대부의 근거지를 훼손했고, 경복궁 중건으로 나라 살림을 어렵게 했다는 것이 탄핵의 내용이었다. 때맞춰 고종이 친정[1]을 선포하자, 흥선대원군은 권력을 내놓고 사저[2]인 운현궁으로 물러났다. 이에 따라 흥선대원군과 대립해 오던 고종의 왕비 민씨와 그 친척들이 정권을 잡았다.

신미양요 때 조선의 지휘 깃발인 수자기(帥字旗)를 빼앗고 기념 촬영하는 미군 병사들

1 친정(親政) | 임금이 직접 나라의 정사를 돌봄

2 사저 | 개인의 저택

1875년 **운요호 사건이 일어나다**

일본이 군함인 운요호를 보내 조선을 위협했다. 운요호는 부산 앞바다에서 함포 사격 훈련을 하며 무력시위를 벌였다. 뒤이어 동해안을 순항하고 다시 남해안을 거쳐 서해안을 거슬러 올라간 뒤 9월 20일 강화도 앞 난지도에 도착했다.

운요호 함장 이노우에는 작은 보트에 일본군 수십 명을 태우고 식수를 보급한다는 명목으로 강화도 초지진에 접근했다. 일본군 보트가 예고도 없이 침투해 오자 해안 경비를 서던 조선 수병은 포격을 가했다. 모함으로 돌아간 이노우에는 초지진을 향해 함포 사격을 가했다. 그리고 영종진(지금의 영종도)에 상륙해 조선 수군과 격전을 벌여 큰 피해를 주고 무기를 빼앗았으며, 주민을 죽이고 집을 불태운 뒤 퇴각했다.

이 사건으로 위협을 느낀 조선 정부는 신헌을 전권대사로 파견해 강화도에서 일본군과 협상을 벌이기로 결정했다. 조선을 근대 세계로 끌어들인 개항 국면이 시작되고 있었던 것이다.

운요호 사건을 그린 일본 그림

유럽

1871년 **독일이 통일되고 정부 주도의 공업화가 이뤄지다**

프로이센이 재상 오토 폰 비스마르크의 지도 아래 독일 통일을 달성했다. 비스마르크는 토지 귀족 출신의 보수파 정치가였으나, 다른 보수파 정치가들과 달리 시대의 흐름을 읽을 줄 알았다. 그는 통일된 독일을 강력한 국가로 만들기 위해 적극적인 산업 육성 정책을 폈다. 우선 보호 관세를 통해 독일 산업을 보호하고, 철도와 공장 건설 등에 국가 재정을 대규모로 투입했다. 정부의 대규모 투자 덕분에 독일에서는 규모가 큰 중공업이 발달하게 됐는데, 이것은 오늘날까지도 독일 산업의 특징이다.

산업화 정책을 추진하면서 비스마르크는 세계 최초로 사회 보장 제도를 실시하기도 한다. 당시 빠르게 영향력을 넓혀 가고 있는 사회주의에 맞서 노동자들을 달래기 위해서였다. 노인 연금, 의료 보험 등이 포함된 비스마르크의 사회 보장 제도는 이후 복지 국가의 형성에 큰 영향을 준다.

독일 통일의 주역
비스마르크

유럽

1871년 **프랑스 노동자들이 파리코뮌을 수립하다**

프랑스 정부가 프로이센-프랑스전쟁(보불전쟁, 1870~1871)에서 맥없이 패배하자 정부에 오랫동안 억압을 받아 왔던 노동자들의 불만이 폭발했다. 노동자들은 파리를 점거하고 세계 최초의 노동자 정부인 '파리코뮌'을 세웠다. 이들은 재산을 국유화하고 노동자의 최저 생활을 보장하는 등 혁신적인 정책을 폈으나 정부군의 공격을 받아 3만 명 이상의 희생자를 내고 두 달 만에 진압됐다. 이 사건은 자본가들이 장악한 유럽 각지의 정부들에 큰 충격을 준다.

파리코뮌 당시 노동자들이 파리 시내에 쌓은 바리케이드와 당시 코뮌 정부가 발행한 바리케이드 건설 촉구 포스터

유럽

1874년 **만국우편연합이 결성되다**

스위스의 베른에서 세계 22개국 대표가 모여 만국우편연합을 결성했다. 우편 제도의 표준을 정해 여러 국가 사이의 자유로운 우편 교환을 보장하기 위해서였다. 그때까지는 한 나라에서 다른 나라로 우편을 보내기 위해서는 두 나라 사이에 조약이 체결돼 있어야만 했다. 19세기 후반 산업혁명이 유럽 전역으로 확산되면서 국제 무역이 급증하자 만국우편연합처럼 국제적인 표준 규약을 정하는 흐름이 두드러지게 나타났다.

날씨가 차가워진 뒤에야
소나무와 잣나무가
늦게 시드는 것을 안다.[1]

그들이 호의로 나오면 우리도
호의로 대하고 그들이 예절로
나오면 우리도 예절로 대접한다.
그러나 그들이 악의로 나온다면
우리도 그들을 적으로 대할
수밖에 없다.[2]

1 추사 김정희가 한 말
추사 김정희가 정치 싸움에 휘말려 불우한 처지가 되었을 때 그의 제자였던
이상적은 스승에 대한 의리를 변함없이 지켰다. 김정희는 그러한 제자의
의리를 날씨가 차가워진 뒤에도 여전히 변함없는 소나무와 잣나무에 비유해
〈세한도〉를 그렸다. 〈세한도〉는 세도 정치가 판을 치던 19세기 조선에서
독야청청했던 한 선비의 초상화이다.

2 조선 후기 이양선 출몰에 대한 조정의 방침
19세기 전반부터 해안에 나타난 서양의 함선들에 대해 조선 정부가 처음부터
적대적으로 대한 것은 아니었다. 흥선대원군의 아버지 남연군 묘를 파헤쳤던
독일인 오페르트는 조선 해안에 상륙하자 호기심에 가득 찬 백성들이 다가와
식료품을 나눠 주었다고 기록했다. 병인양요 때에도 조선 측은 프랑스군의
도발로 전투가 벌어지기 전까지는 적대 행위를 하지 않고 신선한 식료품을
제공했다.

회의는 춤춘다.
그러나 진전은 없다.[1]

만국의 노동자여 단결하라.[2]

연설과 과반수의 찬성으로 당면한
문제가 해결되지 않습니다. 그것이
1848년과 1849년의 실수였습니다.
문제의 해결은 무엇보다도 '철과 피'를
통해서 가능한 것입니다.[3]

1 샤를 조제프 라모랄 리뉴가 한 말
1814년 5월 프랑스 황제 나폴레옹이 엘바섬으로 유배된 뒤 유럽의 90개 왕국과 53개 공국(公國)이 오스트리아 빈의 쇤브룬궁전에 모여 향후 유럽 질서를 논의했다. 그러나 오스트리아, 영국, 러시아 등 유럽의 강국들은 나폴레옹이 남긴 거대한 유산을 놓고 조금도 손해 보지 않으려 들면서 회의는 진전을 보지 못했다. 외교관들은 오스트리아 수상 메테르니히가 베푸는 무도회와 와인에 취해 시간을 보낼 뿐이었다. 이 광경을 보다 못한 오스트리아의 노장군 리뉴 공은 친구들에게 위와 같이 한탄했다.
빈 회의가 급물살을 탄 것은 리뉴가 죽고 난 뒤인 1815년 2월 26일 나폴레옹이 엘바섬을 탈출했다는 소식이 날아오면서였다. 열강의 대표들은 나폴레옹이 점령했던 땅은 무조건 원래 주인인 군주에게 돌려준다는 원칙을 확인하고, 비밀리에 '메테르니히 체제'라 불리는 보수적 질서를 만드는 데 합의했다.

2 카를 마르크스가 한 말
1848년 2월 카를 마르크스와 프리드리히 엥겔스는 영국 런던의 허름한 집에서 '노동자 동맹'의 선언문을 발표하면서 마지막 부분에 위와 같은 문구를 넣었다. 영국, 프랑스, 미국 등 자본주의 국가들에서 자본가의 착취에 시달리는 노동자들은 국적에 관계없이 모두 형제들이며 힘을 모아 압제에 저항해야 한다는 의미였다. 이후 19세기뿐 아니라 20세기와 21세기에 이르기까지 이 구호만큼 많은 사람들에게 영향을 준 구호는 찾아보기 힘들 정도였다.

3 비스마르크가 한 말
1861년, 프리드리히 빌헬름 4세가 사망하고 섭정으로서 이미 전권을 행사하고 있던 빌헬름 1세가 즉위했다. 빌헬름 1세에 의해 재상으로 임명된 비스마르크는, 프로이센 의회에 나가 당시 자유주의적 여론을 정면으로 반박하는 연설을 했다. 위의 말은, 프로이센이 당면한 문제는 자유주의적 이상이 아니라 국가의 힘을 통해 해결된다는 것을 의미한다.

찾아보기

자료 제공 및 출처

Asadal   간송미술관

Chris55   고려대학교박물관

Johann H. Addicks   교보생명

국립국악원

국립중앙도서관

국립중앙박물관

국립진주박물관

농업박물관

뉴시스

문화재청

삼성문화재단

서울대학교규장각

천안박물관

※ (주)다산북스는 이 책에 실린 모든 자료의 출처를 찾기 위해 최선을 다했습니다.
누락이나 착오가 있으면 다음 쇄를 찍을 때 꼭 수정하도록 하겠습니다.